AF547168

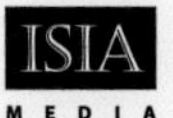
ISIA
MEDIA

Дмитрий Закон

DAS IST ПРОДЮСЕР

Жизнь и невероятные истории музыкального продюсера

2023

Bibliografische Information der Deutschen Nationalbibliothek:
Die Deutsche Nationalbibliothek verzeichnet diese Publikation in der Deutschen Nationalbibliografie; detaillierte bibliografische Daten sind im Internet über http://dnb.dnb.de abrufbar.

ISIA Media Verlag, Leipzig 2023
Umschlaggestaltung: ORDEN COMPANY LTD, Praha

Alle Rechte vorbehalten
© Дмитрий Закон, 2023
© ISIA Media Verlag, 2023

Printed in Germany

978-3-910741-15-7

Посвящается

композитору Антонио Вивальди, музыка которого
соединила моих родителей;

родителям, которые убедили меня заниматься музыкой;

моей любимой и дорогой жене Наташе,
которая поддерживает меня всю жизнь и помогает
выбираться из моих авантюрных приключений,
в которые я периодически попадаю;

моим замечательным сыновьям Мику и Роману,
внучке Лизе за их любовь и понимание.

Благодарность за помощь, советы и поддержку
издания моих воспоминаний

Антону Алееву
Алексею Гринбергу
Алексу Заславскому
Инне Барабаш
Анар Рейбанд
Андрею Федечко

Нелепое звено из рода небылиц
И всё-таки одно из действующих лиц...
Как полуночный вздор, как на голову снег...

Юрий Левитанский

Вместо предисловия

Наша жизнь непредсказуема. Догадаться заранее, как всё сложится, невозможно. Вспомнил тут песенку «Квадратный человек». Исполняла её рок-группа «Диалог», с которой у меня в 80-х годах было много связано по жизни.

Именно «как на голову снег» свалился этот коронавирус, началась эпидемия и случились различные ограничения, связанные с ней. Радости от такого совершенно нет. Полтора года сижу дома, работа встала намертво, а всё из-за того, что какие-то китайцы съели на обед летучих мышей, приправленных вирусом. Существует, правда, и другая версия: будто штамм вырвался из секретных лабораторий. И пошло это безобразие гулять по белу свету. Кто бы мог подумать, что «нелепое звено из рода небылиц» превратится в мировую пандемию.

Свободного времени дома появилось много, решил пересмотреть старые фотографии и документы, к которым много лет не прикасался. Вспомнились годы молодые, различные ситуации и события, друзья и отношения, приключения и будни, словом, вся извилистая жизненная дорога. Теперь это уже можно смело назвать историей.

И чем дальше я всматривался в эти знакомые лица, тем острее понимал, что хочу сохранить эту самую атмосферу, пронести её через годы. Поделиться ею с вами. Конечно же, не считаю что описание моей жизни будет достойно пристального внимания потомков, но, наверное, будет, всё же, кому-то интересно; друзья по жизни несколько лет уговаривали меня написать воспоминания (я кое-что публиковал в Facebook, какие-то посты про былые приключения). Так, совершенно случайно, возник замысел, а потом уже случилось и его воплощение. Изначально предполагал, что это будет небольшой рассказик, на самом деле мысли вывалились в приличные по объёму страницы.

Половина моей жизни прошла в Советском Союзе, вторая – за границей. В общем, пока не подкралась деменция, решил написать о весёлых моментах, о приятных встречах, о длинной гастрольной жизни, об интересной работе и забавных ситуациях, случившихся вокруг меня и моих друзей. Вспомнил встречи с «легендами» и знаменитостями, известными и не очень музыкантами. Многих из них, к сожалению, уже нет в живых.

Я общался с Владимиром Высоцким, Дином Ридом, Мстиславом Ростроповичем. Играл в музыкальных коллективах, руководил многими популярными ансамблями Советского Союза, прошёл с ними «огонь, воду и медные трубы». «Возил» десять лет по разным странам мира группу Boney M, вызволял Пугачёву и Киркорова из немецкой тюрьмы, помогал в проведении концерта Пола Маккартни на Красной площади, играл джем-сейшн со Стингом... Я встречался с ещё многими и многими людьми, о которых пишут в газетах, показывают по телевидению. С теми, кто имеет многомиллионную аудиторию в интернете. И знаете что? В большинстве своём эти великие и признанные артисты оказывались обычными, общительными – даже скромными – людьми, без всякой наносной спеси, что, как бы, подразумевает их звёздный статус. Со многими из них я продолжаю дружить до сих пор.

Сейчас, оглядываясь на мои воспоминания, ловлю себя на мысли, что я, наверное, проживаю не самую скучную жизнь. Конечно, мои рассказы будут связаны, в основном, с музыкой. Я не стал на страницах книги вспоминать грустное и плохое. Зачем? Безусловно, в судьбе каждого человека случаются чёрные полосы, но вспоминать ведь хочется только хорошее, правда? Поэтому людей, которые мне неприятны, я вычеркнул из своей жизни.

И ещё одно важное уточнение – я писал свои воспоминания гораздо раньше прогремевшей на весь мир, той самой трагической даты – 24 февраля 2022 года. Поэтому сейчас, уже после начала войны в Украине, считаю себя обязанным сделать следующее заявление: некоторые герои моих рассказов из-за своей нынешней гражданской позиции вызывают у меня чувство глубокого презрения, и, если бы я встретил сейчас любого из них – не подал бы им руки или сделал вид, что не узнал. Возможно, стоило вымарать все упоминания о таких людях со страниц этой книги, но с другой стороны – это ведь тоже часть моей биографии, поэтому я решил оставить все как есть. Время, несомненно, рассудит и поставит всё на свои места. Пусть такое недостойное, позорное поведение останется на их совести. В связи с этим, я отказался издавать свои воспоминания в России, посчитав что для этого сейчас «ни время и не место», но историю нельзя отменить и даже изменить нельзя, как бы это ни старались сделать сейчас некоторые, потерявшие берега, личности.

Я же останусь с вами честным до конца.
Приятных вам впечатлений и хорошего настроения!

Ваш музыкальный Дмитрий Закон!

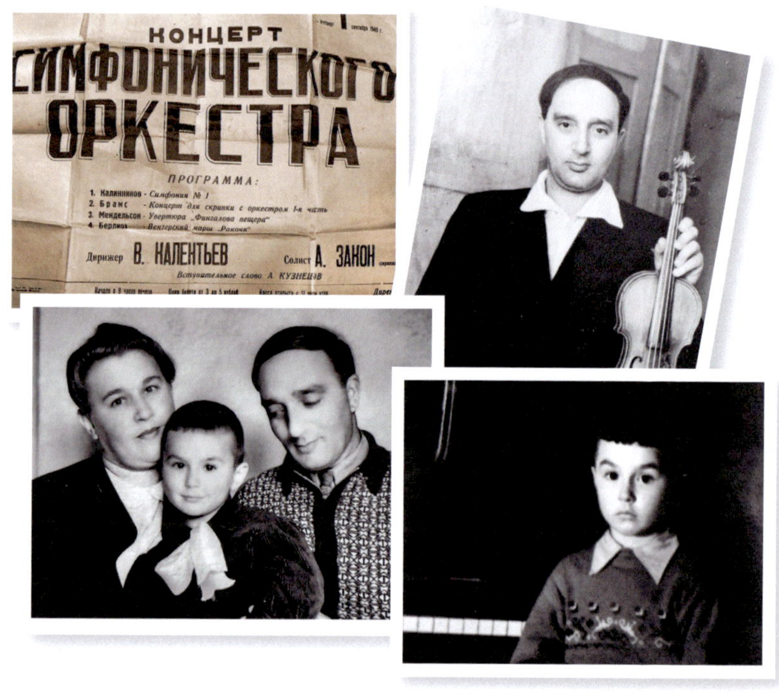

Музыкальное крещение

Мне стукнуло четыре года, когда папа решил сделать из меня великого скрипача. К тому времени мы из Саратова переехали в Горький (ныне Нижний Новгород) и родители этому факту были несказанно рады. Всё же культурный центр, недалеко от Москвы. Плюс хоть и скромненькое, но своё жилище. При переезде нам выделили отдельную комнату в коммунальной квартире в «доме артистов» по улице Минина. Нашими соседями оказались музыканты, именами которых сейчас в городе названы улицы, площади и школы (композиторы А.А.Касьянов и А.А.Нестеров, тромбонист К.М.Ладилов).

Родители приступили к любимой работе в Горьковской консерватории. Мама занималась со студентами оперного класса, папа – со скрипачами. Поэтому неудивительно, что отец решил применить свои педагогические навыки и по отношению к своему сыну.

Нельзя сказать, что я воспринял эту идею с восторгом. Но аргументировать свою собственную точку зрения я тогда ещё не умел, и мне приходилось подчиняться. Не то,-чтобы у меня не оказалось способностей, вовсе нет: родившись в семье музыкантов, я априори обзавёлся «творческими генами», но, всё же,процесс обучения иногда «давал трещины». У папы наличествовала крутая скрипка итальянского мастера Джибертини, ученика Гварнери. Излишним будет говорить, что хороший инструмент имеет для скрипача (и не только скрипача) огромное значение. Но проникся я этим пониманием только тогда, когда испытал данную истину, без преувеличения, на собственной шкуре.

Что ты играешь? в пятый раз спросил меня отец во время очередного занятия на скрипке.

Так как этот вопрос папа задавал мне сегодня уже неоднократно, я, для разнообразия, просто указал пальцем в нотную тетрадь.

Так играй правильно! Начал выходить из себя родитель. Как любой творческий человек он довольно быстро приходил в стадию яркой и нетерпеливой экзальтации.

Я начал заново играть произведение под названием «Пароходик-пароход» и опять сбился.

Возможно, меня в тот вечер укусила какая-то муха, но я с редкостным упорством продолжал раз за разом тупить и «лажать», чем быстро довёл отца до такой точки кипения, что он, не сдержавшись, сломал о мою голову фирменный смычок от той самой вышеупомянутой скрипки мастера Джибертини, ученика Гварнери.

Разумеется, по итогам инцидента разразился большой семейный скандал, результатом которого бразды правления моим музыкальным образованием оказались переданными в мамины руки. Решение переквалифицировать меня в великого пианиста я принял с осторожным оптимизмом. Всё же, сломать об меня фортепьяно было бы теперь гораздо сложнее.

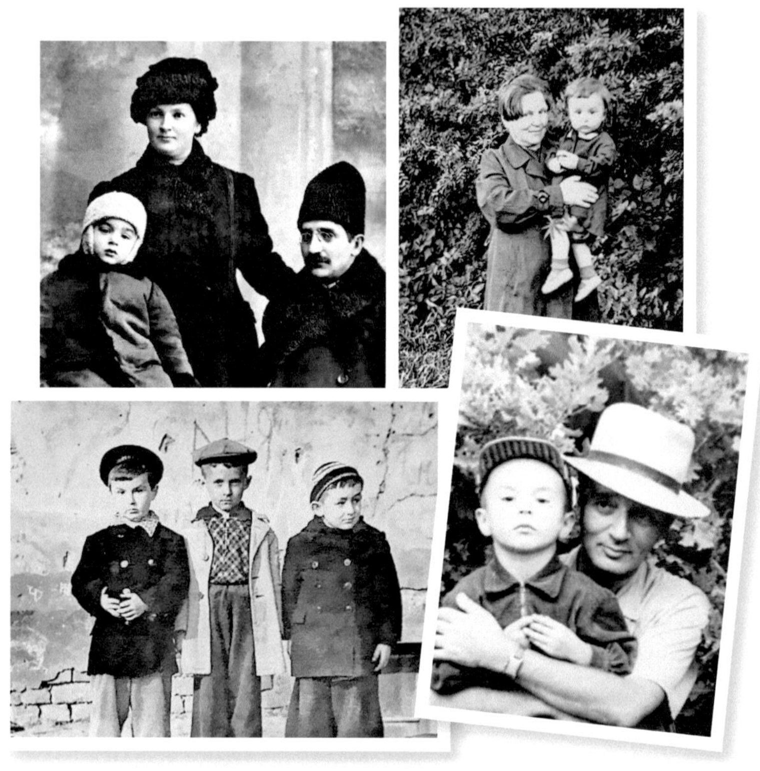

Сталин и сумасшедший дом

Случай со смычком, конечно, произвёл на меня достаточно сильное впечатление. Пожалуй, впервые в своей сознательной жизни я понял, что она, жизнь, полна неожиданных сюрпризов и скрытых, до поры до времени, терний. Но самое знаменательное событие, как вы уже догадались, произошло со мной немного ранее и совсем в другом месте.

Я родился 23 июня 1951 года в городе Саратове. Инициаторами сего действа выступили мои родители. К этому времени они оба уже были профессиональными музыкантами.

Отец закончил Московскую консерваторию по классу скрипки и преподавал в консерватории Саратовской. Там он и познакомился с моей будущей мамой, тогда студенткой-пятикурсницей, а позже выпускницей фортепьянной кафедры.

Моя бабушка, мамина мама, в то самое время, занимала должность главного врача Саратовской психиатрической клиники имени Святой Софии. Это был человек старой закалки! Бабушка «прошла» всю войну, но от неё каждый божий день веяло оптимизмом. Она всегда стремилась жить активно, чтобы приносить людям пользу. Каждое утро Александра Васильевна делала зарядку, обливалась холодной водой и выпивала рюмочку спирта, закуривая её папиросой «Беломорканал». Её щёчки горели, глаза сверкали, губ касалась добрая улыбка. Она была готова к новому дню, к повседневной работе и к нелёгким испытаниям со своими подопечными, которые, возможно, считали сумасшедшими вовсе не себя, а нас, всех тех, кто остался снаружи этого печального заведения.

Учитывая то, что дом наш, в момент моего прихода в этот свет,располагался как раз на территории больничного комплекса, на горе (из окна открывался панорамный – и неописуемой красоты – вид на Волгу-матушку), я со всей ответственностью могу заявить, что родился в «сумасшедшем доме». Да ещё и при Иосифе Сталине, которому каждый советский школьник той эпохи должен был быть благодарен за своё «счастливое детство». Поэтому неудивительно, что эти два взаимопроникающих фактора наложили определённый отпечаток на всю мою дальнейшую жизнь.

Если после прочтения вами «скрипичного» эпизода могло создаться впечатление, что моё детство прошло под знаком педагогической тирании, то смею вас разочаровать. Это был лишь отдельный эпизод, никак не связанный с какой-то тенденцией в воспитании. Мои родители придерживались классической в том времени системы воспитания, и «пряников» мне доставалось намного больше чем «кнутов». Некую рафинированность педагогического начала определял и тот факт, что оба моих родителя являлись музыкантами (а не, например, шофёром и медсестрой – хотя в те годы все профессии были хороши, все профессии были достойны). Поэтому, перефразируя классика, относительно моего детства можно сказать, что все «счастливые семьи музыкантов счастливы одинаково…».

Моего отца, Александра Юрьевича, знали очень многие известные и знаменитые люди. И не просто знали, а уважали, как музыканта и педагога. Именитые московские гастролёры классической музыки, с которыми он был знаком по учёбе в консерватории, когда приезжали в Горький, непременно захаживали к нам в гости. А вот эстраду он не любил. И очень переживал, когда я пошёл по этой, несомненно, «кривой», по его представлениям, дорожке. Папину уверенность в моей неправоте не мог поколебать даже тот факт, что я к семнадцати годам зарабатывал на «халтурах» больше, чем он на трёх своих работах вместе взятых, пропадая там со своим преподаванием с утра до вечера.

У мамы тоже было много друзей и подруг по жизни. Душа и заводила любой компании, Лариса Павловна, всегда становилась центром внимания. Вспоминаю, как у нас дома собирались яркие, весёлые компании. Коллеги-педагоги, и её многочисленные ученики. Мама осталась верной им и своему городу, где провела главные годы своей жизни, до самого конца. Несмотря на наши многочисленные попытки перевезти её вначале в Москву, а потом в Германию, все они потерпели фиаско. Больше чем на три месяца её никогда не хватало. Мама начинала хандрить, что-то придумывать, и под шумок сбегала обратно к своим подружкам в Нижний. У Ларисы Павловны был непростой характер и неординарный ум. Об её впечатляющей эрудиции говорит тот факт, что в преклонные годы, после 85, мама стала просто «профессором кроссвордных наук». Я не успевал привозить ей кипы журналов и сборников – она щёлкала их, как орехи. Мама дожила до девяноста шести лет, до самого конца категорически отказываясь ложиться в больницу.

Сейчас, с высоты своих прожитых лет, я иногда думаю, как причудливо переплетаются людские судьбы. Нет ли в этом незримого, еле уловимого знака? Иногда мне кажется, что есть. А иногда – нет. Не сочини великий Антонио Вивальди свои гениальные произведения, чья музыка на уроке концертмейстерского класса свела вместе моих родителей, быть может, я и вовсе не появился бы на свет. Кто знает? В этом случае кто-то, похожий на меня, мог вполне родиться и в африканском племени где-нибудь в дельте Окаванго, и бегал бы голым с копьём за пропитанием. Конечно, хотя Саратов это далеко не Рио-де-Жанейро, но я, наверное, должен быть не в обиде на провидение. Хотя? Сегодня, в 2022 году, когда мир стал делиться на людей и русских, я бы, возможно, предпочёл копьё и Окованго.

Но тогда, я ещё не был в обиде на провидение когда лежал в колыбели, привыкал потихоньку к жизни, и слушал жуткий рёв реактивных самолётов, что периодически взлетали с военного аэродрома, расположенного сразу за горой, на которой стоял наш уютный саратовский домик.

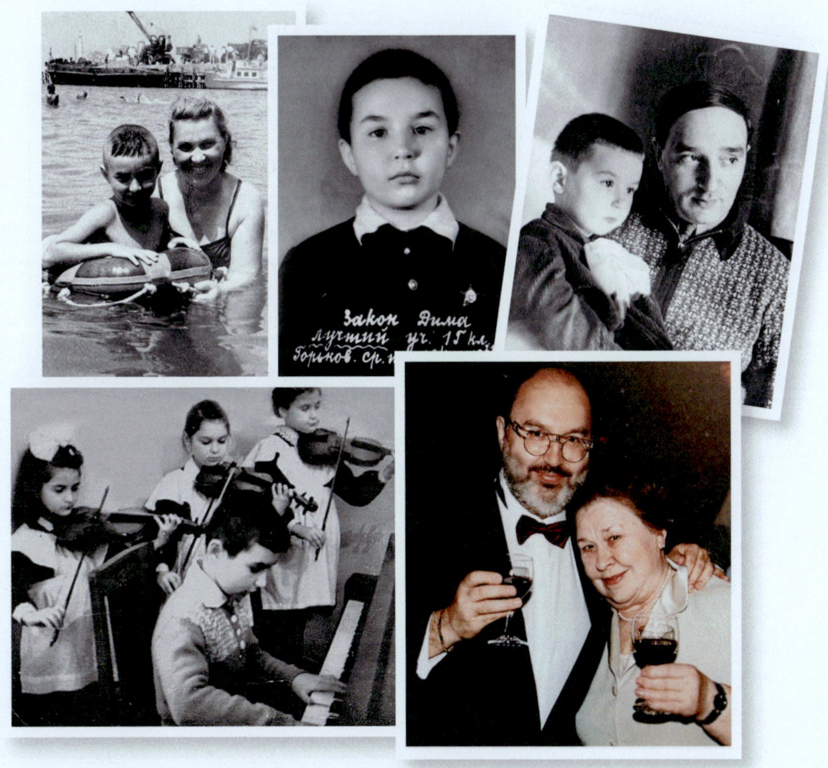

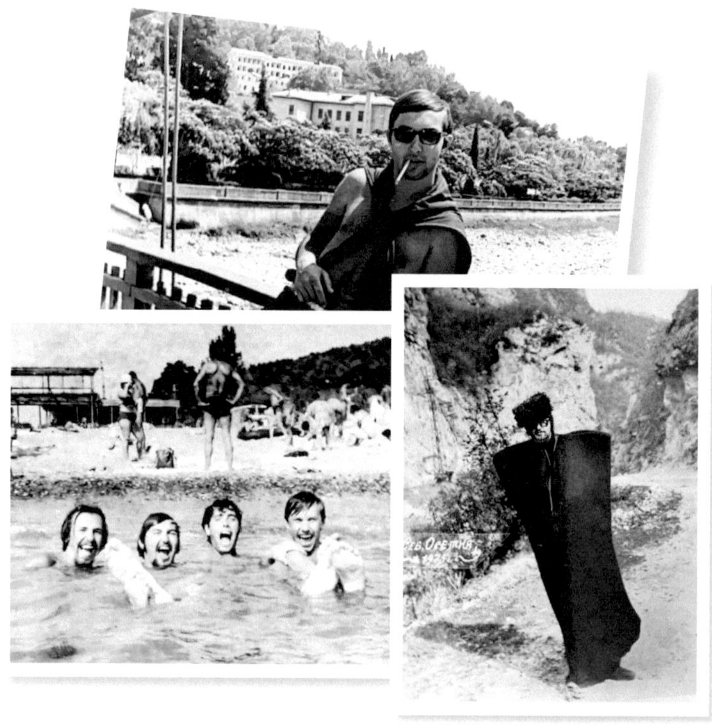

Не стреляйте в пианиста

Школы в Горьком я менял почти каждый год. Родители обзавелись головной болью, которая заключалась в обладании, «наконец-то уже», вполне приличного жилья. В свободное от работы время мы активно занимались обменом нашей текущей жилплощади. В результате многочисленных, и, как мне казалось, бесконечных комбинаций мы обзавелись «достойной» квартирой на центральной улице имени Якова Свердлова (на «Свердловке», как её называли в народе). Половину одной комнаты занимал большой чёрный концертный рояль, на котором я уже довольно прилично играл, одновременно оттачивая своё мастерство в музыкальной школе.

Но, как любому мальчишке, мне хотелось чего-то ещё. За большим забором, неподалёку от дома, располагался стадион «Динамо». Спортивное сооружение непреодолимо манило, и сопротивляться этому влечению становилось для меня всё труднее.

Хотя первое знакомство со спортом несколько лет тому назад для меня закончилось безрадостно. Родители отдали меня в секцию фигурного катания, и на третьем занятии, на стадионе «Водник», какой-то конькобежец на «ножах» (коньках, прозванных так из-за длиннющих лезвий), следуя пересекающимся курсом, на большой скорости сшиб меня, пока я учился на «снегурках» двигаться задним ходом. После этого на фигурном катании была поставлена жирная точка.

Но в этот раз ситуация разрешилась довольно нетривиальным образом. По совету одной из маминых подруг я както заглянул на секцию фехтования на сабле.

Больше всего меня поразило даже не само противоборство на дорожке, а поведение судей, главного и четырёх по бокам, которые после каждого удара выкрикивали диковинные фразы.

– Дю так ан так! (Du tac en tac!)[1] восклицал один, вкладывая в слова непостижимый мне смысл.

– Ангард… Анвелопман! (En garde… Enveloppement!)[2] подхватывал другой.

– Ку де пуан дю коте друа! (Coup de poing du cote droit!)[3] предупреждал третий.

Я, слегка зачарованный такой атмосферой, решил познакомиться с этим видом спорта поближе. И познакомился. Тренировки с нами проводил тогда легендарный советский спортсмен, двукратный Олимпийский чемпион, Герман Свешников. За несколько лет я добился больших успехов в фехтовании на сабле и даже числился запасным в юношеской сборной СССР. Конечно, я давно уже понял смысл тех самых выкрикиваемых судьями терминов, что так поразили меня при первой

---

[1] *Немедленный ответ (фр.).*

[2] *К бою… захват (фр.).*

[3] *Удар справа (фр.).*

встрече. Ларчик открывался просто: в те года у фехтовальщиков-саблистов не было электрического подключения к костюмам для фиксации ударов, как у рапиристов и шпажистов. Поэтому разбор каждого удара происходил на французском языке, который мне пришлось частично выучить. И услышав «контр-дега-же» (contre-degage)[4] и «аллонже ле бра» (allonger le bras)[5] мне уже не требовалось лезть в словари.

Наступил 1968-ой. После окончания средней и музыкальной школы я поступил продолжать учёбу в музыкальное училище (ныне колледж имени композитора Николая Балакирева). Следует сказать, что к этому времени во мне прочно поселился «вирус внутренней свободы» – джаз. Как говорил Сергей Довлатов: «Джаз – это мы сами в лучшие наши часы». Пока я учился в «музыкалке», один из братьев моей мамы, известный тромбонист, музыкальный эксцентрик, который гастролировал с советским цирком по всему миру, частенько привозил мне импортные джазовые пластинки. Удивительное звучание околдовывало меня. Я пытался подражать, что-то наигрывать, самостоятельно импровизировать. Снимал с записей музыкальные фразы, разучивал интересные аккорды. Мои пристрастия сложно было утаить и во время учёбы в училище. Благо, что мне попались понимающие педагоги – Валерий Островский (сейчас профессор, живёт и преподаёт в США) и Николай Балыков – которые, чувствуя мой интерес к джазу, который официально был запрещён в то время в классических учебных заведениях, делали акцент на произведения композиторов, близких к нему по духу: Равеля, Дебюсси, Скрябина...

Предметом отдельной гордости для меня является то, что на моём госэкзамене, впервые в стенах консервативного музыкального заведения, зазвучала «Рапсодия в стиле блюз» Джорджа Гершвина (George Gershwin). Исполнить в то время такое произведение значило проявить недюжинную смелость. Я играл и краем глаза наблюдал, как старенькие педагоги из комиссии конвульсивно подёргиваются от джазовых

---

[4] *Перевод при взятии круговой защиты (фр.).*

[5] *Вытягивание вооруженной руки (фр.).*

синкоп, ритмических рисунков и необычных для них аккордов, представляя собой сюрреалистическую картину заседания какого-нибудь Адового Суда.

Надо признаться, что я довольно часто пропускал занятия в училище. Связано это было с фехтованием. Постоянные сборы и турниры довольно сильно отвлекали от процесса. Но, что называется, не фехтованием единым. Однажды я пропустил два месяца подряд. И совсем по другой причине. Немного оправдывает меня лишь то, что такой долгий прогул оказался связан непосредственно с музыкой. После того, как я подработал на каникулах в СОМА (Сочинское Объединение Музыкальных Ансамблей), я решил подзадержаться «на югах». Мы, несколько молодых горьковских музыкантов, поехали во время каникул подзаработать в качестве подменного состава в рестораны Большого Сочи: от Лазаревского до Сухуми. Когда у местных музыкантов наступал выходной день, нас направляли «заполнять брешь». Такая авантюра оказалась класснейшей школой и дала неоценимый опыт для будущей работы. За несколько месяцев мы поиграли почти во всех известных ресторанах. А вообще-то, ресторан в то время считался единственным местом, где можно было играть всё, что ты хочешь. Ресторанные выступления составляли целый пласт советской культуры, являясь и профессиональной школой и «кузницей кадров», из которой вышли многие известные исполнители: Вайкуле, Долина, Шуфутинский, Газманов, Токарев и другие.

Не обошлось и без приключений. Особенно запомнился ресторан «Белый лебедь» в центре пруда Нового Афона, где прямо в разгар исполнения нами армянской песни «Сирун-Сирун» началась бандитская разборка со стрельбой, и одна шальная пуля прилетела в инструмент нашего контрабасиста. Впрочем, он позже уверял, что инструмент стал звучать после этого «более убедительно и проникновенно», а мы немедленно принялись называть его «Дафной», героиней Джека Леммона (Jack Lemmon) из недавно вышедшего в Советский прокат фильма «В джазе только девушки» (Some Like It Hot), героя которого постигла похожая участь.

А в Хостинском «Интуристе» какой-то спившийся танцовщик Большого театра наливал целый стакан коньяка, ставил его себе на голову, и под наш «Танец маленьких лебедей», плавно переходящий в лезгинку, эффектно отплясывал под ободряющие аплодисменты публики. Отработав «номер», он, пошатываясь, снимал стакан с головы, и, с чувством выполненного долга, выпивал его до дна залпом.

Рассказывать об этом периоде моей работы можно много, но главное, что витало тогда в наших молодых головах – это неповторимое чувство беззаботности, мелькающего и сверкающего бесшабашного времени, которого ещё так много впереди. Кажется, что его хватит на долгую-долгую и счастливую жизнь. И от этого становилось так легко на душе.

Признаться, впечатлений от той поездки у меня оказалось даже чересчур. Черноморское побережье и заработанные деньги слегка вскружили мне голову. Но в тот раз обошлось. Моё опоздание сошло с рук, в большей степени потому, что директор и педагоги училища отлично знали и уважали моих родителей. Но скандал медленно, но верно, назревал. Когда на третьем курсе я сообщил, что меня берут на международный фехтовальный турнир в Гавану, терпение у всех закончилось, а общественные отношения достигли точки экстремума. Директор муз-училища озвучил вопрос ребром и поставил ультиматум: спорт или музыка! Вряд ли у меня был реальный выбор. С моими родителями уйти в спорт с очень сомнительными перспективами, значило бы перечеркнуть все музыкальные достижения. Да и душа моя больше лежала к творчеству. Я уже познал сладкий вкус, пусть и крохотной славы, но вполне заработанной и заслуженной. А ведь всё ещё только начиналось.

Так я закончил с большим спортом. Единственное, что ещё напоминало о нём – это стол для пинг-понга в подвале муз-училища. Ещё в фехтовальную бытность я научился здорово держать ракетку, такие упражнения требовались для развития моторики кисти. И вот теперь я с некоторым удовлетворением забирал, словно компенсацию за проведённые на фехтовальном помосте годы, раз за разом, становясь победителем, весь кон (мы играли на деньги – ставили по рублю-другому). Соперников высокого уровня по настольному теннису у меня тогда практически не было.

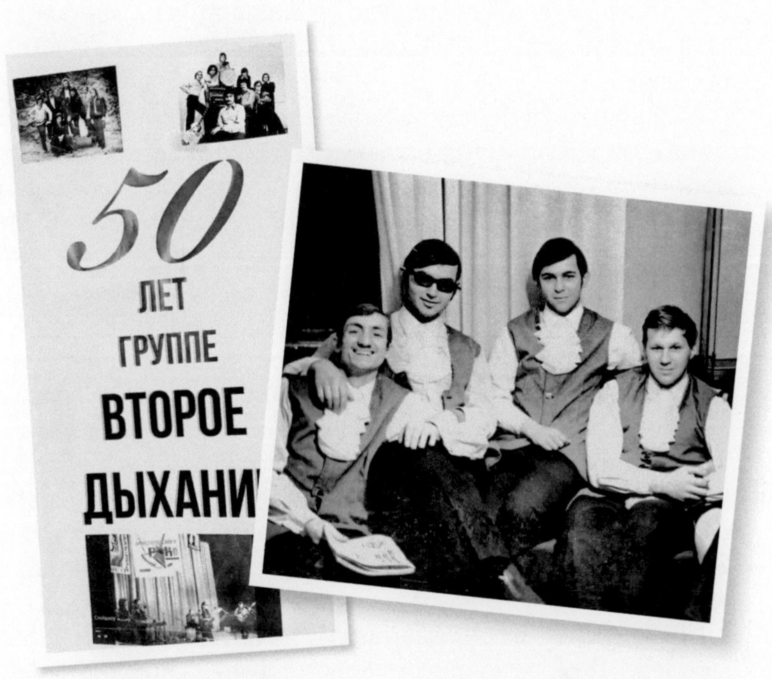

Второе дыхание

В 1969-ом мы организовали группу «Второе дыхание». Мы – это я и ребята с промышленно-экономического факультета Горьковского университета. Нам долго не удавалось придумать название новоиспечённому коллективу: перебрав банальные «Метеоры» и «Буревестники», дурацкие «Поющие рассветы» и вычурные «Изумруды», мы понимали, что у группы с одним из таких названий окажется незавидная судьба. Но однажды, оставшись после репетиции и продолжая находиться в состоянии творческого поиска, меня вдруг осенило. Так как посоветоваться было уже не с кем, я, повинуясь захватившему меня порыву, красиво написал пришедшее в голову название масляной краской на внешнем пластике большого барабана. На следующий день все увидели «Второе дыхание» и спорный вопрос оказался принудительно закрыт.

Я проиграл в группе два года. Но самое удивительное, что с моей лёгкой руки «Втордыхи» (как ласково называют коллектив нижегородцы) успешно существуют до сих пор! Вот что значит угадать с названием! Многие участники группы, играющие в ней в те или иные годы, считаются легендами города и причислены к лику святых долгожителей. А один экс-музыкант даже стал протоиереем, настоятелем большого храма. «Второе дыхание» очень нравилось Борису Немцову. В бытность студентом Горьковского университета он очень часто приходил на выступления группы. А когда стал губернатором Нижегородской области, а затем вице-премьером правительства, часто приглашал музыкантов коллектива на различные значимые мероприятия и свои дни рождения. Даже лично исполнял вместе с «Втордыхами» несколько популярных хитов.

В 2019 году мы торжественно и очень красиво отметили юбилей, 50-летие группы (вдумайтесь в эту дату – 50 лет! До сих «дотянуло» не такое уж большое количество музыкальных групп; приходят на ум Deep Purple, Машина времени, Nazareth, Animals и ещё несколько. И в этом достойнейшем ряду – «Второе дыхание»!).

Наш праздник посетило много старинных друзей, с которыми я не виделся более тридцати лет, и большое количество дорогих гостей, пришедших, приехавших и прилетевших нас поздравить. Не уверен, что подвернись мне под руку тогда баночка с масляной краской, я бы удержался, и не написал бы на барабане теперь уже «Третье дыхание» (хотя гораздо логичнее было бы переименовать группу в «Прощай, молодость»). Но баночки, к счастью, не подвернулось.

Впрочем, вернёмся к той самой молодости. Время моего участия в группе летело бешеным калейдоскопом. Мы успевали всё. Без нас не проходили ни студенческие вечера, ни торжества, ни официальные мероприятия и встречи. Летом мы зажигали на танцплощадке в парке «Швейцария», при это умудряясь полулегальным способом зарабатывать до 20% от общих сборов кассы. Излишним говорить, насколько кстати приходились тогда карманные деньги. После первых «гонораров» я перестал просить денег у родителей, что, несомненно, повышало мою собственную значимость в своих же глазах. Играли мы тогда, самое модное: Beatles, Creedens Clearwater Revival, Czerwone gitary и прочее.

Как у любой уважающей себя музыкальной группы у нас появилось несколько композиций собственного сочинения. Как ни странно, они довольно гармонично вписывались в наш основной репертуар. Хочу сказать, что даже сейчас, спустя более полувека, наши первые песни «Шоколадные глаза» и «Осень», слушаются совсем неплохо. А тогда мы со всей своей молодой решительностью старались показать новые идеи, раскрыть музыкальные характеры, воплотить в звуках творческие замыслы и передать настроение. Как раз в это время появились мои первые аранжировки, сольные партии; я смело применял нетрадиционные гармонии, характерные в современных направлениях рок-музыки. Творческая работа и эксперименты безумно увлекали, а удачный результат разжигал энтузиазм ещё сильнее. Народу в «Швейцарию», когда мы там играли, набивалось по несколько тысяч.

В 1971 году в Горьком состоялся один из первых в СССР рок-фестивалей – «Серебряные струны». Значимость такого события для всей страны трудно было переоценить, а уж для музыкантов, живущих в самом городе и подавно! Потом ещё очень долго вспоминали про эти концерты, да что я говорю – их вспоминают до сих пор! Наверное, вы уже догадались, что группа «Второе дыхание» не могла остаться в стороне от такого великого форума. Да, мы приняли в нём участие и заняли второе место. Первое же разделили два коллектива: трио «Скоморохи» Александра Градского и знаменитая челябинская группа «Ариэль». На этом фестивале, кроме многих интересных ансамблей, выступала ленинградская группа «Аргонавты» где на гитаре играл Александр Розенбаум, который тогда выступал под псевдонимом Александр Аяров. А у меня был «сольный номер», я исполнил на органе, в рок-обработке, «Полёт шмеля» Римского-Корсакова.

Выступление же группы «Второе дыхание», кроме лауреатства, позволило получить эфир в еженедельной полуночной программе радиостанции «Юность» и в популярнейшей передаче радио «Маяк», ведущими которой были Виктор Татарский и Григорий Либергал. Кроме этого, о «Втордыхе» вышла статья в знаменитом американском музыкальном журнале «Billboard».

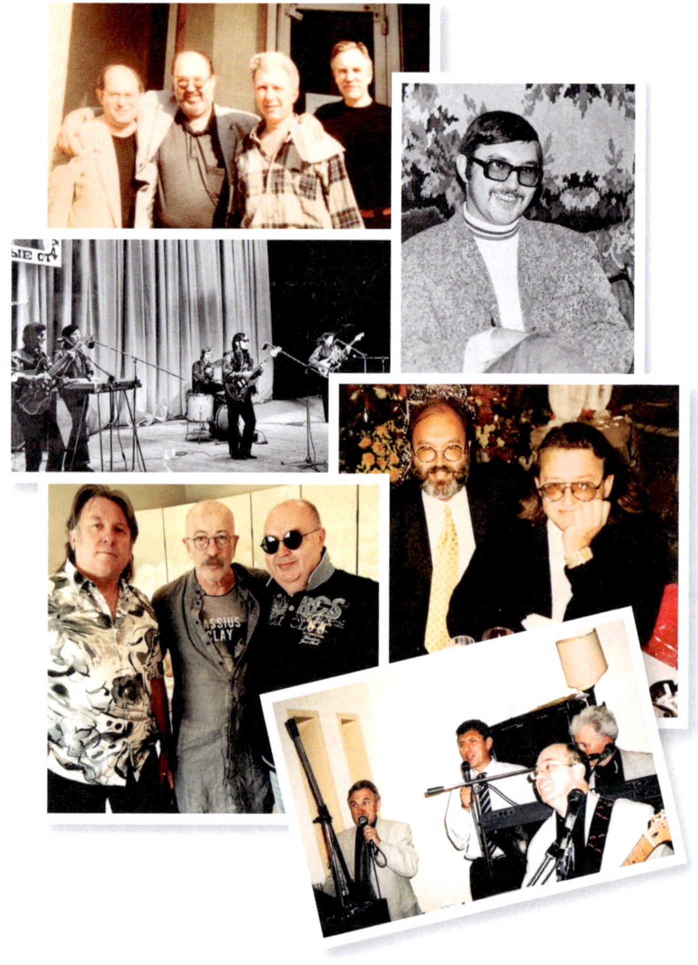

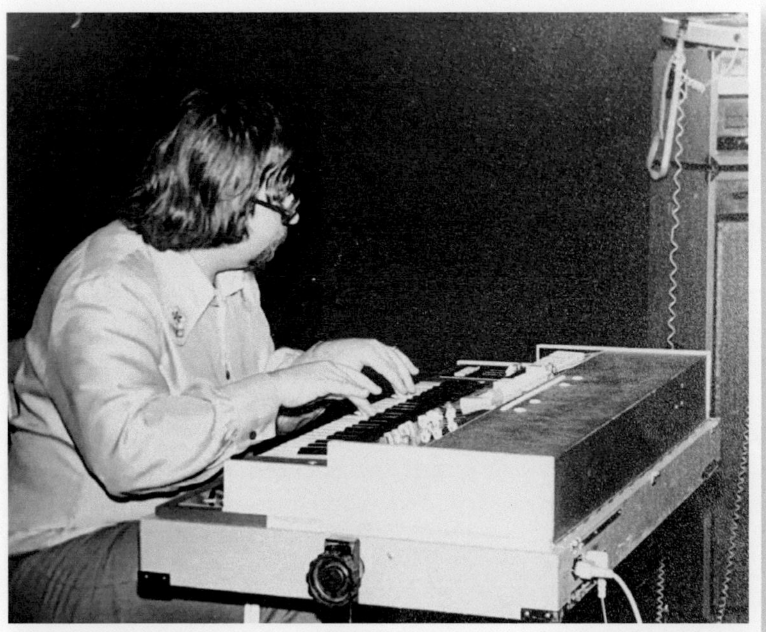

Халтура

Во время учёбы в музыкальном училище, мне не раз приходилось замещать участников коллективов настоящих популярных (в рамках всей страны!) исполнителей. Началось с того, что однажды у очень известной в те годы певицы Майи Кристалинской, которая приехала на гастроли по Горьковской области, заболел пианист. Кто-то из музыкальной среды посоветовал обратиться за помощью в музучилище. Стрелки моментально перевели на меня – многие знали, что я умею неплохо играть «другую» музыку. Замена прошла успешно: я, как клавишник, вполне профессионально отработал с Майей несколько концертов. Аналогичная история, немного позже, приключилась и с выступлением в нашем городе Рижского Варьете, в котором пела тогда ещё совсем молоденькая Лайма Вайкуле. Я несколько дней отработал и там.

Но больше всего «концертов» вне учёбы мне с ребятами приходилось давать на разнообразных «днях рождения» и свадьбах. Называли мы такие мероприятия вполне прозаично – «халтура». Вспоминается довольно забавный эпизод. Иногда я брал с собой на очередной выезд барабанщиком Витю Чурсина, персонажа довольно колоритного. В первую очередь из-за того, что Витек, несмотря на свои младые годы, успел несколько раз посидеть в КПЗ и тюрьме за драки и разбои, что не могло не оставить отпечаток как на его внешнем облике, так и на внутреннем состоянии его души. Если так случалось, что мы решались на прогулку по Свердловке, было забавно наблюдать как встречные, особенно те, кто его немного знал, боязливо шарахались в сторону. По тем временам Витек, и вправду, выглядел круче некуда. Любая наша прогулка заканчивалась в одном и том же месте под стенами Горьковского Кремля, на, так называемой, «козьей тропе». Мы непременно выпивали «Солнцедар» или «Портвейн 777», закусывая плавленым сырком «Дружба». Какое же небывалое в этот момент мы ощущали жизненное вдохновение! И передать такое состояние словами совершенно невозможно. Боюсь, что и повторить тоже. Никакой, даже самый элитный и дорогой напиток не сравнится по своему действию со знаменитыми тогда «тремя топорами». Эх, молодость!

Но вернёмся к «злополучной» свадьбе. Так вот, все маргинальные достоинства и недостатки Вити Чурсина не мешали ему оставаться профессиональным музыкантом; он здорово играл на барабанах и к тому же ещё и пел. Что и предопределило мой фатальный выбор. После того, как мы честно отыграли на очередной халтуре, один из родственников молодожёнов почувствовал себя после выпитого самым умным, и попытался заплатить нам гораздо меньше, чем с ним же оговаривалось заранее. От такой неслыханной наглости у ангажированного мной барабанщика буквально «снесло крышу». Думаю, тот самый хитрый родственник, да и другие гости, вспоминают ту свадьбу с некоторым содроганием до сих пор. Витя в одиночку разнёс значительную часть интерьера, оставил лёгкие телесные повреждения сторонникам коварного обманщика, а в качестве моральной компенсации прихватил с собой пару ящиков алкоголя.

Сколько же было таких халтур! Весёлых, безабашенных, часто с «перчинкой». Но ведь вспоминается сейчас всё с большим удовольствием.

Иногда наберёшь какого-нибудь доброго старого товарища по телефону, и вспыхнет, вдруг, какой-нибудь яркий эпизод в памяти. Скажешь ему: «А помнишь?..».

«Ещё бы! ответит он. А ещё мы тогда…». Было. Было.

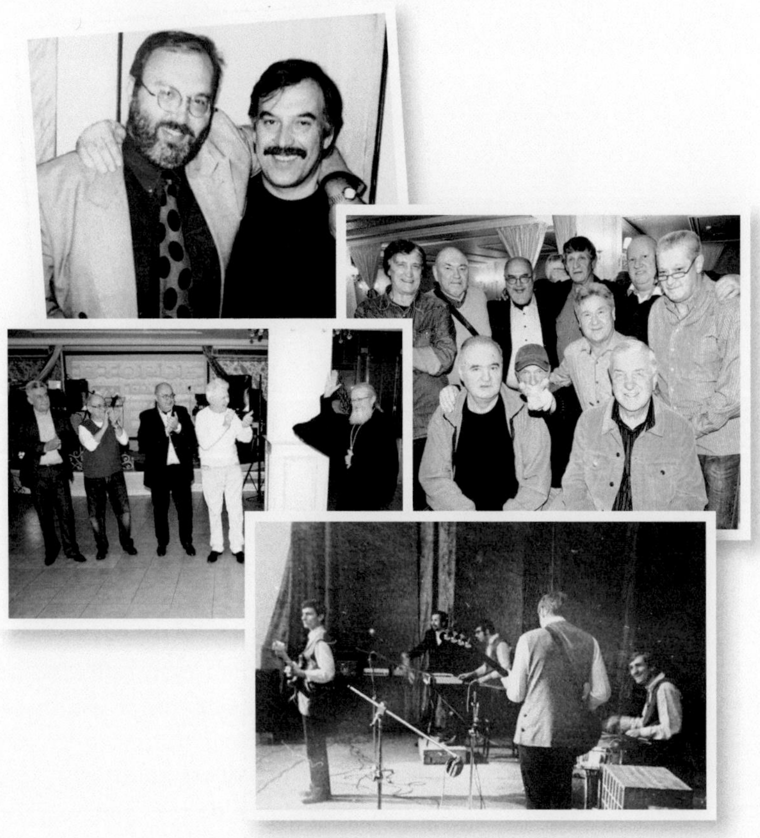

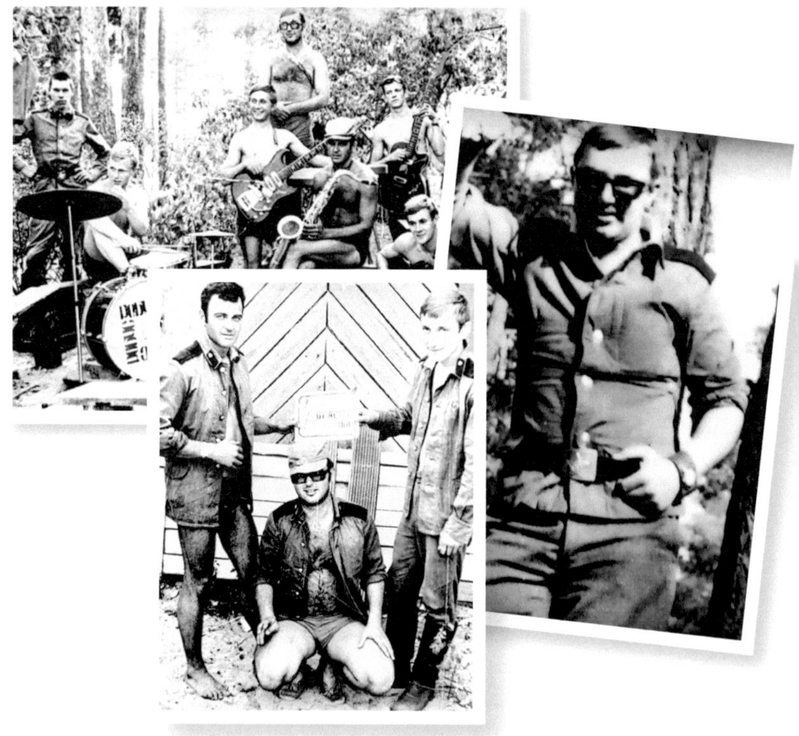

Ален Делон не пьёт одеколон

Весной 1971 года мне пришла пора идти в армию. «Косить» я принципиально не собирался. Единственное, мне пришлось задержаться на гражданке из-за госэкзаменов. Поэтому я прибыл в расположение части ближе к осени, практически избежав самый тяжкий период, когда «деды» отрывались на «салагах» по-полной. Служил я в музыкальном взводе учебной части при полигоне СЭВа, куда приезжали на смотрины разные военные начальники из стран Варшавского договора.

В музыкальном взводе я сначала играл на альтушке, несмотря на то, что раньше этим инструментом не владел. Но научился: с моим опытом всё произошло довольно быстро. Хотя в армии могут научить играть на чём угодно и, что характерно – кого угодно. Потом, в бытность «черпака», я перешёл на большой барабан, а позднее на тарелки. Боевая задача музыкального взвода заключалась в том, что требовалось играть на полковых разводах, хоронить «жмуров», а по выходным дням играть в ансамбле на танцах в Доме офицеров.

Коллектив для танцев я сколотил из профессиональных музыкантов, которые служили со мной после учёбы в музучилищах и консерваториях.

Похороны чаще всего нам приходилось обслуживать в соседнем Дзержинске. Зимой там было очень красиво – снег из-за выбросов химических предприятий (обусловивших попадание Дзержинска в тройку самых загрязнённых городов мира) искрился разноцветными пластами. Особенно мне нравились розовые и зелёные сугробы. Поэтому неудивительно, что ездили мы духовым оркестром в этот город на печальные мероприятия довольно часто – население вымирало стабильно-ударными темпами.

А ещё в армии я научился настраивать пианино и рояли, правда, первый блин, как принято, вышел комом. Когда я тянул ключом струны на офицерском пианино, дека треснула пополам. Но мне повезло, обладатель инструмента оказался не настолько уж щепетильным ценителем прекрасного и расценил происшествие несчастным случаем, по значимости приблизительно равным лопнувшему колесу на армейском «Урале». Так что меня даже не наказали. Зато наказали в другой раз. Я был дневальным по роте и после наряда ушёл в «самоволку», забыв сдать ключ от комнаты с оружием. Если бы в это время объявили тревогу, меня посадили бы в дисбат. Но обошлось малой кровью. На гауптвахте я просидел 25 дней, причём несколько из них – в одной камере с солдатиком, убившем своего командира. Чтобы не таскать цемент и кирпичи на стройке, я подрядился мыть здоровенного волкодава начальника «губы». Лучше бы таскал: огромный злой пёс постоянно пытался меня укусить, пока я замыливал его пакли жёсткой мочалкой.

Через год в наш полк на полгода призвали служить моих

горьковских друзей из строительного института, которые представляли собой на гражданке группу «Робус». С ними мы отыграли несколько весёлых концертов в близлежащих городах и весях. На празднике в Ильиногорске перед нами выставили три полных ведра вина с притороченными к ним алюминиевыми кружками. Кружки матово сверкали покатыми боками на солнце и, пока мы играли, неизменно притягивали наше к себе внимание. Как мы потом попали обратно в часть, никто из нас не помнил.

Ближе к концу службы мы долго готовились к торжественному военному параду по случаю прибытия каких-то высоких шишек военачальников. Несколько тысяч солдат выстраивались на огромном плацу, а я, с большим барабаном, проходил строевым шагом – согласно устава, – к трибуне, где перед генералами, принимающими парад, должна стоять шеренга барабанщиков. На тренировках всё проходило гладко. Но на премьере вышел конфуз. По дороге к трибуне, аккурат посредине плаца, я умудрился эпически поскользнуться. Не совладав с равновесием, я упал лицом прямо на барабан, сильно приложившись лбом о металлический цилиндр и вдребезги разбив очки. После впечатляющего крушения я ещё долго оставался в лежачем положении: никак не мог подняться, так как мне не удавалось отстегнуть ремень, на котором висел тяжеленный инструмент. Весь стоявший на трибуне высокий генералитет, мой непосредственный командир, и несколько тысяч выстроенных в шеренги солдат, смотрели на меня в этот момент со смешанными чувствами.

В 1972 году на подступах к Москве разгорелись лесные и торфяные пожары. На борьбу со стихией традиционно были отправлены военные. Наш музыкальный взвод также не избежал данной участи. На самом деле ситуация оказалась довольно страшной – земля, буквально, горела под ногами, а несколько военнослужащих нашего полка во время опасной операции погибло. Ночевали мы прямо в лесу, в палатках. Как-то под вечер, после очередного пережитого стресса, кто-то из наших знакомых передал нам классную закуску: колбаску, сыр, солёные помидоры и огурчики. Ситуация омрачалась лишь одним, но существенным обстоятельством –

нечего было выпить. После мучительных и безрезультатных поисков решили обойтись «заменителем»: у одного из сослуживцев по имени Саша нашёлся одноимённый одеколон. После разбавления его водой (одеколона, а не сослуживца), получился почему-то непрозрачный молочно-белый напиток. Жидкость выглядела подозрительно, но не пропадать же такой роскошной закуске! Однако моему организму ни колбаса, ни огурчики не помогли. Через некоторое время после дегустации мне стало так плохо, что я проклял всё на свете. Потом ещё несколько недель я вспоминал «Сашу» (одеколон, а не сослуживца, хотя и его тоже) болезненными отрыжками, и зарёкся такие эксперименты больше над собой не проводить. В этом я солидарен с Ален Делоном, который, как известно из песни «Наутилуса Помпилиуса», тоже «не пьёт одеколон».

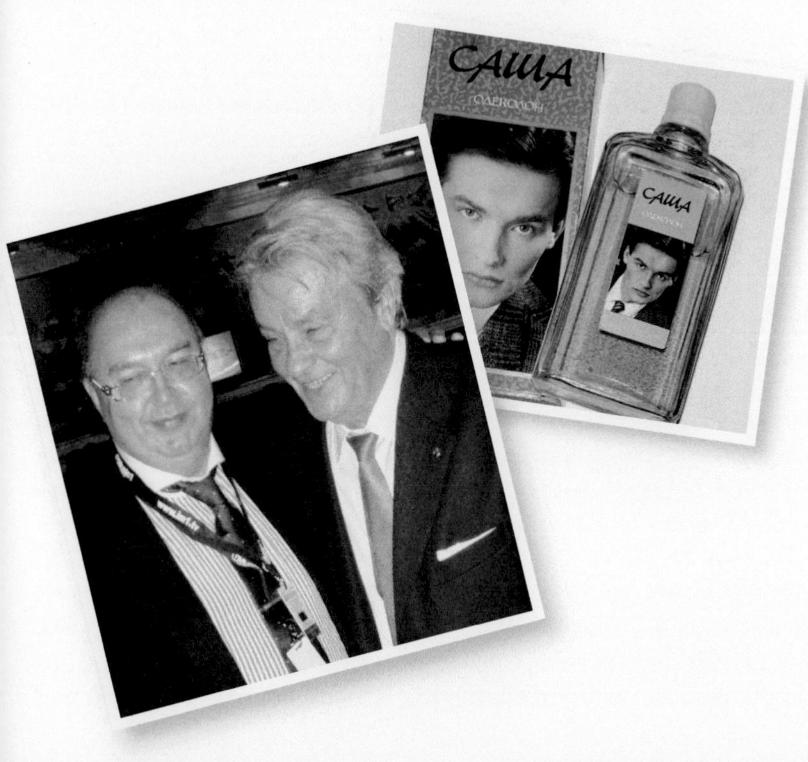

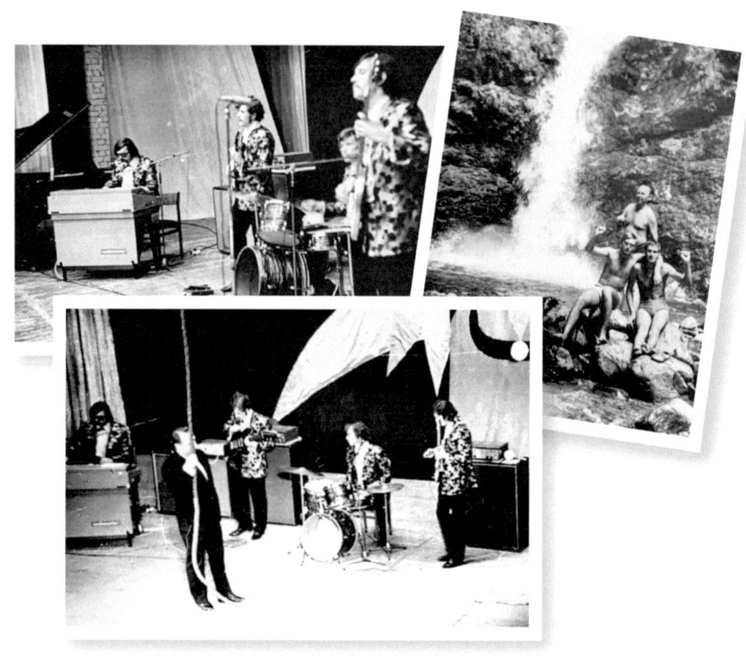

Опа!

Ещё до окончания музучилища, вкусив, пусть небольшой, но всё же опыт работы на эстраде, я твёрдо и окончательно решил, что классическим музыкантом не стану и по распределению на работу педагогом в музыкальную школу не пойду. Поэтому так случилось, что после армии меня пригласили на работу в Горьковскую филармонию клавишником в концертный коллектив с говорящим названием «Эстрада Волги и Оки». Мой первый концерт в статусе музыканта этого ансамбля состоялся в казахском городе Целиноград (сейчас Нур-Султан) в недавно построенном Дворце Целинников (меня тогда несказанно поразил тот факт, что каждый метр сцены Дворца можно было поднять на любую высоту). Дальнейшие гастроли длились несколько месяцев, мы прокатились по всему Казахстану, Кавказу, Военно-Грузинской дороге, Поволжью, разным республикам и городам. График работы оказался довольно напряжённым, но скучать не приходилось. Такой темп меня, молодого вольного человека, вполне устраивал. Новые города, новые концерты, новые гостиницы, новые знакомства – что может быть интереснее? Да, уставали сильно, труд профессионального музыканта – тоже труд. Но дружный коллектив, доверительная атмосфера и музыка, которую мы играли, нивелировали все лишения и тяготы, оставляя в памяти замечательные и любопытнейшие воспоминания о первых настоящих гастролях.

Моя первая концертная ставка составляла 4 рубля 25 копеек плюс суточные. Но через полгода я стал получать уже 7 руб. 50 коп. Стоит сказать, что в те годы без специального музыкального образования устроиться на постоянную работу в филармонию было довольно сложно. Процесс трудоустройства контролировали всевозможные комиссии, которые собирались по каждому поводу. Так случилось, что по возвращению в Горький меня переманил в свой коллектив известный конферансье-куплетист Измаил Рахимов. Он как раз создавал высокобюджетный коллектив под названием «Хохлома». Рахимов планировал сделать с ансамблем программу для выезда за границу. Поэтому номера подбирались самые разношёрстные. Вырисовывалось эдакое варьете, где нашлось место и гимнастам, и акробатам, и фокусникам, и танцорам, и певцам и, собственно, музыкальному коллективу, в который, кстати, вошли очень известные и крутые горьковское музыканты: Лёва Тишин, Валя Зеленов, Вова Антипов (Фэрик), Саша Серебряный, Володя Воробьёв, и приглашённый из Ленинграда Юра Цветков (в дальнейшем – руководитель и аранжировщик эстрадного коллектива Эдиты Пьехи и архангельского ансамбля «Поморы»). Танцоры и акробаты одновременно подрабатывали грузчиками, раз за разом, перетаскивая тяжёлые ящики с декорациями и аппаратурой. Особую ненависть у них, почему-то, вызывала огромная трёхметровая хохломская ложка, которую приходилось таскать вместе со специальными сценическими задниками и прочим гастрольным реквизитом. Но деваться было некуда – с этой самой ложкой наперевес в конце программы выбегал сам Рахимов, символизируя своим появлением, надо полагать, исконно русские корни представления.

В результате разных бюрократических препон заграничные поездки в итоге сорвались, зато по СССР мы тогда поколесили знатно. Не обошлось на «хохломских» гастролях и без смешных историй.

Руководство Горьковской филармонии попросило Рахимова взять в поездку пожилого классического пианиста Кацнельсона, чтобы после вояжа торжественно «уйти» его на пенсию (до выслуги лет ему не хватало пары месяцев). В наш молодёжный музыкальный коллектив он как-то совсем не вписывался, поэтому Измаил поручил пианисту аккомпанировать один номер в программе для акробатической пары (мужа с женой). Артисты, на подвешенном под потолком канате, в полной темноте, выхваченные узким лучом прожектора, исполняли разные акробатические пируэты; пианисту в это время зажигали свечку, ставили к роялю микрофон, он открывал ноты и играл бетховенскую «Лунную сонату».

Однажды в Чите во время исполнения акробатами номера кто-то открыл боковые двери помещения для декораций, так называемого сценического кармана; свечка у пианиста погасла, и он тут же перестал играть. В спустившейся зловещей тишине и полной темноте Рахимов серым призраком подошёл к роялю и громко, на весь зал, поинтересовался:

– Почему не играешь?

– Свечка погасла и я ничего не вижу!

– Наизусть играй! Без нот!

– Без нот я не умею!

– Я тебе приказываю, играй, бл.! вышел из себя вспыльчивый Рахимов. Играй, сказал, иначе х… тебе, а не пенсия!

– Да пошёл ты сам на х… татарская рожа!

Не трудно догадаться, что последовало дальше. Диалог продолжил развиваться на всё более повышающихся оборотах. Стали известны некоторые особенности поведения людей, имеющих с пианистом Кацнельсоном одинаковую национальность, а также некоторые подробности интимной жизни самого руководителя ансамбля. Пикантность момента заключалась в том, что за развитием ситуации не без интереса следили все многочисленные зрители, пришедшие на концерт. Потому что звукорежиссёр, сидящий за пультом в зале, у которого был какой-то давнишний конфликт с Рахимовым, в кульминационных моментах познавательного диалога специально прибавлял звук, иногда даже включая ревербератор для усугубления эффекта.

Из-за неспособности оппонентов принять к сведению доводы соперника, эпизод закончился безобразной дракой с лёгким, но обидным членовредительством.

А под потолком, на канате, всё это время продолжали делать фигуры «высшего пилотажа» невозмутимые акробаты (муж и жена).

Ещё один нетривиальный случай произошёл с нашим жонглёром Рудиком. Он исполнял в программе эффектный цирковой номер: после жонглирования многочисленными шариками, булавами и другими мелкими предметами, он вставлял в зубы длинный нож. После этого ставил на конец ножа внушительный шест, оканчивающийся вверху подносом с несколькими бокалами какой-то красной жидкости. Далее Рудик резким движением руки выбивал шест, и ловил поднос, не пролив при этом ни капли. Кричал он в кульминационный момент не «Ап!» (как традиционно принято у цирковых), а – «Опа!». Потом Рудик кланялся и уходил. В тот раз у нас случился длинный многочасовой выезд на концерт по ужасной, раздолбанной дороге; приехали все артисты полуживые, но рабочий день и концерт никто не отменял. Высокая авансцена располагалась в ДК впритык к зрительному залу. Пришла пора выступать Рудику. Когда наш жонглёр при исполнении своего коронного номера выбил шест, поймать его он уже не смог. Видимо, сказалась накопившаяся усталость. Стеклянный поднос, сервированный бокалами с красной жижей, с громом, звоном и треском рухнул на головы зрителей, сидевших в первом ряду.

Мгновение длилась немая сцена, а потом, когда после грохота в зале стихло короткое эхо, жонглёр Рудик машинально произнёс своё фирменное «Опа!» и сделал поклон.

Концерт был остановлен...

Как я был болгарином

Следующим этапом моей эстрадной деятельности стала Владимирская филармония. Меня пригласили набрать музыкантов и стать руководителем аккомпанирующего состава. Совпало так, что приблизительно в то же время начальник концертного отдела этой самой филармонии услышал одну болгарскую девушку и проникся её пением до глубины души. Она заняла тогда безоговорочное первое место на большом самодеятельном певческом конкурсе, и, ко всему прочему, неплохо выглядела. Дело, однако, осложнялось тем, что Маргарита Григорова (так её звали) училась в Ростове-на-Дону на пятом курсе медицинского института. Но уговорить её взять на год академический отпуск и поработать с нами, во Владимире, всё же, удалось. Сработал метод грубой лести и необоснованные обещания небесной манны. Девушка оказалась очень толковая. Кроме того, что знала отлично целых пять языков, прекрасно пела все известные мировые хиты, и по сравнению с подавляющим большинством остальных болгарских девушек, была настоящей красавицей.

Мы с большим энтузиазмом отрепетировали программу, а руководство филармонии пошло на дерзкий по тем временам маркетинговый ход. Вскоре тумбы городов, где предстояли наши гастроли, украсили яркие афиши с полулегальным текстом: «Впервые в СССР! Госконцерт представляет! Гастроли болгарских артистов! Маргарита Григорова и группа «Романтики». Афише следовало соответствовать, и музыкальным руководителем «болгарской группы» стал некий Димитър Законовъ, что и отобразилось в размещённой рекламе.

В те времена иностранные артисты, если и приезжали на гастроли в СССР, то редко забирались куда-то дальше

Москвы и Ленинграда. В отдалённые города на периферии зарубежные гастролёры заезжали очень эпизодически, а уж куда-нибудь в Приморье или в «почтовые ящики» (так называли закрытые города) их не пускали вовсе. В этом смысле у нас появилось хорошее подспорье. Пять месяцев поездок, самые разные площадки и сцены, интересная и очень благодарная публика. Ещё бы! Настоящие иностранцы! Вначале Дальний Восток, край удивительной природы и естественной красоты. Глухая тайга, близость океана, величественные сопки, полноводный Амур. Хабаровск, Владивосток, Магадан и далее по списку, по всей нашей необъятной стране. Два – а в выходные 3-4 (!) – концерта в день! Маргарита очаровательно улыбалась со сцены, сея в неискушённых зрителей ажиотажное возбуждение. Мировые хиты закрепляли успех. Пусть с неба не сыпалась обещанная манна, но приятных впечатлений мы получили «выше крыши». Особую пикантность гастролям добавляло, конечно, наше «болгарское» происхождение. У всех моих музыкантов появились сценические болгарские имена: Христо, Славко, Красимир, Стоян и Петко. Легенда захватила нас полностью. Все мы с превеликим удовольствием косили под болгар и общались на людях исключительно на ломаном русском. Перед тем, как играть очередную музыкальную композицию, я со сцены рассказывал:

– Друзя! Мне много отшенъ нравится вашата страна, я отшенъ лублу руски музик. Сега же играем за вас подарък... Пардон за ми отшен плохо говоря руски…

Зрители одобрительно шумели, кто-то из зала уже после моего спича выкрикивал «Браво!». Басист «Славко» однажды, пытаясь закадрить благодарных слушательниц, азартно и на голубом глазу расписывал им на беглом «болгарском» красоты Бухареста, «столицы» Болгарии, спутав её с Софией: девушки таяли и принимали всё за чистую монету.

Под конец поездки я уже легко и непринуждённо раздавал интервью на «болгарском» языке, рассказывал, что родился в Стара Загоре, учился в Пловдиве и воспитывался в основном на русской музыке. Почти не разговаривала на болгарском только наша солистка – болгарская девушка Маргарита

Григорова. Потому что пела на английском, французском, испанском и итальянском. При прилёте или приезду в очередной город нас встречали в аэропортах и на вокзалах, как правило, секретари обкомов и парткомов. Как-никак, иностранная делегация прибыла, братья-болгары! Специальные люди вручали нам букеты цветов, а потом, по распоряжению начальства везли в специальные номенклатурные гостиницы. Когда выяснялось, что у «болгар» русские серпасто-молоткастые паспорта, партийные начальники сконфуженно крякали, но «давать заднюю» было уже поздно. Да и мало кто из руководителей собирался прилюдно признаваться, что их объегорили. Но, рано или поздно, коса на камень, всё же, нашла. Месяца через четыре от начала нашего путешествия, в Госконцерт пришла «телега», в которой утверждалось, что по стране катаются какие-то левые иностранцы и вводят в заблуждение доверчивый рабочий класс. Доносу дали ход, с гастролей нас тут же сняли, коллектив безжалостно расформировали, руководителям филармонии влепили по строгому выговору, а предприимчивого начальника концертного отдела, который это всё придумал и организовал, уволили с работы. «С законом шутки плохи», подумал тогда я, и снова стал советским Законом.

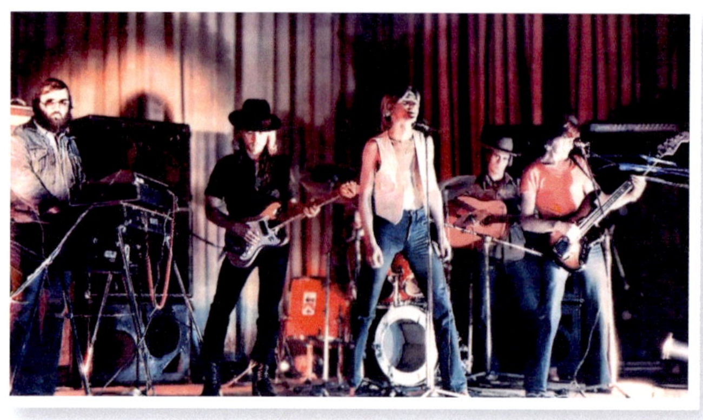

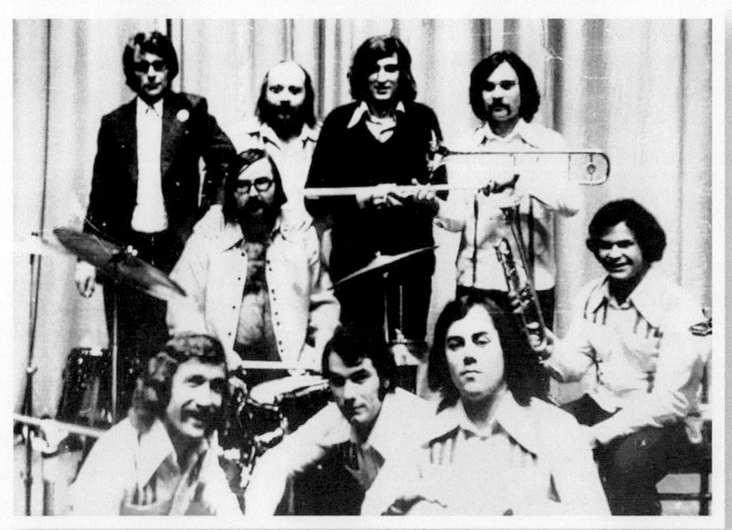

Первая ходка

В бытность моего участия во «Втором дыхании» я дружил ещё с одной горьковской популярной группой под названием «Бригантина», состоящей из ребят-студентов института иностранных языков. Её лидером был гитарист и певец Карл Хваталь, австриец по национальности. Позже он работал в ансамблях «Электрон» и «Акварели», а в 1976 году, Карла пригласили возглавить популярный, но распавшийся к тому моменту, краснодарский ансамбль «ИВА». Этот коллектив считался одним из самых первых ВИА в СССР; начинал в одно время с молдавским «Норком», московскими «Весёлыми ребятами» и грузинским «Ореро».

Карл позвонил мне, и мы заново укомплектовали ИВА, пригласив в новый состав своих друзей музыкантов, в основном из Горького. В это же время директором Краснодарской филармонии назначили совсем молодого, но имеющего очень замечательную особенность, парня из Москвы. Особенность заключалась в обладании известной фамилией. Парня звали Алексей Симонов. Но никакого подлога в стиле детей лейтенанта Шмидта не было – молодой человек на самом деле оказался близким родственником писателя, драматурга и лауреата всех возможных в то время премий Константина Симонова. Парня сослали на юг из столицы за какую-то провинность. Общий язык с молодым руководителем мы нашли моментально. Знаменитая фамилия оказывала на деловых партнёров магическое воздействие, а упоминание о великом родственнике открывало даже запертые наглухо двери.

Окрылённые открывшимися возможностями, мы с помощью Симонова-младшего придумали следующий прожект. В филармонии уже успешно существовал прославленный Кубанский казачий хор. Коллектив, насчитывающий больше ста человек, «не вылезал» с гастролей из-за границы. Мы же решили создать этому хору некую альтернативу в несколько отличном жанре и заодно получить основания для выезда на зарубежные гастроли. Первая часть предприятия выгорела, да ещё как! После того, как мы раскопали в краснодарской библиотеке записи неизвестных старинных казачьих песен, привлекли к работе креативного режиссёра-постановщика Леонарда Гатова и в целом проделали очень интересную творческую работу, необычная, классная, ни на кого не похожая программа, была готова. В итоге получилось нечто «а-ля «Песняры», только кубанского разлива и с красивыми костюмами.

Оценили нас по заслугам! С программой мы получили лауреатство международного конкурса в Паланге и эстрадного конкурса артистов эстрады в Сочи, успешно отработали на центральных площадках Москвы и Питера, много гастролировали по другим крупным городам. Во втором отделении, мы играли интересную инструментальную пьесу под названием «Ночь в Бомбее», куда я вставил большой сольный кусок из альбома «Tarkus» группы Emerson, Lake & Palmer.

Каждый раз, когда мы возвращались в Краснодар, мы неизменно следовали нашей доброй традиции: после концерта приглашали приезжих на гастроли коллег-музыкантов к себе в гости, в зал местной филармонии. Покупалось несколько ящиков вина, импровизированные столы украшала закуска с базара и начинался «свободный полёт». Хозяева и гости выпивали, закусывали, а потом общались и играли. Играли сколько хотели и что хотели – просто друг для друга. Такие спонтанные джем-сейшены иногда затягивались до глубокой ночи или раннего утра.

Чаще всего начальство и власти смотрели на наши сборища музыкантов сквозь пальцы, но, бывало, случались и неприятные казусы. Как-то раз не успели мы начать играть сейшен после откупоривания первых бутылок, в зал, едва не выбив двери, ввалилось два десятка возбуждённых милиционеров. Бравые ребята без всяких прелюдий быстро нас повязали, скрутили, заковали в наручники и запихнули в жёлтые с синей полосой «бобики». Ночевать нам пришлось в КПЗ.

Уже позже выяснилось, что от бдительных граждан поступил сигнал, оповещающий доблестных блюстителей порядка, что в зале филармонии творится страшное. Мало то, что там кого-то, судя по звукам, насилуют и убивают, так ещё и не дают своей музыкой спокойно спать ночью трудовому народу! Не прореагировать на такое не представлялось возможным, тем более, что «анонимно» звонила известная ведущая краснодарского телевидения.

Вышло так, что тогда с некоторыми нашими гостями я смог познакомиться только в КПЗ («за столом» из-за неожиданного появления милиционеров мы этого сделать, попросту, не успели). А в камере торопиться стало уже некуда. Восполнив пробел, я выяснил, что одного из юношей абсолютно неизвестного мне ВИА «Поющие юнги» из города Николаева зовут Саша Серов, а другого – Игорь Крутой.

Так и не найдя в результате следственных мероприятий, организованных по сигналу гражданки, изнасилованных и мёртвых, милицейские власти, по утру, выпустили нас на волю. Но за сам факт попадания за решётку нам влепили выговор по комсомольской линии.

Забавно, что Игорь Крутой, много позже, в одном из своих интервью сказал так: «А вот с Димой Законом мы познакомились в тюрьме». И ведь не поспоришь!

Что же касается ВИА ИВА, то с заграницей у нас так и «не срослось». Константин Симонов, который прозаик, видимо, уже не обладал сильным влиянием, как раньше, и Симонова-младшего внезапно уволили из культуры и заслали поднимать следующую по счёту отрасль народного хозяйства. А мы с Карлом, лишившись незримого покровительства, слегка подостыли и переключились на новые проекты.

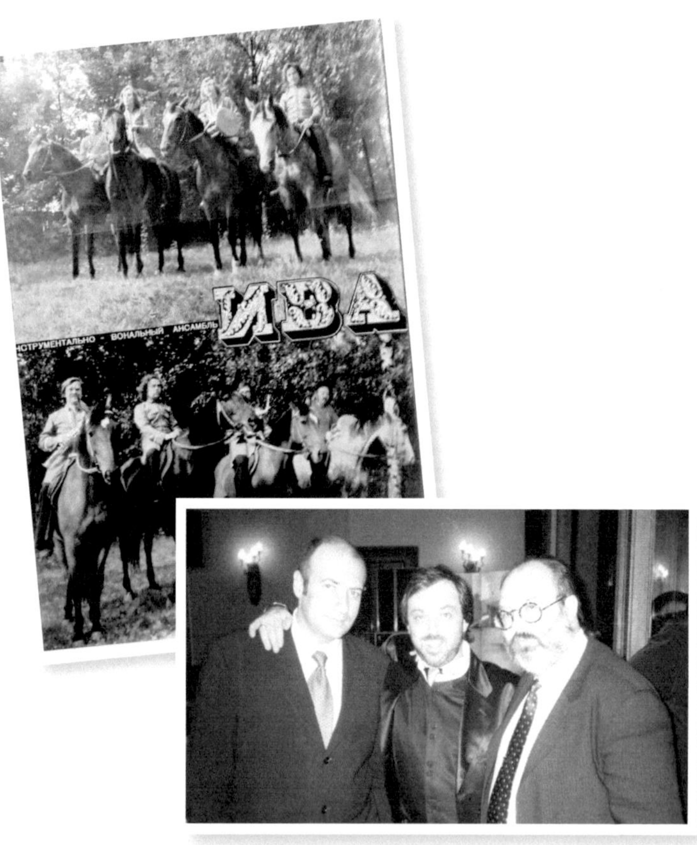

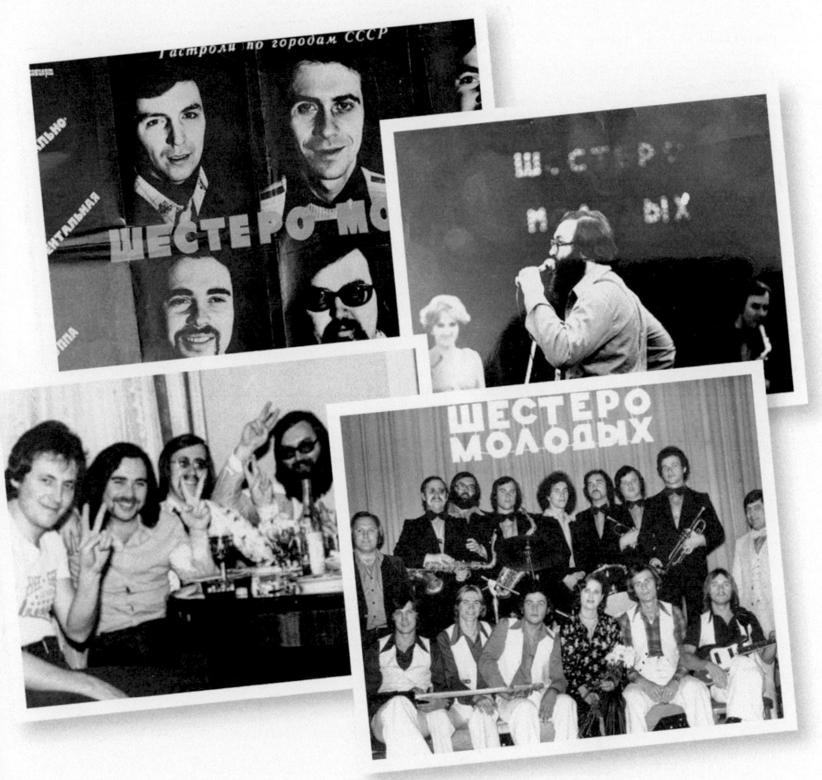

Шестеро молодых

Одним из таких проектов стал ансамбль «Шестеро молодых». Началось с того, что в Краснодар приехал с гастролями (в составе ансамбля «Чаривны гитары», которым руководил Борис Волгин, экс-бас-гитарист ансамбля «Голубые гитары») мой хороший знакомый, вокалист, Леонард Арсланян.

«Всё казаком работаешь? спросил он при нашей встрече. Нуну!». И дальше, в результате содержательной беседы, усугублённой выпитым, мы пришли к выводу, что дальнейшие перспективы моих кубанских казаков, и впрямь, довольно туманные. «Займись уже настоящим делом, предложил Леонард. Есть такой ансамбль «Шестеро молодых». Им руководит мой дальний родственник Вилен Дарчиев. Так вот, он собирается поменять всех музыкантов!». Я немного подумал и через несколько дней полетел в Ленинград на переговоры с Дарчиевым.

Встретил меня какой-то франтоватого вида мужик в белоснежном костюме, набриолиненный, в дорогих кольцах. Я начал объяснять ему суть своего предложения, но мужик решительно меня прервал, сказав, что его это мало волнует, потому что он не Дарчиев, а Валера, рабочий сцены. Я несколько опешил от такого заявления, резонно рассудив, что если так у Вилена выглядят рабочие сцены, то… Да, предчувствия меня не обманули – Дарчиев произвёл ещё более мощное впечатление. Вилен Иваныч был безукоризненно, с иголочки одет, с его шеи свисали золотые цепи с крестами, а на пальцах солидно сверкали перстни с бриллиантами. Сопровождала его пара охранников. Наш разговор закончился тем, что Дарчиев предложил мне по своему усмотрению набрать музыкантов и ровно через 20 дней быть в Краснодаре, где будет гастролировать его текущая группа. Там и произойдёт замена.

Здесь следует сделать некоторое лирическое отступление. Во времена Советского Союза профессии «продюсер» не существовало в принципе. Такая должность именовалась казённо и скромно – концертный администратор. Но, среди людей, организовавших выступления артистов, существовала настоящая концертная мафия, в хорошем смысле этого слова. Они могли «делать» с артистами что угодно. Именно такие люди координировали и контролировали все гастроли, распределяя музыкантов по городам и весям. От их веского слова зависело, куда ты полетишь завтра – в интеллигентные Ригу, Вильнюс и Таллин или в какой-нибудь «тёплый» Салехард с последующими гастролями по Колымской трассе. Именно администраторы организовывали представительные фестивали и концерты самых известных исполнителей – Владимира Высоцкого, Аллы Пугачёвой, Муслима Магомаева, – собиравших огромные стадионы. Они же, заодно, обеспечивали сопровождение эстрадных звёзд, чтобы за их счёт заработать что-то себе и доплатить исполнителям, музыкантам, да и самим знаменитостям. В этой сфере царили свои, незыблемые законы. Попасть под опеку таких людей было чрезвычайно сложно, но если вы, всё же, попадали, то могли считать, что вам выпал выигрышный билет лотереи. Существовала, правда, и оборотная сторона такого «патронажа». Если какой-то артист начинал своевольничать и вырывался из-под «влияния» концертной мафии (что редко, но случалось), таким выскочкам «кислород» перекрывали навсегда. Наиболее нагляден пример с Вадимом Мулерманом. Стоило ему дать показания против одного из директоров филармонии, он сразу же подписал себе этим «смертный» приговор. Его карьера моментально пошла «под откос» и вскоре бесславно закончилась.

Настоящих, «крутых» администраторов такого высокого уровня, разумеется, в те годы было немного. Из тех, с кем я работал и кого знал, можно назвать Василия Кондакова (Вась-Вась), Павла Леонидова из Москонцерта, Феликса Каца из Росконцерта, Эдуарда Смольного, Геру Спектора, Мишу Плоткина. К такой «могучей кучке» относился и Вилен Иванович Дарчиев. Когда-то давно он снялся в кинофильме «Ходжа Насреддин», официально числился артистом разговорного жанра, но при мне на сцену выходил два раза, и то на каких-то худсоветах. Однако деловые связи Дарчиева оставались поистине безграничными, он всех в этом бизнесе знал, и все знали его.

В советских филармониях количество концертов тогда было нормировано – не более 30-45 в квартал. Теоретически можно было отработать всю норму за несколько дней, а потом два месяца отдыхать и бить баклуши. Но Дарчиев умудрялся организовывать 70-80 концертов только в один месяц. Технически это исполнялось следующим образом: мы устраивались на работу в какую-то филармонию, отрабатывали свою положенную норму выступлений, писали заявление об увольнении, переходили в другую и далее по кругу. Таким образом, за квартал мы работали последовательно в нескольких филармониях. Такую «текучку» не всякая трудовая книжка выдерживала! Например, у меня она (книжка) была аж с тремя вкладышами, из которых следовало, что я работал в Саратовской, Элистинской, Тбилисской, Хабаровской,

Тульской, Кемеровской и ещё многих-многих филармониях.

Ещё на переговорах с Дарчиевым в Ленинграде мы договорились, что с каждого концерта, который он сможет организовать свыше положенной нормы, мы должны будем ему отстёгивать определённую сумму.

Когда я вернулся в Краснодар и предложил музыкантам из ИВА перейти в «Шестеро молодых», почти все ребята, утомлённые кубанским казачеством, согласились на смену места работы. Мы уволились из филармонии и отправились в Дивноморск, на Чёрное море, почти в то место, где сейчас построили известный «дворец Путина», и за пару недель создали и отрепетировали новую концертную программу. Ровно через 20 дней, как я и условился с Дарчиевым, мы приехали в Краснодар, где гастролировал в старом составе ничего не подозревающий ансамбль «Шестеро молодых». Получилось довольно забавно. Первое отделение отработали одни музыканты, а на второе Вилен Иванович выпустил на сцену уже нас, предварительно похлопав ободряюще по плечам. Для краснодарской публики это тоже оказалось сюрпризом, так как нас там знали как артистов ИВА. Через пару дней «старых» участников группы Дарчиев уволил, и мы стали официальными «Шестью молодыми».

Творчески наш коллектив представлял собой следующую конфигурацию: шесть солистов работали на авансцене, исполняя несколько песен вместе; потом каждый из них пел 2-3 своих сольных; сзади вокалистов подпирала ритм-группа музыкантов плюс духовая секция из 5 человек. Репертуар игрался разнообразный, во втором отделении шла «фирма», а все аранжировки в основном писались в стиле «Chicago» и «Earth, Wind & Fire». Музыканты и вокалисты тогда работали у нас по-настоящему классные, даже сейчас, слушая те записи 45-летней давности, я горжусь уровнем их профессионализма. Надо сказать, что в то время официально исполнять со сцены разрешалось отнюдь не всякие произведения, а только лишь сочинения членов Союза Композиторов СССР. Конечно, с реальностью такой подход к творчеству имел мало общего. Мы, не жалея сил, активно боролись с проявлением такой тупости и несправедливости, да и Дарчиев постоянно прикрывал нас на всяких худсоветах и просмотрах. Мы упрямо вставляли в аранжировки целые куски из тех же «Chicago», «Earth, Wind & Fire», «Deep Purple» и других групп. А если исполняли какие-то «фирменные» произведения, непременно в рапортичках писали, что это песня протеста (или как мы их называли – «песенка про тесто») какого-нибудь американского композитора, борца за свободу.

Стоит сказать пару слов о названиях ансамблей. Родились они не на «пустом месте». В те годы в Советском Союзе были очень популярны польский коллектив «Червоны гитары» и югославский – «Семеро молодых». Поэтому-то Дарчиев и его друг и деловой партнёр Боря Волгин, недолго думая, назвали свои коллективы по ассоциации с зарубежными – «Чаривны гитары» и «Шестеро молодых» соответственно. И в этом тоже крылся некий маркетинговый фокус. Работали мы частенько двумя ансамблями парой, каждый по отделению, и народ, слабо разбирающийся в нюансах, валил валом, будучи уверенным, что приехали иностранцы. Позже мы даже взяли настоящего югославского певца родом из Ивано-Франковска. Я воспринимал данный факт спокойно – после успешной стези болгарина мне не стоило никаких особенных усилий стать ещё на какое-то время и югославом.

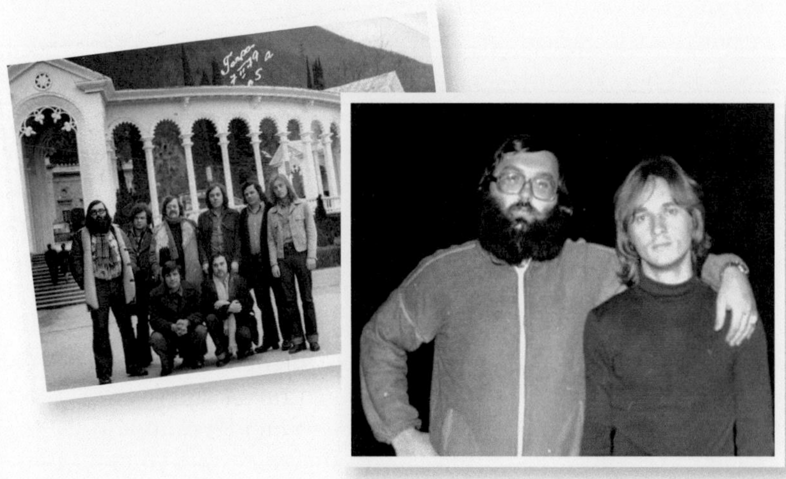

Кальян Иваныч

Пролистывая страницы памяти, я в который раз с приятным удивлением отмечаю, с какими же неординарными и талантливыми людьми сводила меня судьба в течение моей музыкальной карьеры. Многие из тех, с кем мы начинали работу, стали впоследствии очень знаменитыми, и сейчас, вспоминая их молодыми и ранними, даже трудно поверить, в каких корифеев эстрады они в итоге выросли. Но даже те, кто так и «не схватил звёзд с неба», останутся в моей памяти настоящими профессионалами своего дела и большими друзьями.

На должность музыкального руководителя в «Шестеро молодых» мы пригласили известного джазового саксофониста Виталия Клейнота, который ещё в конце 60-х основал легендарную джазрок группу с солистом Леонидом Бергером. Виталий в тот период делал все аранжировки, записывая их в домашней студии Александра Зацепина, не без оснований считавшейся самой лучшей в СССР. Эта студия была значительно круче студии даже такого гиганта как фирма «Мелодия». Именно там, у Зацепина, в Большом Ржевском переулке, рядом с Новым Арбатом, состоялись записи первых композиций Пугачёвой, Леонтьева, Тани Анциферовой (к кинофильму «31 июля») и многих других исполнителей. Александр Сергеевич предложил и нам воспользоваться студией для записи нескольких его песен: «Найди себе друга», «Куда уходит детство» и «Что было однажды». Прежде их уже записала у него на студии Пугачёва, но потом между ними случился скандал и разрыв отношений, после того как Алла обманным путём вставила в свой альбом несколько своих песен под псевдонимом, якобы композитора-инвалида, Бориса Горбоноса. Впоследствии Зацепин и Пугачёва помирились, и песни опять вернулись к Алле. Но мы их тоже «официально» исполняли в концерте; к тому же, они в нашем исполнении вышли ещё и на виниле «Мелодии» в авторской пластинке Зацепина. Опыт работы и общения с Александром Сергеевичем остался для меня совершенно незабываемым.

В это время Клейнот подтянул в наш коллектив свежую кровь, молодых ребят. Так у нас появились Коля Расторгуев, Валера Кипелов, Миша Файбушевич, Гриша Безуглый, Таня Маркова; духовая секция состояла из моих дружков из Брянска плюс, примкнувший к ним, талантливый саксофонист и аранжировщик Володя Антипов (Фэрик) из Горького. А звукорежиссёром у нас стал Александр Кальянов, с появлением которого в нашем коллективе связана целая история.

Ещё до гастролей в Брянске мои друзья-«духовики» из этого города прожужжали мне все уши, рассказывая, что у них «живёт такой парень». Работает в ресторане и является обладателем собственного полного комплекта звуковой аппаратуры – что по тем годам считалось очень крутым. «Так что, говорили они, если его вместе с этим самым аппаратом взять в коллектив звуковиком, то…». Звали его, как вы уже поняли, Саша Кальянов.

Приехав в Брянск, я, первым делом, поехал Александра уговаривать. Но Саша немедленно ушёл в полный и глубокий отказ.

«Зачем, говорил он, наливая мне в гранёный стакан вино, мне куда-то ездить, если я в 6 утра иду на мой заводик, потом перемещаюсь в мой ресторанчик, и всё у меня так хорошо, что просто замечательно? Да, Саша?» и он вопросительно смотрел на жену. Надо сказать, что всех членов его семьи звали одинаково – Саша. И его самого, и жену, и сына, и тёщу и даже собаку – лохматого неугомонного спаниеля. И это при том, что в местной музыкальной тусовке Кальянова именовали не иначе как «Жофре» из-за сходства с героем французского фильма про Анжелику, который аналогично прихрамывал на одну ногу.

Кое-как, с огромным трудом, нам всем вместе удалось уболтать Жофре на испытательный срок. Он взял на заводе отпуск на месяц за свой счёт, и теперь оставалось прихватить только аппаратуру, что находилась на том самом заводе, который представлял собой секретное номерное предприятие.

Почему-то забирать аппарат мы поехали на грузовике ночью. После того, как мы миновали главный вход и остановились в неприметном месте, сбоку у забора, во мне колыхнулось беспокойное предчувствие. Саша проверил, хорошо ли раздвигаются в заборе доски, кивнул, и махнул нам пригласительно рукой. Мы, поминутно оглядываясь, проникли на территорию, контрабандой вытащили аппаратуру из бытовки, и, когда пёрли эти колонки и усилители обратно к дыре в заборе, увидели, как вспыхнул прожектор на одной из смотровых вышек и тут же раздался повелительный окрик: «Стой! Стрелять буду!». Я весь похолодел и действительно замер, за что тут же получил чувствительный тычок от Саши. «Ходу! выдохнул он, подталкивая меня по направлению к дыре. Не бойся, у них пули не настоящие, просто солью заряжены!». Нельзя сказать, что меня такое уточнение полностью успокоило, но из ступора, всё же, вывело, и я, с колонкой на спине, припустил к забору. К счастью, точно удостовериться в словах Жофре нам тогда не удалось. Охранники действительно принялись в нас стрелять, но ни разу не попали.

Так Саша поехал с нами на первые гастроли. Излишне говорить, что в Брянск он уже не вернулся. А не очень ласкающую слух кличку «Жофре» мы сменили на гораздо приятственное русскому уху «Кальян Иваныч». Прошли годы, и Саша Кальянов стал не только лучшим звукорежиссёром страны, другом Пугачёвой, но и легендой русского шансона.

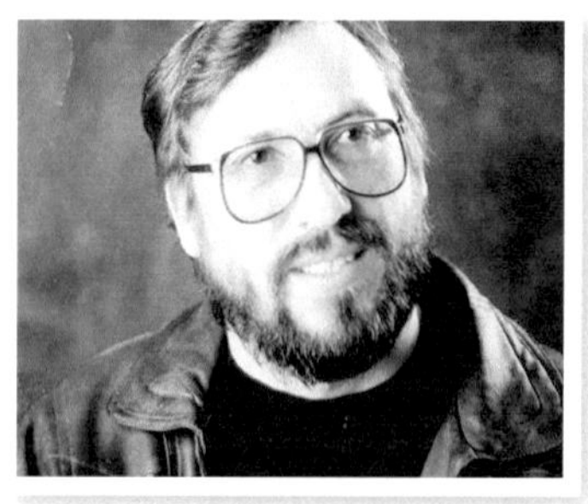

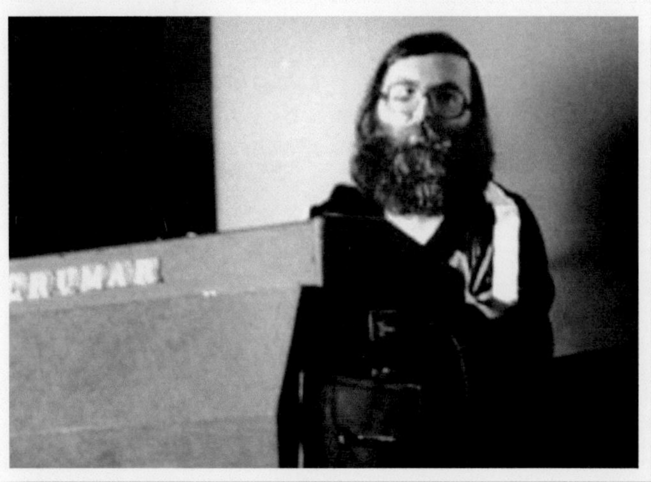

Как я был Демисом Русосом

Все плановые гастроли «Шестеро молодых» проходили, как правило, по одному и тому же сценарию, состоящему из двух базовых частей. Первая часть представляла собой сугубо техническую, а вторая, напротив, досуговую. В целом, всё это отлично вписывалось в концепцию-поговорку «Делу – время, потехе – час».

По приезде в любой город, после размещения и прибытия на концертную площадку, мы отстраивали звук, репетировали, отрабатывали 2-3 ежедневных концерта (пели и играли честно – фонограмм тогда не существовало в принципе), возвращались в гостиницу, выпивали-закусывали и, если оставались силы и желание (а они оставались!), организовывали культурный досуг.

За требуемый для полноценного развлечения контингент отвечал у нас Кальян Иваныч, который разработал собственную безотказную систему. Заключалась она в следующем: он заранее звонил на телефонную станцию того города, где мы гастролировали. Приглашал телефонисток прийти к нам на концерт и взять побольше симпатичных подружек. Кто же откажется поближе познакомиться со знаменитыми артистами?

Не было случая, чтобы «система» дала осечку, барышни приходили всегда, а мы старались обставить всё красиво и с размахом.

В Москве мы обычно базировались в гостинице «Балчуг». Однажды там случилась проблема с номерами, и нас поселили в огромный «люкс» с шикарным белым роялем. Грех было не воспользоваться таким случаем!

Кальян Иваныч, приведя к нам в гостиницу очередную порцию приятных барышней, «добил» их сообщением, что сейчас познакомит девушек с самим Демисом Руссосом (Demis Roussos)!

«Только учтите, шёпотом добавил он, переходя за заговорщицкий тон, маэстро приехал в Москву инкогнито – никто об этом не знает! Он сильно устал с дороги и пребывает в меланхоличном настроении, поэтому не нужно никаких лишних сантиментов – зашли, поздоровались и сразу в койку!».

Девицы, разумеется, от такой инструкции ошалели, но с искушением совладать не смогли.

Далее Саша, с чувством исполненного долга, гуськом завёл их в «люкс», а там – в широкополой шляпе из реквизита, с густой настоящей бородой – полностью «в образе», – за белоснежным сверкающим роялем сидел я.

Кальян Иваныч подобострастно пробормотал что-то вроде «Сиси, маэстро…», я оторвался от творческой задумчивости, бросил на него высокомерный взгляд, и он удалился, оставив меня наедине с обомлевшими поклонницами. Самое удивительное, что каждая на всём протяжении досуга продолжала оставаться уверенной, что «общается» с реальным

Демисом Руссосом. Ну а я, естественно, не спешил разоблачать такие заблуждения. И кое-кто, возможно, до сих пор всем рассказывает, от кого у них получились такие музыкальные дети!

Для самого же Кальян Иваныча мы тоже придумали неплохую легенду. Держа в уме его хромоту, а также врождённое стеснение и скромность при визуальном общении со слабым полом, мы рассказывали доверчивым барышням, что Саша во время Вьетнамской войны прыгнул с вертолёта для выполнения секретного боевого задания, но купол его парашюта не раскрылся. Для достоверности мы демонстрировали боевой орден, позаимствованный кем-то из нас у родителей, и делали скорбные выражения лиц. У телефонисток от жалости текли слёзы, и каждая стремилась как-то утешить бесстрашного воина.

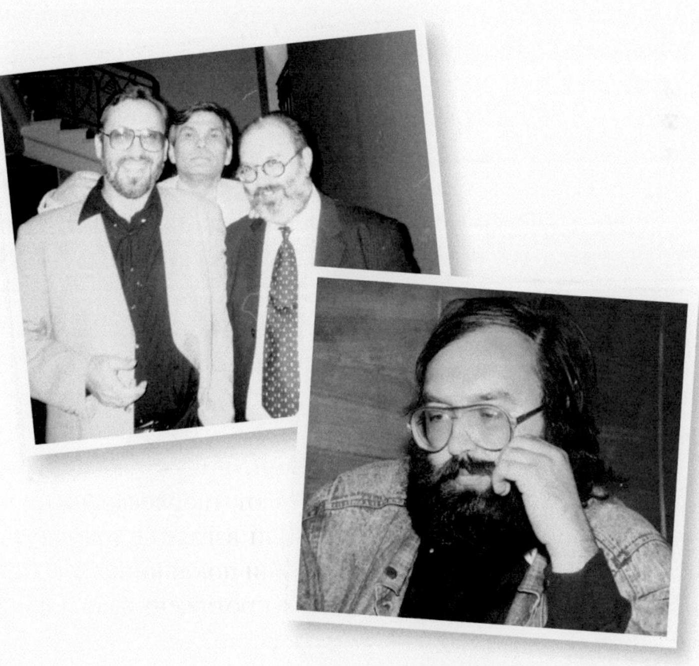

Дело пахнет керосином

Я, признаться, не мог не понимать, что часто наша концертная деятельность со всеми этими «левыми» выступлениями и «вертушками» не очень-то вписывается не только в моральный кодекс строителя коммунизма, но и вступает в прямое противоречие с социалистическим законом.

Вскоре я стал «правой рукой» Дарчиева, и мне пришлось окунуться в эти тёмные организационные комбинации. По настоянию «шефа» (как мы называли Вилена Ивановича) в мои обязанности, кроме игры на клавишах, входило: общее руководство коллективом «Шестеро молодых» на гастролях; выдача зарплат и суточных; организация перелётов и переездов; расселение в гостиницах. И ещё много сопутствующих концертам дел. Наш полный коллектив насчитывал уже больше двадцати человек, плюс нам приходилось возить с собой несколько «мёртвых душ», зарплата которых шла на всякие непредвиденные расходы и взятки директорам филармоний.

Шеф же безвылазно сидел в своей московской «штаб-квартире» на Петровско-Разумовской, и как умелый дирижёр, незримо, по телефону, рулил всем процессом. Особое мастерство нашего «администратора» проявлялось в фантастической способности «вытащить» наличные деньги из любой филармонии, что по тем временам являлось делом архисложным и возможным только при реализации многоходовой «серой» комбинации. Но у шефа, не без помощи наших «мёртвых душ», такое, раз за разом, получалось. Какое-то время всё наше «хозяйство» работало, как отлаженный, подмазанный механизм. Гастроли были расписаны вперёд на 6-8 месяцев; мы, как проклятые, «чесали» по всей стране, делая 70-80 концертов в месяц; я периодически привозил Дарчиеву наш оброк за проделанную работу.

Окончательно я удостоверился, что «дело пахнет керосином» и что все эти комбинации – есть чистой воды криминал, когда меня вызвали на Петровку, 38. Там меня допросили, а потом, уже в Бутырке, устроили очную ставку по поводу дачи взятки директору московского Театра Эстрады (где мы работали незадолго до этого вместе с эстонским певцом Яаком Йоалой). К счастью, предъявить мне тогда ничего не удалось, но «осадочек», что называется, остался. Времена в этом смысле царили суровые – многим не давало покоя громкое дело директора московского «Елисеевского» магазина, которого за взятки приговорили к высшей мере.

Много позже, после того как мы уволились из «Шестеро молодых», и перешли практически всем составом в «Лейся, песня», и Дарчиев набрал новых ребят (музыкальным руководителем у них успел поработать и Александр Аяров-Розенбаум) разыгрался последний трагический акт в судьбе Вилена Ивановича. Его «подставил» один старый знакомый, работник ОБХСС (Отдела по Борьбе с Хищениями Социалистической Собственности), которому он когда-то перешёл дорогу. Несколько месяцев доблестный представитель «органов» вёл за Дарчиевым слежку и собрал основания для ареста администратора. Вилену предъявили обвинение в даче взятки и в том, что он, получая ставку конферансье, не выходил на сцену. В итоге Дарчиева осудили на несколько лет, и он погиб в уфимской тюрьме, при странных, невыясненных обстоятельствах.

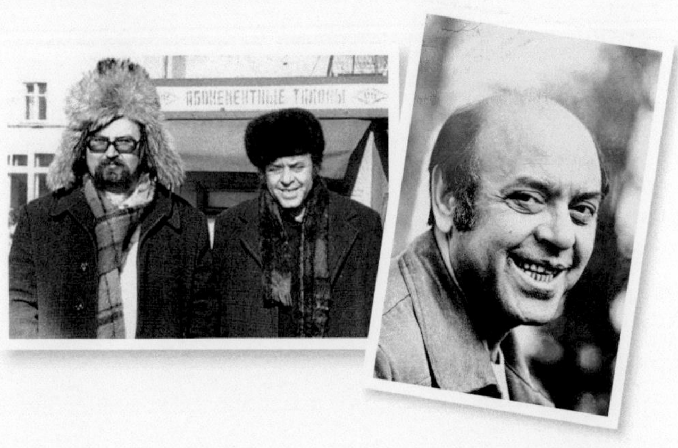

Вот это успех!

Мы очень любили приезжать в Ленинград. И не только потому, что это красивый и своеобразный город. А потому, что гастроли в нём, как правило, проходили всегда с какими-то приключениями.

Благодаря востребованности и связям Дарчиева нам приходилось посещать город на Неве несколько раз в год. Нас очень тепло принимала местная публика, в зале всегда были аншлаги. И, конечно же, в Ленинграде мы постоянно общались с нашими закадычными друзьями. Вспоминаются роскошные проводы на Московском вокзале, которые нам устроил Серёжа Касторский. На концертах мы исполняли несколько песен этого талантливейшего композитора («Только музыка», записанную нами на фирме «Мелодия» «Напоите меня вином» и др.), а после выступлений, под закуску-выпивку, слушали его новые композиции, музицировали и хулиганили. Так вот, Серёжа в очередной наш приезд (вернее, отъезд), от полноты чувств устроил нам сюрприз. Не успели мы прибыть на вокзал, как увидели, что Касторский притащил на перрон большую группу чернокожих студентов, которые неистово колотили в разнообразные ударные инструменты, одновременно издавая гортанные воинственные звуки. Так как мы к этому времени были уже достаточно «подогретыми» основной частью встречи, нам не показалось сие действо чем-то экстраординарным. Мы радостно принялись допивать остатки своих гонораров и, перекрикивая вой чернокожего ансамбля, провозглашали тосты за здравие: о дружбе и музыке.

Другой нетривиальный случай произошёл на нашем сольнике в ленинградском Дворце офицеров. Шестеро солистов вышли тогда на сцену в белых, новеньких костюмах, и выглядели очень презентабельно. Спели несколько песен, всё как обычно. Дальше в программе наступило время каждого отдельного из солистов. Появился Коля Расторгуев, спел песню о «Золотой рыбке» (которую мы записали, кстати, к кинофильму «Завтрак на траве»), зал принялся истово рукоплескать. И тут на сцену выбегает девушка с огромной охапкой цветов. На сцене несколько цветочков падают на пол, и галантный Коля наклоняется, чтобы их подобрать. А когда снова поднимает голову, мы с ужасом замечаем, что шевелюра певца превратилась в какое-то кровавое месиво, с волос текут алые струйки, оставляя чудовищные полосы на белоснежном пиджаке. Никто ничего не может понять, все в полнейшем оцепенении.

Девушка, тем временем, в повисшей мёртвой тишине, стуча каблучками – «цок-цок-цок» – исчезает со сцены. Коля растерянно поворачивается к нам и дрожащим голосом спрашивает: «Меня что, убили?»…

Потом его, на подгибающихся ногах, и при замершем от ужаса зале, уводят за кулисы, где он немного приходит в себя и говорит:

«Вот это успех, бл…!».

Позже выясняется, что одна из отвергнутых поклонниц решила отомстить нашему солисту следующим необычным образом – заранее смешала в банке клей «БФ» и масляную красную краску. И пока Коля поднимал цветы, незаметно вылила содержимое ёмкости ему на голову.

Пришлось брить Расторгуева наголо, клей впитался в волосы намертво. Но сокрушался Коля даже не из-за этого: очень было жалко новенький белый костюм.

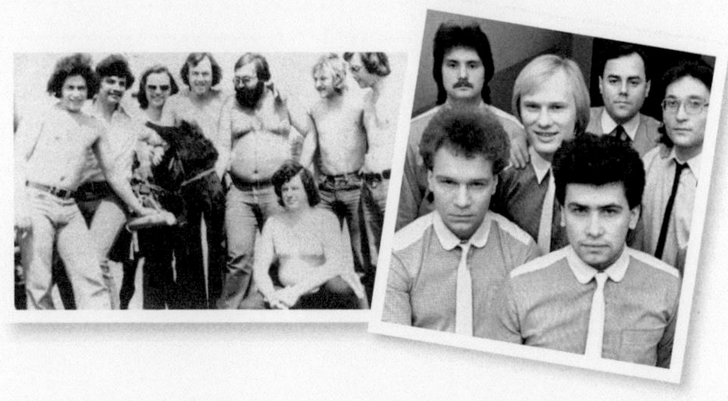

Свадебный подарочек

В комплексе московской гостиницы «Россия», которую недавно снесли и сделали парк «Зарядье», было четыре угловых ресторана; в двух из них открывался красивый вид на Кремль. Попасть в эти залы мог далеко не каждый. Даже при наличии свободных мест, администраторы и официанты неизменно утверждали, что столики зарезервированы. Впрочем, то была обычная практика – таким нехитрым способом сотрудники заведения вынуждали давать им взятку. Но иногда не помогали даже хрустящие купюры.

Но в этот раз голубенькая ассигнация номиналом в пять рублей с начертанным на ней, по совпадению, видом Кремля, небрежно скомканная в кулаке метрдотеля ресторана, позволила нам расположиться за одним из столиков, и обозревать в окно неспешное течение Москва-реки. Правда, с некоторым ограничением по времени: метрдотель предупредил, что на всё про всё у нас есть три часа, а потом тут начнётся свадьба.

Мы отмечали случайную встречу с одним моим старым другом, в тот момент работающим музыкальным руководителем у знаменитого танцовщика Махмуда Эсамбаева. За столиком нас было шестеро: четыре человека «с нашей стороны» и двое с «противоположной» – мой давний друг пришёл с товарищем, который, правда, не являлся музыкантом, а был совершенно из другой «оперы». Из-за этого соперничать с нами, закалёнными в перипетиях самых разных отмечаний и возлияний, он, увы, не смог. Хотя попытался, и какое-то время даже пил с нами наравне. Пока мы наслаждались общением, зал ресторана оставался практически пуст – лишь сновавшие мимо официанты, что накрывали большой п-образный стол для грядущей свадьбы, иногда портили идиллию.

Метрдотель, чем ближе надвигался «час Х», тем чаще подходил к нам, делая бровями выразительное движение, направленное в сторону выхода. Однако мы уже пребывали в том самом состоянии, когда любой намёк на прекращение «банкета» выглядит просто кощунственным. Ситуацию, раз за разом, урегулировала очередная «трёшка», оказывающаяся в бездонном кармане сотрудника заведения.

Гром грянул неумолимо, но неожиданно.

Всё произошло, когда я, вняв остаткам голоса разума, уже рассчитывался с официантом, а остальные ребята встали из-за стола.

Зазвучал торжественный марш Мендельсона, распахнулись помпезные двери, в зале повисло предчувствие чего-то неземного и возвышенного. Однако на того самого товарища из другой «оперы» данное действо произвело несколько парадоксальное впечатление. Он выпучил глаза, прикрыл руками рот и с безумным видом бросился в сторону накрытого к празднику стола. По дороге его «прорвало» и всё, что он в последнее время потребил, принялось извергаться обратно на красиво сервированные яства и блюда. Данный процесс, видимо, давал приличную реактивную тягу, потому что товарищ не стоял на одном месте, а с перекошенным видом бегал туда-сюда вдоль стола, словно стремясь оставить свой след на как можно большей территории.

Описать выражение лиц молодожёнов и примкнувших к ним многочисленных гостей, что появились в дверях ресторанного зала и увидели столь впечатляющую, а главное, динамичную картину, я, при всём, желании вряд ли смогу.

Сообразив, что нас сейчас будут бить, причём, в полном соответствии со словами классика, возможно, ногами, мы, несмотря на порядком затуманенное сознание, поспешно покинули предполагаемое место боевых действий, ретировавшись на улицу через кухню.

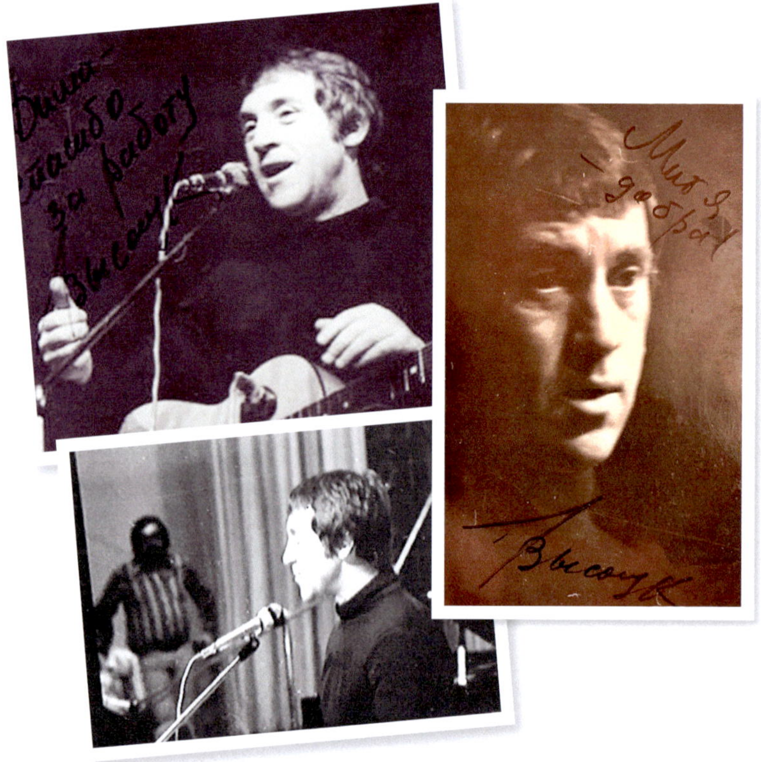

Владимир Высоцкий

В последние годы про Высоцкого рассказано и придумано столько, что удивить чем-то читателя практически невозможно. Поэтому мои воспоминания о работе с Владимиром Семёновичем вовсе не преследуют такой цели. Я лишь хочу поделиться с вами тем, чем особенно запомнились наши совместные гастроли. Ну и заодно ещё раз прикоснуться к светлой памяти гениального автора-исполнителя.

Казань. 1977 год. Первое отделение «Шестеро молодых», второе – Владимир Высоцкий. Несколько песен мы ему аккомпанировали. Каждый день давали по пять концертов, два утренних, в университетских аудиториях, и три во Дворце спорта. На концерты мы выезжали с конной милицией, ажиотаж стоял небывалый, билеты на все концерты были давно распроданы.

По договорённости с администратором Высоцкого один из пяти ежедневных концертов мы «отдавали» ему, что составляло неплохую прибавку к гонорару исполнителя.

Начались, правда, выступления не очень-то гладко. За день до первого концерта мы провели с Высоцким репетицию, где определили все тональности. Но после того как на следующий день Николай Тамразов (ведущий концертов) объявил: «Владимир Высоцкий и «Шестеро молодых», Семёныч взял гитару и начал играть и петь совершенно в иной тональности, нежели мы оговорили заранее. Мы судорожно начали ловить правильную, но выглядело это всё как какой-то самодеятельный «жопкин хор»: стыдобища, одним словом. Однако к припеву мы тональность поймали и кое-как выкрутились.

В перерыве между концертами Володя подошёл к нам и извинился. Решили, что если ему так удобней, пусть эта песня в такой тональности и остаётся.

Но на втором концерте Высоцкий запел уже совершенно в другой тональности, и нам опять пришлось её ловить. После этого один из наших музыкантов, пока был перерыв между выступлениями, взял его гитару (Высоцкий оставил её на сцене), подстроил и поставил на неё «капо» (штука, что зажимает струны, фиксируя тональность).

Перед началом третьего концерта Володя, взяв пару аккордов, повернулся в нашу сторону, демонстративно перестроил инструмент «обратно» и сказал: «Если кто ещё хоть разок мою гитарку подстроит, то получит по морде. Ясно, нет?». Но на концерте начал играть уже «правильно», как договаривались.

Забегая вперёд, скажу, что на всех последующих концертах, до начала своего выступления, Высоцкий брал первый аккорд и вопросительно поворачивался в мою сторону; я проверял тональность, показывал ему поднятый вверх большой палец, и мы начинали играть.

А в первый день «конфликт» оказался очень быстро улажен. Наш рабочий сцены по имени «Балда» сбегал за бутылочкой армянского коньяка, и мы с удовольствием употребили его в гримёрке Высоцкого за успех будущего сотрудничества.

Не раз говорилось, что слегка расстроенная гитара оставалась «фишкой» Владимира Семёновича. Не могу с этим поспорить, я ощутил это на «собственной коже». Во время выступления возникало ощущение, что слегка расстроенный инструмент помогает Высоцкому создавать необыкновенно-доверительную атмосферу. Такой «плавающий» звук хорошо гармонировал с его хрипловатым голосом, создавая уют «дворовости»; словно парень с гитарой поёт для своих старых друзей где-то «под грибком», а не выступает, как знаменитый певец с большой сцены, перед изысканной публикой.

На концерты во Дворец Спорта каждый день приходили люди из КГБ в одинаковых серых пиджаках, которые говорили Высоцкому, что сегодня можно петь, а что нет. Володя их выслушивал, утвердительно качал головой, выходил на сцену, и сразу же начинал с песни «Про ментов».

За целый день Высоцкий, по-тихому, высасывал бутылку армянского коньяка, дуя его через трубочку, иногда разбавляя чаем. Между концертами, когда было время, мы много и интересно разговаривали о жизни, всяком разном, собеседником он был потрясающим. Иногда Володя показывал нам свои новые песни, зарисовки, некоторые из которых я больше никогда и нигде не слышал. Возможно, Высоцкий просто не успел их записать, а может, они не прошли его собственный, очень придирчивый, худсовет.

На одном из утренних концертов нас попросили сократить программу, так как мы опаздывали на следующее выступление. Поэтому Высоцкий вышел на сцену сразу после нашего отделения, хотя обычно в этой паузе 15 минут работал разговорник. Наш барабанщик, Александр Акинин, которого почему-то забыли предупредить, в это время ушёл, как обычно, курить на улицу. Ситуация возникла патовая – пора играть, все на сцене, а Лешего (у Сани на голове была огромная копна кудрявых волос, за что он и получил «погоняло») всё нет. Володя начал выкручиваться: чтобы потянуть время, принялся что-то рассказывать и хохмить, даже придумал нам новое название – «Семеро смелых». Администратор Высоцкого же хищно рыскал по подсобкам, разыскивая Акинина. Встретил он его только тогда, когда тот неспешным прогулочным шагом возвращался с «перекура». Подскочив к Лешему, администратор отвесил ему такого пендаля, что наш барабанщик несколько концертов потом играл стоя на полусогнутых ногах.

Во время гастролей у Высоцкого и нашей молоденькой симпатичной солистки Марины Школьник случился роман. Хорошо, что Марина Влади не приехала тогда в Казань – ещё неизвестно, чем бы всё закончилось.

В интернете существует много записей именно с этих казанских концертов – всё благодаря Кальян Иванычу. За каждый подключённый к пульту на запись концерта магнитофон он брал оброк в виде бутылки коньяка. Учитывая, что технически подключалось сразу пять аппаратов, за день в закромах Кальян Иваныча позвякивало несколько десятков бутылок, которыми он честно делился с нами, а мы – с Высоцким.

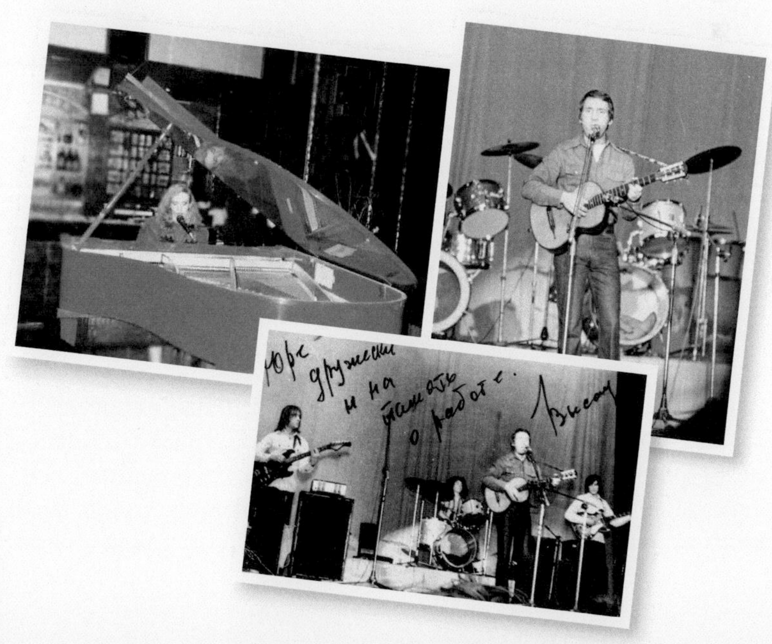

Прикажи казнить

«Это неправильно, сказал нам перед поездкой Василь Василич Кондаков (Вась-Вась), Советский Союз большой, а «Самоцветы» только одни!».

Мы, в принципе, не спорили, но пикантность ситуации заключалась в том, что как раз он и отправлял нас работать номером (несколько песен) в сборную программу на стадион в Ташкент под именем «Самоцветы». Артистов ВИА тогда практически никто не знал в лицо, потому что по телевизору их показывали крайне редко. Поэтому такие комбинации иногда осуществлялись без особых последствий.

Так случилось и в этот раз. Пока настоящие «Самоцветы» работали у Кондакова совсем в другом городе, мы отправились в столицу Узбекской ССР. Скорее всего, Василь Василич когда-то пообещал привезти в Ташкент популярное ВИА и таким вероломным образом решил этот вопрос закрыть.

В Ташкенте мы отыграли «на отлично» несколько концертов, душевно исполняя «самоцветовские» песни: «Мой адрес – Советский Союз», «Увезу тебя я в тундру», «Там за облаками» и другие. Поклонникам, что подходили за автографами и спрашивали: «А где Юра Маликов и Лена Преснякова?», мы говорили, что Юра сдаёт госэкзамены, а Лена в декретном отпуске.

Что же касается наших родных «Шестерых молодых», работа в них шла своим чередом. Я неожиданно для себя открыл новое свойство организма. В программе концерта у нас в репертуаре была песенка «Этот мир придуман не нами», та самая, что мы записали у Зацепина после Пугачёвой. Так вот, стоило начать её играть, во мне просыпался странный рефлекс. После того, как на сцене выключался свет, мои глаза автоматически закрывались, и я несколько раз под неё начинал натурально засыпать. Я даже осторожно интересовался у других артистов, исполняющих «Этот мир…», не происходит ли с ними нечто подобное? Оказалось, что нет, не происходит. Хорошо, что вскоре мы убрали эту песенку из нашего репертуара: наваждение тут же прошло.

В концерте я солировал в двух песнях. И с обеими связаны какие-то истории. Первую написал греческий композитор Кациопанасис и называлась она «Урок сольфеджио». Я в процессе действа изображал учителя пения. Песенку мы записали, отсняли, и нас показали по телевизору: в очень популярной тогда программе «Утренняя почта». После этого меня слегка накрыл купол телевизионной славы – из-за моей большой бороды и выразительного внешнего вида меня стали узнавать на улице. Тогда этой песней, как «вишенкой на торте», закрывали большие сборные программы, несмотря на присутствие других гастролёров. Но окончательно заболеть «звёздной» болезнью не получилось. Прививкой от неё стала вторая песня, в которой я активно участвовал, а солировал Коля Расторгуев. Автором её был Слава Добрынин, называлась она «Прикажи помиловать, прикажи казнить!». В конце песенки мы с Колей разыгрывали мизансцену. Я вставал из-за клавиш, хватал бутафорскую секиру и гонялся за Расторгуевым по сцене, свирепо выпучив глаза (так я изображал палача). Зрителям такое представление очень сильно нравилось. На одном из концертов, неосмотрительно потеряв бдительность, я запнулся за подвернувшуюся микрофонную стойку, и, продолжая сжимать секиру твёрдой рукой, со всего маху рухнул на сцену. Ловкому Коле удалось отпрыгнуть, но секира, несмотря на свою бутафорность, перерубила пучок проводов.

Следующие несколько минут пришлось солировать Кальян Иванычу, правда, он тогда ещё не пел, а со сверхъестественной скоростью бегал по сцене с паяльником, соединяя разрубленные контакты. По его губам чётко читалось, что он думает о наших с Расторгуевым ролевых играх.

Везучий «Поплавок»

Залогом хорошего звука любого ансамбля являлись, как не трудно догадаться, хорошие инструменты. Кому же, как не мне, клавишнику, приходилось раз за разом в этом убеждаться. С выбором синтезатора для выступлений на сцене в те годы разворачивались целые эпопеи. Естественно, не минула чаша сия и меня. Для приобретения достойного инструмента существовало два пути: купить у фарцовщиков или договориться с заезжими иностранцами. Оба пути, были, что называется, чреваты. Но как-то выкручивались.

Начинал я с советской «Юности» на высоких ножках и гэдээровского «Вельтмайстера». Потом купил у Володи Преснякова-старшего (Петровича) один из первых советских синтезаторов, который кто-то смастерил для «Машины времени». Аппарат выглядел довольно необычно. Во время выступления на сцене я, сидя за ним, напоминал работника телефонной станции. Из синтезатора торчало множество рычагов, которые следовало в определённые моменты во время исполнения дёргать. При этом, не забывая переключать тумблеры и вставлять-вытаскивать разные штекера. Иногда я ощущал себя многоруким Шивой, но кое-как справлялся. Зато звук был фирменный.

Немного позже я приобрёл уже настоящий синтезатор «Minimoog», который избавил меня от сложных манипуляций. А ещё через год, благодаря московским фарцовщикам, я купил невероятный аппарат: инструмент, о котором мечтали многие клавишники. Причём, скорее всего, я стал первым обладателем такого экземпляра во всём СССР. Назывался он «Rhodes Piano Mark II» и обеспечивал самый модный по тем временам звук (на таком играли Стиви Вандер (Stevie

Wonder), Чик Кория (Chick Corea), Херби Хенкок (Herbie Hancock) и другие мировые знаменитости).

О значимости инструмента говорит тот факт, что однажды ко мне приехал музыкант из магаданского (!) ресторана лишь для того, чтобы пощупать инструмент и, если повезёт, немного на нём поиграть.

В материальном виде «Родес» оказался довольно здоровым и тяжёлым. Я сделал к нему железный кофр, и он стал ещё тяжелее: бедным рабочим приходилось всё время его таскать за мной, так как в багаж я его сдавать опасался. Кофр с инструментом с большим трудом влезал в транспортные проёмы поездов и самолётов; такая процедура часто сопровождалась скандалами с проводницами и стюардессами. Намучился я с ним, конечно, изрядно, но и «сроднился» за период гастролей тоже. Поэтому, когда через некоторое время, его пришлось продать, я испытал вместе с облегчением ещё и сожаление.

Однако не отметить такое событие с друзьями не представлялось возможным. Родес-пиано стоил космических денег, и выручка от его продажи заполнила всю внутренность моего дипломата, с которым мы и пришли отмечать событие в ресторан «Поплавок» на Яузской набережной, что был расположен прямо напротив кинотеатра «Ударник». На сцене заведения там работала большая цыганская шоу-программа. Наотмечались мы так, что дипломат с деньгами я благополучно забыл под столиком в ресторане. Десять тысяч рублей, небрежно упакованные в стандартный прямоугольный чемоданчик, сиротливо стояли у ножки стола. На такую сумму, по тем временам, можно было приобрести автомашину «Волга». Среднемесячная зарплата советских граждан составляла порядка 110-150 рублей.

Про дипломат я вспомнил ночью. Моментально протрезвев, я бегом вернулся в «Поплавок», который уже был ожидаемо закрыт. Не помню как, но мне удалось договориться со сторожем; я попал в ресторан, и – о, чудо! – чемоданчик с деньгами оказался на месте! Пришлось нам ещё несколько дней отмечать теперь уже счастливое возвращение дипломата к законному хозяину.

Но самое интересное, что история меня ничему не научила. Спустя десять лет мы с друзьями пили пиво на пляже сочинской «Жемчужины», и у меня «на руках» имелся пакет с суточными для коллектива, 20 загранпаспортов и авиабилеты; на следующий день наш ансамбль улетал через Москву в Мадрид. После некоторого количества выпитых кружек, я отправился на Морвокзал, и уже там понял, что как повесил мешочек под пивным столиком, так его там и оставил. Жаль, что нельзя зафиксировать время, за которое я преодолел участок «Морвокзал – пляж Жемчужина», но отдыхающие смотрели на новоявленного спринтера с большим удивлением. Впрочем, мешочек, к моей несказанной радости, висел на гвоздике, как ни в чём не бывало.

Говорят, что «Бог любит троицу», но испытывать в третий раз такие приключения я, всё же, пока опасаюсь.

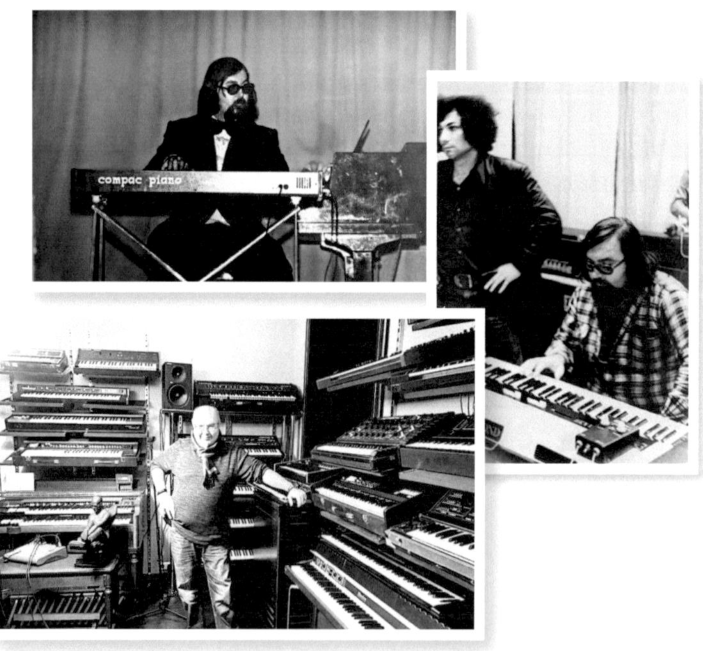

Как я был тормозом

У Даричева и Волгина уже в те годы было по машине.

Вилен Иванович вальяжно подруливал на деловые встречи на подержанной иномарке. Такое эффектное появление действительно впечатляло. Купить иномарку в восьмидесятые было делом практически безнадёжным. Требовалось участие в сделке УПДК (Управление Дипломатического Корпуса) и куча других бюрократических согласований. Но связи решали всё. Для делового человека обладание солидным иностранным автомобилем оправдывало любые средства его получения. Не смущал Даричева и тот факт, что в иномарке что-то постоянно ломалось и отваливалось – но кто об этом из его партнёров знал?

Боря Волгин был руководителем ансамбля «Чаривни гитары», где был очень мощный музыкантский состав, и работали они тогда от Киева. На бас гитаре играл Дима Рыбак, на клавишах Руслан Горобец и Тарас Петрененко, тромбонистом числился Слава Назаров, который исполнил арию Атоса в фильме «Три мущкетёра», а одним из солистов был Леонард Арсланян. Когда ребята писали пластинку на фирме «Мелодия», Руслан не успевал прилететь на запись, и Боря пригласил меня записать клавиши в нескольких песнях. Так что на пластинке 1980 года «Чаривни Гитары» можно меня послушать.

Волгин был не в пример скромнее своего компаньона. Несмотря на полученную от родителей фамилию, он предпочёл стать владельцем «горбатого» Запорожца. Пусть машина уступала европейской иномарке Даричева по всем статьям, но ведь она ездила! По тем временам, даже обладание «Запором» сильно возвышало хозяина в глазах окружающих.

Проблема поломок и отваливания запчастей прямо на ходу, естественно, не минула и Борин «ушастик». Ремонтировать «Запорожец» приходилось дольше, чем на нём ездить.

Однажды Волгин заехал на своём автомобиле за мной, и мы отправились по делам. Но перед тем как тронуться, парень, рядом с которым я притулился на заднем сиденье, передал мне железный лом.

– Будешь сегодня тормозом, – пояснил Боря будничным голосом. – Надевай рукавицы.

Я взял лом, недоумённо посмотрел на Волгина, а потом на парня, который действительно передал мне следом ещё и строительные галицы.

– Когда я крикну «Тормоз!», втыкай лом в дырку! – приказал Борис.

Я перевёл взгляд вниз – в днище «запора» зияло отверстие с рваными краями. Оказалось, Волгину не удалось достать тормозные колодки, и он вышел из ситуации таким нетривиальным способом. Мы потихоньку тронулись и поехали; при своевременных выкриках водителя я вонзал лом в дырку, от трения об асфальт сыпались искры, инструмент едва не выворачивало из моих рук, задок машины задирался, «запорожец» взбрыкивал, как бешеный конь, но замедлял движение. Соседние машины, от греха подальше, отруливали в стороны.

Поездка произвела на меня, без преувеличения, неизгладимое впечатление, и больше я в машину Волгина не садился. До тех пор, пока он не поставил туда нормальные тормозные колодки.

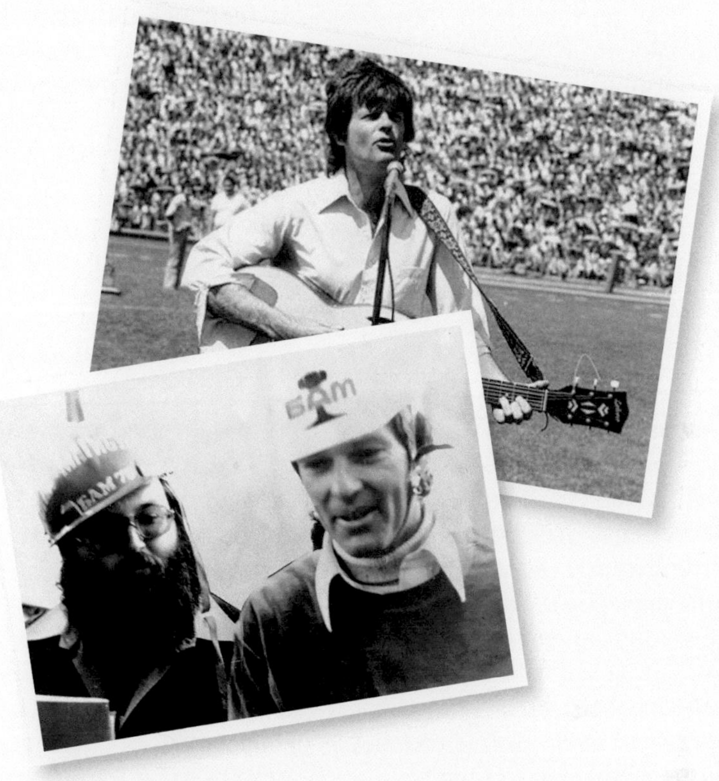

Красный Элвис и мой рекорд

Дин Рид был первым американским певцом, приехавшим на официальные гастроли в СССР. А всё потому, что артист полностью соответствовал генеральной линии КПСС. Кроме того, что пел простенькие, милые песенки в стиле кантри, Дин прослыл активным общественным деятелем, придерживавшимся социалистических взглядов. Он выступал за повсеместное запрещение ядерного оружия и против войны США во Вьетнаме, из-за чего ему пришлось позже эмигрировать из страны. В Америке его называли «Красный Элвис», имея в виду активную поддержку со стороны советского руководства.

Мы пересеклись с ним, когда отправились в совместную поездку на БАМ. Уже тогда он собирал полные стадионы в Латинской Америке, где стал популярнее Элвиса Пресли. Уже тогда он снялся в нескольких культовых фильмах с югославским актёром Гойко Митичем (Gojko Mitić, который – «Чингачгук Большой Змей»).

Уже тогда он слыл любимчиком женщин (советские девушки также не избежали этой участи, заваливая его цветами и окружая обожанием).

Гастроли с ним получились сверхуспешными, часть яркой славы «правильного» американца автоматически распространялась и на нас. Даже был сюжет по ЦТ СССР в программе «Время».

Несколько позже, тоже на БАМе, был поставлен мой личный рекорд по количеству отработанных концертов за один день, тогда это называлось «чёсом». Мы начинали работать утром на трёх разных площадках, которые были на расстоянии нескольких километров. В «чёсе» были задействованы три популярные группы артистов. Через 30 минут на сцену выходили три конферансье, а мы в это время, не переодеваясь, переезжали на «Пазиках» (спецтранспорт для перевозки артистов) на вторую площадку, а группа с третьей площадки – на первую. Через 30 минут всё повторялось, и мы ехали на третью сцену. Таким образом, в течение трёх часов, у всех получалось 3 «палки» (тогда так назывались отработанные концерты), а схема такой работы именовалась «вертушкой». На втором заходе мы начинали с третьей площадки и так далее. В общем, крутанув «вертушку» ещё два раза, при таком раскладе, мы получали 9 палок-концертов. А в один из дней, где-то по дороге, мы отработали ещё 2 дополнительных концерта, и у нас получилось в сумме 11! Не слышал, чтобы кто-то мог превзойти этот рекорд. Замечу, что мобильных телефонов тогда ещё не было, и приходилось всё рассчитывать по минутам заранее. На каждой площадке был ответственный администратор, который внимательно следил за графиком каждого выступления, чтобы ничего не сорвалось. Правда, спецтранспорт, в любую минуту мог заглохнуть или сломаться. Намного позже, уже живя в Германии, я практиковал такую схему в разгар предновогодних концертов. С мобильными телефонами и надёжными перевозчиками это было делать значительно проще.

Ноу-хау «вертушки» принадлежало легендарному администратору и режиссёру-постановщику Эдуарду Смольному, который в середине 70-х отсидел за это два года под следствием. Смольному грозила расстрельная статья «хищение в особо крупных размерах», на которой очень настаивал прокурор. Во время суда в Тамбове, куда съехалось множество народных и заслуженных артистов, с которыми он работал, Эдуард устроил настоящее шоу, выступая в роли собственного адвоката. В результате он оказался полностью оправдан за отсутствием состава преступления. По закону Смольному выплатили компенсацию за проведённое время за решёткой. Кроме того, во время процесса Эдуарду удалось доказать, что прокурор, который требовал его расстрела, сам присутствовал на банкетах с известными артистами и неоднократно пускался «во все тяжкие». Такое обвинение в советские времена считалось очень серьёзным. Через три дня после суда прокурор застрелился.

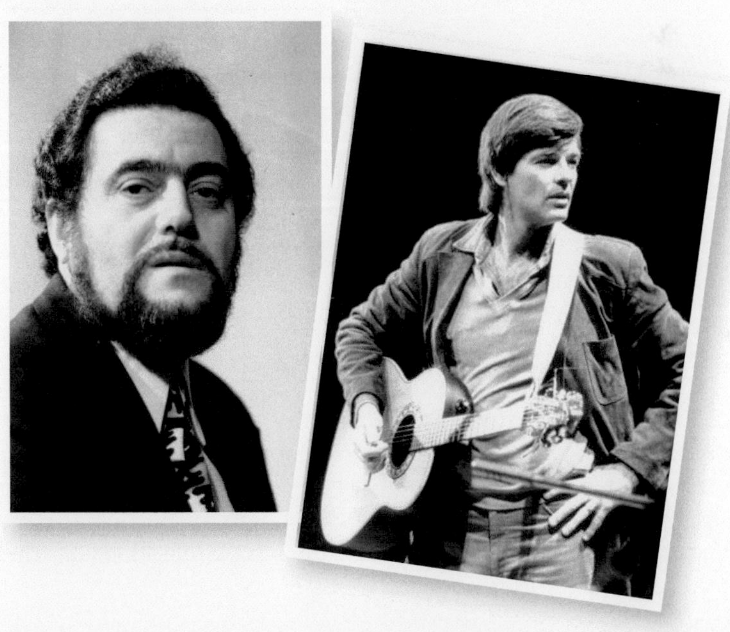

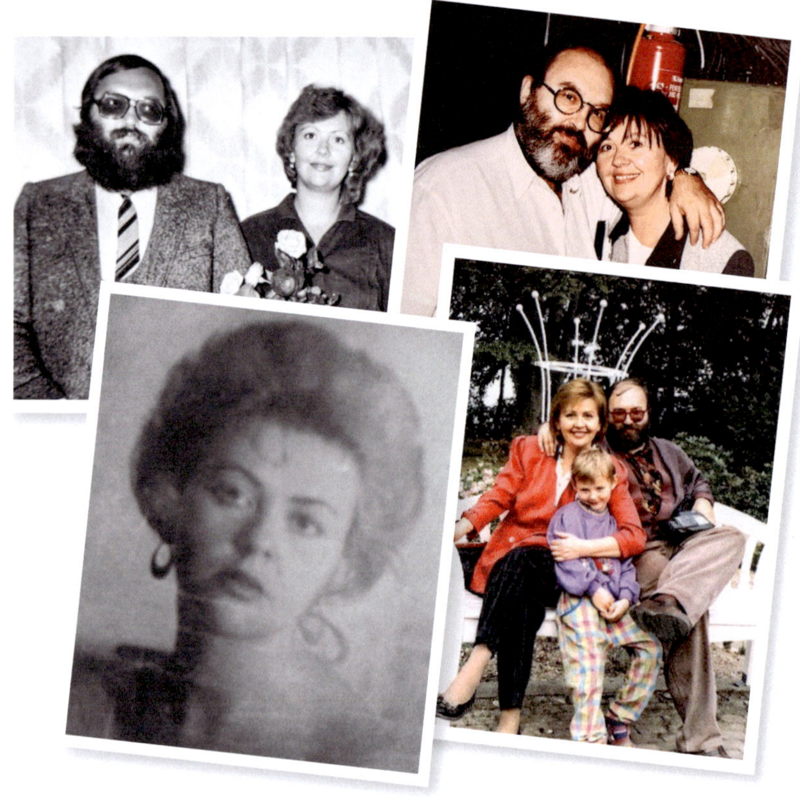

«Рояль» с золотой полоской

В целом, тогда, ничего ещё не предвещало.

У нас шли гастроли в Ленинграде, и выдался свободный день. По не очень-то важным делам мы с гитаристом Юрой Рымановым очутились в районе Финского вокзала. Чтобы скоротать время, решили пообедать в кафе гостиницы «Советская».

Когда туда же зашла выпить кофе симпатичная девушка, я поначалу не обратил особого внимания – мало ли симпатичных девушек в Ленинграде! Но. Через несколько минут что-то меня заставило присмотреться к ней внимательнее. Повинуясь непреодолимому импульсу, я подошёл познакомиться.

Через десять минут я пригласил её на ужин... И в итоге мы с Наташей ужинаем вместе уже 42 года.

Наташа приехала тогда в Ленинград в командировку, а жила она в Калининграде. Работала в прокураторе, и в этот приезд остановилась в «Советской», что стало для неё фатальным.

Скромную свадьбу мы отметили в Москве, а жить стали в квартире, на которую поменяли её калининградскую. Но произошло это не сразу, потому что произвести обмен «напрямую» нам с ходу не удалось. Бывалые люди подсказали, что для итогового желаемого обмена надо сделать дополнительный промежуточный шаг – вначале поменять Калининград на какой-нибудь «приличный» город типа Таллинна, Риги или Минска, а потом уже «махнуть» на Москву. Первая часть плана у нас получилась достаточно легко и быстро: мы нашли вариант и переехали в Минск, в новостройку (район Масюковщина); кооперативная квартира располагалась на 17 этаже большого дома. И продолжили искать обмен на столицу.

В то время без разрешения на прописку официально жить в Москве запрещалось. А для работы требовалось иметь другое разрешение, заверенное разными и многочисленными инстанциями. Мы, вместе с друзьями-коллегами Лёней Смелянским и Борей Миримовым, снимали тогда «трёшку» в московском Тушино. Хозяин квартиры, которая досталась ему по наследству, был запойным алкоголиком; рассчитывались мы с ним пустыми бутылками, которые ежедневно складировали на балконе. Количество пустой тары с лихвой перекрывало месячную аренду квартиры, поэтому арендодатель оставался перманентно счастлив. Денег у нас, в тот период, увы, периодически не наблюдалось вовсе, но во времена СССР, имея друзей, можно было существовать и без них. Гости к нам приходили практически ежедневно, а Лёня, гениальный кулинар от Бога, угощал их тем, что было. Всегда отмечал его фантастическую способность к готовке; иногда я удивлялся, зачем он пошёл в музыканты, ведь стань Леонид шеф-поваром, наверняка прославился бы на весь мир. А так его знали только в СССР и Израиле, где, кстати, он сейчас и живёт. Однажды, на спор, Лёня из одной свёклы приготовил 11 вкуснейших блюд.

В свободное от застолий время, мы с Наташей, когда она приезжала из Минска, ошивались в московском обменном бюро в Банном переулке, ища варианты переезда в Москву. В какой-то момент едва не попались в лапы махровых квартирных аферистов, но почти вовремя раскусили подвох. Дело двигалось с большим скрипом, не очень-то много граждан прельщал переезд из столицы куда бы то ни было. Только через год отыскалась такая пожилая пара, но они поставили условие: в минской квартире должен быть телефон. Я пошёл в белорусский МТС, где мне сообщили, что по плану этот район должны телефонизировать в середине следующей пятилетки. Ситуация выглядела безвыходной, пока я не наткнулся на телефонную будку, что стояла неподалёку от нашего подъезда. «Ага!» подумал я, и вскоре небритый и не совсем трезвый мужик-телефонист за бутылку знаменитого питьевого спирта «Royal» с золотой полоской (голландский спирт с красной и синей полоской на этикетке считался техническим) протянул от будки «воздушку» прямо к нам на 17 этаж.

В день, когда обменщики приехали смотреть квартиру, я повесил внизу объявление, что будка не работает. На вопрос, а какой у домашнего телефона номер, я сказал, что номера как такового пока нет, его дадут позже, после того, как местная МТС закончит подключение новой линии, но самим звонить с телефона уже можно.

И мы ударили по рукам.

После совершения сделки, мучаясь угрызениями совести, я, конечно, признался обменщикам о своей махинации, но минская квартира им так понравилась, что эта новость была воспринята совершенно спокойно.

После обмена я с чистой душой рассчитался пустыми бутылками (даже «насыпал» пол-ящика стеклянной тары «сверху») с хозяином тушинской квартиры, и мы с Наташей переехали в центр Москвы, в дом на улице Димитрова (сейчас Якиманка), что соседствует с французским посольством.

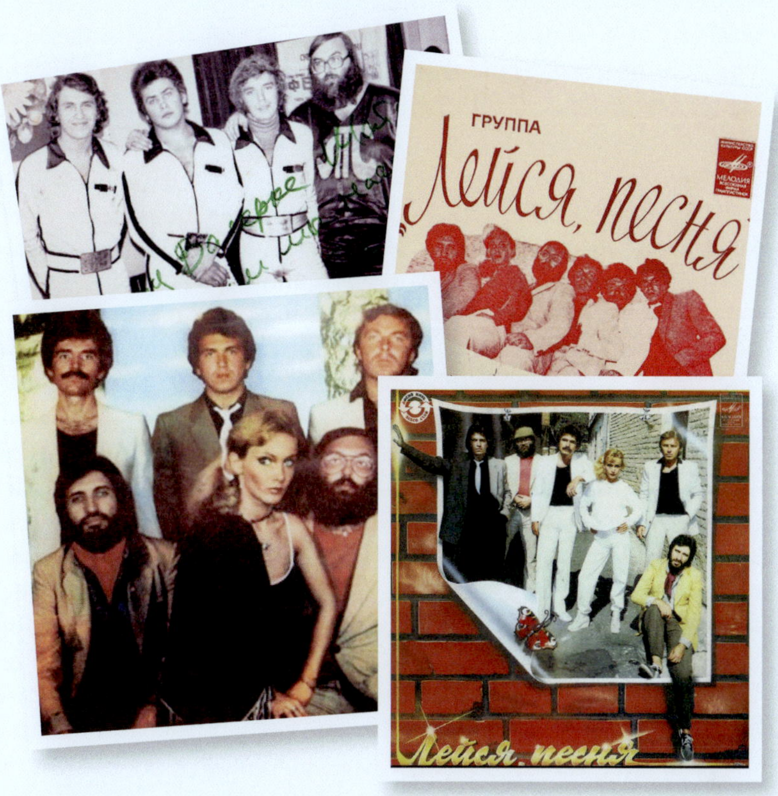

Лейся, песня!

В какой-то момент отношения с Дарчиевым у меня, как у номинального руководителя «Шестерых молодых», стали ухудшаться. Причина оказалась банальней некуда. Он перестал платить нам зарплату. Уже несколько месяцев мы ничего не получали, когда как Вилен Иваныч приобрёл себе новую иномарку. На гастролях без денег было совсем тяжко. А ведь мне требовалось как-то «кормить» коллектив из более чем 20 человек!

Вернувшись в очередной раз в Ленинград, я понял, что дело – совсем «кирдык», денег не осталось даже на суточные для ребят. Нам предстоял какой-то выездной далёкий концерт, и я решил, что пока мы будем ездить, Наташа попробует продать мой чёрный японский кожаный пиджак. Все спекулянты тогда крутились около Гостиного двора, куда я, скрепя сердце, супругу и отправил. Наташа ужасно боялась и сильно переживала, что её там застукают: всё же, первый опыт в таком деле. Но «операция» прошла вполне успешно – пиджачок «отскочил» практически сразу. Правда, потом за ней по Невскому увязался табор цыган, которые пытались жалобно выклянчить деньги обратно и гипнотизировали Наташу взглядом. Но моя жена оказалась «крепким орешком», и разводка уличным попрошайкам не удалась. А мой коллектив получил-таки суточные.

На последнем градусе кипения я, через пару дней, поехал в Москву поговорить с Дарчиевым от имени коллектива и выбить наши трудовые деньги. Мы предсказуемо поругались, но выплаты зарплат я добился. После разговора с «шефом» мне стало понятно, что работать дальше в «Шестерых молодых» смысла нет, и мы почти всем коллективом перешли в ансамбль «Лейся, песня».

Ситуация в этом коллективе в тот момент была нестабильная. Миша Шуфутинский, который руководил ансамблем, подал заявление на выезд за границу, поэтому его официально уволили, и вместо него худруком, по протеже Добрынина и Кобзона, стал Виталий Кретюк. Виталий – талантливый аранжировщик, композитор, пианист – раньше работал в «Самоцветах», у Кобзона, и, по совместительству, числился ещё и гражданским мужем Аллы Пугачёвой (с которой они вместе работали в ансамбле «Москвичи»). Виталик тогда готовил Аллу к V всесоюзному конкурсу артистов эстрады, что состоялся в 1974 году, и аккомпанировал ей; Пугачёва дошла до третьего тура и завоевала третье место с песенкой «Посидим, поокаем», после чего её стали много «крутить» на радио и телевидении.

Так вот. Получилось, что в «Лейся, песня» после жёсткого, иногда деспотичного, не допускавшего никаких возражений, не считавшегося с мнением музыкантов, Михаила Шуфутинского появился интеллигентный, эрудированный, выдержанный Виталий Кретюк. Остроумный, весёлый, всесторонне образованный человек, прекрасный музыкант, аранжировщик и композитор, новый руководитель никогда не разговаривал с подчинёнными в грубой форме, не кричал, не приказывал. Часто он как бы подвигал музыкантов к самостоятельному принятию решений. Виталий предложил коллективу равноправное сотрудничество: творческое и человеческое. Такое отношение руководителя к своему ансамблю предполагало, по идее, какие-то ответные и адекватные действия членов команды.

Но, как скажет позже небезызвестный Черномырдин: «Хотели, как лучше, а получилось, как всегда».

Стоило Кретюку ослабить «гайки», тут же появились факты нарушения дисциплины. Но и они не были своевременно пресечены – интеллигентнейший Виталик совершенно не умел проявлять жёсткость даже в тех случаях, когда появлялась крайняя необходимость. В результате в ансамбле началось «брожение», личностные отношения вышли на первый план, а коллектив разделился на две части. Теперь каждый жил в своём лагере. Первая группировка придерживалась девиза: «Или Миша, или никто!». Эти музыканты хотели работать под именем «Лейся, песня» самостоятельно, в том же стиле и с теми же песнями, что и при Шуфутинском. Вторая же группа стремилась двигаться вперёд, нежели топтаться на одном месте. Приход Виталия Кретюка означал для них переход к новой музыке с прицелом на перспективное будущее. Перед каждым членом коллектива встал непростой выбор: уйти или остаться.

К первой группировке относился Владик Андрианов, солист ансамбля, который к тому времени спел много популярных хитов и принимал участие в записи легендарного альбома Давида Тухманова «По волне моей памяти», где солировал в заглавной песенке «Когда это было». Для него, и примкнувших к нему музыкантов, Кретюк со своим мягким и добрым характером не имел весомого авторитета. Поэтому ребята из коллектива ушли. В итоге, в «Лейся, песня» остались барабанщик Максим Капитановский (экс-«Машина времени»), саксофонист и флейтист Валя Мастиков (ранее работавший с Пугачёвой), Марина Школьник из «Шестеро молодых» и вокалист Боря Платонов. Вот в этот непростой период Кретюк и пригласил нас на работу. Мы присоединились к «Лейся, песня» в таком составе: Коля Расторгуев, Валера Кипелов, Саша Кальянов, гитарист Юра Рыманов, барабанщик Саша Акинин, духовики Боря Мирмов, Виталик Ванчугов и Саша Гольдин. Репетиционная база у нас располагалась в Доме Культуры завода «Серп и Молот» на Таганке.

Участие в «Лейся, песня» для нас оказалось несомненным шагом вперёд. Коллектив был одним из самых популярных в Союзе, его снимали на телевидении, записывали на фирме «Мелодия». Ансамбль неизменно собирал большие залы, дворцы спорта и даже стадионы.

После вливания «новой крови» «Лейся, песня» практически полностью сменила стиль, стала играть более живую, модную музыку. В репертуаре ансамбля появились роковые баллады, песни в стиле регги, рок-н-ролл. Некоторые из нас стали писать песни для своего коллектива, появились возможности для реализации новых творческих замыслов. Вскоре мы стали чем-то напоминать шоугруппу «Village People», в которой все скакали и прыгали по сцене, параллельно, со страшной силой, «нарезая» рок-н-ролл. Дошло до того, что мы принялись рисовать флуоресцентной краской ногти на кроссовках и брови, а на белых костюмах изображать абстрактные рисунки. В тёмном зале это выглядело впечатляюще. В связи с этим наметилось существенное противоречие исполняемой музыки с «вывеской» ансамбля. Мы даже хотели поменять название на нейтральную аббревиатуру «LP».

Много песен того времени, которые мы исполняли, стали, что называется, народными. Для нашего коллектива Слава Добрынин, например, писал их специально. Так пошли в мир «Прощай», «Вот увидишь», «Где же ты была», «Качается вагон», «Кто тебе сказал», «Белая черёмуха» (записанная с Анной Герман) и многие другие. Также исполняли песни Володи Матецкого, Серёжи Касторского и других композиторов. В 1981 году вышел диск-гигант «Сегодня и вчера», который разошёлся миллионными тиражами, а песенка «Обручальное кольцо» из этого альбома стала гимном всех советских молодожёнов; без неё не обходилась ни одна свадьба.

«День победы» впервые прозвучал в эфире совершенно случайно, и тоже в исполнении нашего ансамбля. Тогда был объявлен конкурс на лучшую песню к 30-летию Победы, и поэт-ветеран войны Владимир Харитонов с молодым малоизвестным композитором, только что окончившим Гнесинское училище, Давидом Тухмановым написали эту песню и предложили её спеть именно нашему коллективу. Премьера полностью провалилась, несмотря на массу пришедших позже восторженных писем от зрителей. По мнению теле-радионачальников, Тухманов априори не мог соответствовать статусу автора такой серьёзной темы, будучи известным зрителям по легкомысленным «Песенке про сапожника», «Последней электричке» и «Этим глазам напротив». Кроме этого, худсовет расслышал в «Дне победы» элементы фокстрота, в оркестровке наличие бас-гитары и синкопы, и самое ужасное – последний аккорд песни был в мажоре (!). Естественно, никакого места «День победы» в конкурсе не занял, более того, песню категорически запретили к исполнению, а «Лейся, песню» даже собирались разогнать; благо, за нас заступился Иосиф Кобзон. И в народ «День Победы» ушёл только после того, как Лев Лещенко исполнил песню на Дне милиции. С тех пор её уже больше сорока лет поют всей страной.

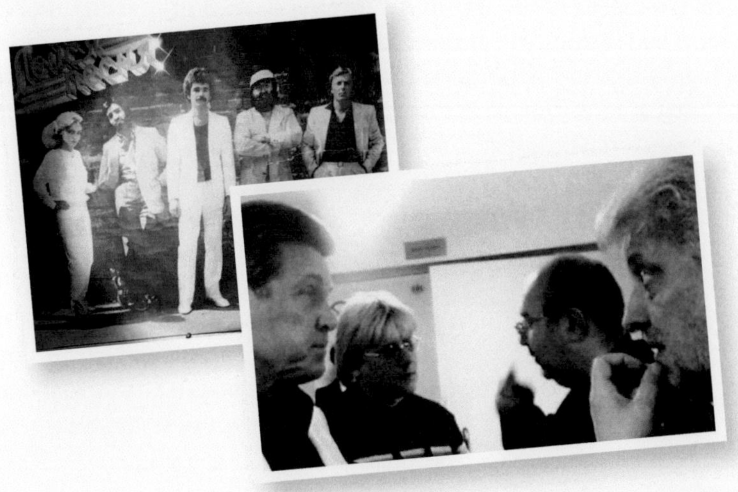

Возвращение блудных сыновей

Дисциплина в «Лейся, песня», если честно, серьёзно хромала. Особенно контрастно это выглядело на фоне организации рабочего процесса в «Шестеро молодых». В предыдущем коллективе даже минута опоздания каралась приличным денежным штрафом (а за две минуты штраф брался двойной), а если музыкант опаздывал больше чем на пять минут – машина уезжала, поезд уходил, самолёт улетал; не успел потом к концерту самостоятельно – санкции, вплоть до отчисления. В «Песне» же нередки стали случаи выхода на сцену с очевидного похмелья или периодические опоздания на выезд. Мы постоянно кого-то ждали, переделывая билеты или изменяя маршрут. Атмосфера в ансамбле иногда превращалась в совершенно непрофессиональную, будто концерты работала какаянибудь заводская самодеятельность, а не знаменитый коллектив.

Долго продолжаться такое не могло. Через несколько месяцев творческого разгильдяйства я взял инициативу в свои руки; через пару лет на моё место взяли другого клавишника, и я полностью переключился на чисто администраторскую работу. Какой-никакой опыт на этой стезе у меня к тому времени уже накопился.

В момент моего прихода «Лейся, песня» работала от Тульской филармонии, директором которой был Иосиф Александрович Михайловский (сейчас учреждение называется его именем). Михайловский (общественный деятель, композитор, хоровой дирижёр) по праву считался одним из самых «сильных» руководителей такого масштаба, имеющим, к тому же, в своей сфере деятельности огромный вес и влияние. Соответственно, при нём Тульская филармония числилась одной из лучших в СССР.

Другая филармония, готовая поспорить с Тульской за название «первой», находилась в Кемерово, а управлял ей не менее известный человек – легендарный Юрий Львович Юровский, бывший директор Омского хора и генеральный директор «Росконцерта». В своём регионе он слыл «Царём и Богом».

И вот случилось так, что отношениями между этими двумя филармониями (а значит, между Михайловским и Юровским), вдруг, не заладились. А камнем преткновения стала, как раз, «Лейся, песня». Изначально коллектив «родился» именно в Кемерово, организованный Валерой Селезнёвым и Мишей Плоткиным. После того как ансамбль стал лауреатом всероссийского конкурса в Сочи, Михайловский переманил их в Тулу. Для работы, действительно, так было удобнее – почти все музыканты жили в Москве. Но Юровский от такой наглости остался в сильном возмущении. Ещё бы – у него из под носа увели «родной» коллектив, приносящий большую финансовую прибыль. И Юрий Львович стал предпринимать определённые шаги, направленные на возвращение «блудных сыновей» в свою законную вотчину.

Я несколько раз встречался с Юровским, и он предлагал нам «золотые горы»: безлимитное количество концертов, новую звуковую аппаратуру и прочие «ништяки». Но и Михайловский не сидел, сложа руки, и держал ухо востро. Стоило ему узнать об очередном интересе к «Лейся, песня» из Кемерово, он принимался названивать мне в 6 утра в московскую квартиру и приказывал в 10 часов быть у него «на ковре» в Туле для решения какого-то неотложного вопроса. Я мчался на Курский вокзал, садился в проходящий поезд и прибывал, «как штык», к сроку. Но обсуждали мы какие-то рабочие вопросы, которые вполне просто решить по телефону за пять минут. Кстати, там же, в Туле, у меня была «любимая» начальница местного Управления культуры, энергичная дама бальзаковского возраста, с «халой» на голове и взглядом, полным превосходства и презрения. Как-то я пришёл подписывать очередные документы, и она, увидев на кармане моей джинсовой куртки американский флажок, молниеносно подскочила ко мне (я попятился от ужаса, но сзади оказалась стенка) и с мясом выдрала кусок ткани вместе с американским значком и самим карманом.

После таких «рабочих моментов» я (а со мной и весь коллектив) всё больше склонялся к «побегу». Тем более от Кемерово работали давние наши знакомые музыканты и группы: «Диалог», «Земляне», «Август», «Люди и куклы». Все они, как правило, отзывались о местной филармонии и условиях работы крайне положительно. Оставалось дождаться подходящей ситуации.

Наступила она тогда, когда Михайловского положили в больницу, и его контроль ослаб настолько, что с ним попросту не было никакой связи. Я под предлогом поездки на фондовые концерты забрал из отдела кадров все наши трудовые книжки и сдал их под «крышу» Юровского. Директор Тульской филармонии, конечно, не смог мне такого простить. Пребывая в уверенности, что всю коварную схему реализовал лично я, Иосиф Александрович не разговаривал со мной до конца своей жизни.

В бытность работы под руководством Юровского вспоминается ещё такой случай. Нас ждали первые после большого перерыва сольные концерты в Кемерово, анонсированные, как возвращение в «родную гавань», и Юрий Львович пригласил в наш ансамбль в качестве специального гостя Владика Андрианова, который работал в «Лейся, песня» с самого основания; Юровский очень хорошо к нему относился. Но мы приняли данное «усиление» без большого энтузиазма – знали, что Владик болен и сильно выпивает. Но Юрий Львович остался непреклонным и настоял на своём. Я встретил Владика в аэропорту и поселил в свой номер, потому что Юровский, опасаясь, как бы чего не вышло, попросил меня за ним присматривать. Но «вышло» почти что сразу. Андрианов выглядел неплохо – выбритый, подтянутый; одет в новенький модный спортивный костюм. Видимо это усыпило мою бдительность. Разложив свои вещи, Владик сказал, что спустится на несколько минут вниз, поздороваться со старыми друзьями, которых давно не видел, а потом мы поедем на репетицию. Я отпустил. А через час мне позвонили из ресторана, и попросили забрать своего товарища, который лежал там на полу. Я притащил невменяемого Владика в номер, ни о какой репетиции в этот день речи, разумеется, не шло. А концерты начинались уже завтра.

Мы предложили Андрианову спеть пару песен сольно, под рояль. На первом же концерте он с трудом справился только с одной и сразу вышел в фойе, где на каждом этаже филармонии располагалось по два буфета. Когда публика выходила после первого закончившегося концерта, Владик лежал под столиком одного из них. Юровскому пришлось на следующий же день отправлять его восвояси. Очень жаль, что такой талантливый парень, с шикарным голосом, не смог избавиться от алкогольной зависимости и так закончил свою звёздную карьеру. Позже, в конце 90-х, я пытался чем-то помочь Андрианову, брал его на разные концерты; он уже не пил, но выйти на прежний уровень не смог: сказались последствия черепно-мозговой травмы, полученные в результате автомобильной аварии. Умер Владик в Ростове-на-Дону в 2009 году.

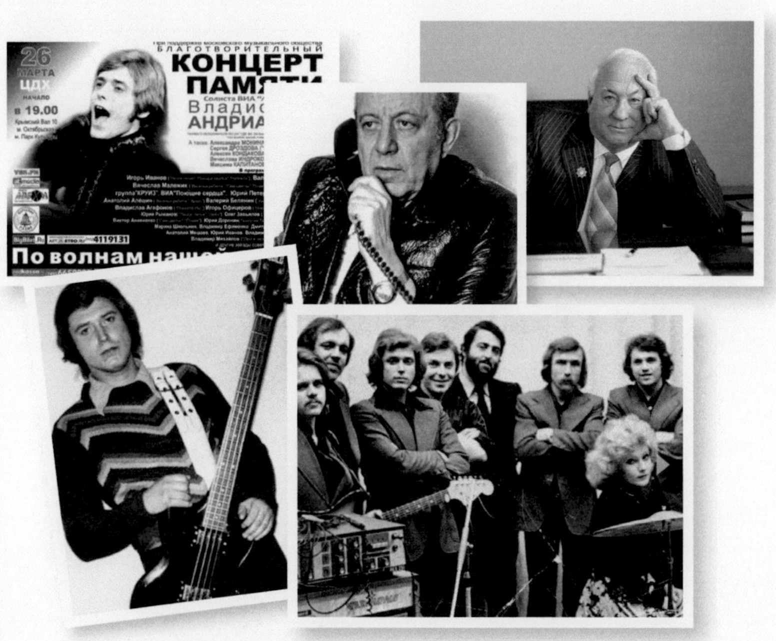

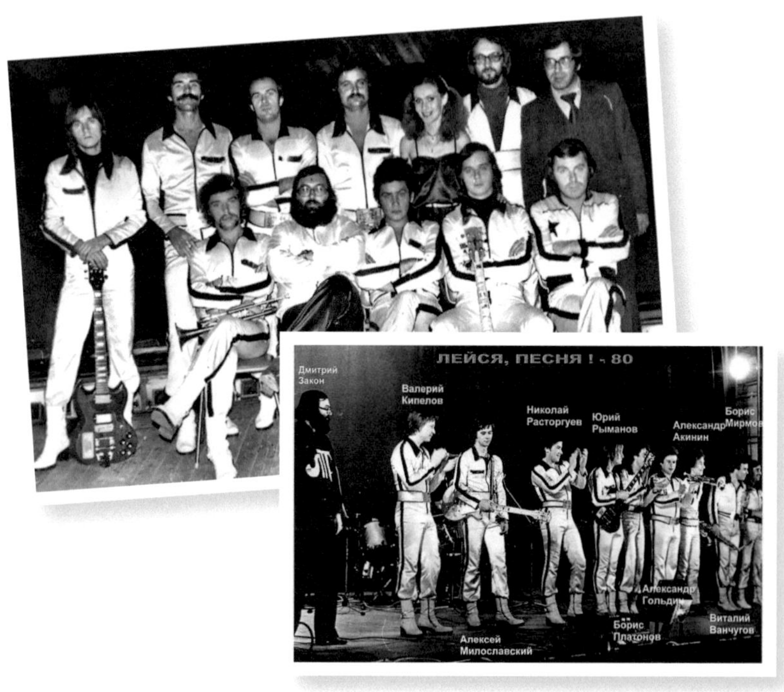

Бахила, Синяк, Леший и другие

Не знаю, как сейчас, но раньше, когда заканчивалась гастрольная поездка, последний концерт у музыкантов традиционно назывался «зелёным». На нём все друг друга разыгрывали – кто во что горазд.

Мелкие каверзы и пакости устраивались всем подряд, невзирая на лица и должности. Но при этом свято соблюдалось одно условие – чтобы розыгрыши не отражались на качестве концерта.

Что делали конкретно? Да что угодно: заклеивали клавиатуру скотчем; перестраивали параллельно колки на гитарах; натирали гриф мёдом, а микрофон – чесноком или губной помадой; барабанщику подкладывали маленькие лёгкие бамбуковые палочки. Вся суть заключалась в том, как разыгрываемый музыкант будет выпутываться из создавшейся ситуации. Хохот за кулисами иногда стоял гомерический. Особо отличались в придумывании «шалостей» наши «дудки». Помню, Боря Платонов пел у нас лирическую, очень жалостливую песню «Птица печали». Духовики к его выступлению отыскали за кулисами огромную деревянную птицу с шевелящимися крыльями (нечто среднее между птеродактилем и драконом) и подвесили её на канат над сценой. И вот Боря так трогательно исполняет последний куплет, весь в образе, падает на колени, а сзади спускается здоровенное, хлопающие деревянными крыльями, чудище. Или наша солистка Марина Школьник поёт грустную лирическую песню, а те же неугомонные «дудки» играют, вдруг, из-за кулис «Похоронный марш» Шопена. Зрительный зал неизменно очень сильно радовался таким импровизациям.

Но вместе с тем почти не практиковались «злые» шутки, не было стремления кого-то унизить или оскорбить; процветал высокий, как сейчас бы сказали, «корпоративный» дух и словосочетание «музыкантское братство» не являлось преувеличением.

У каждого из нас были свои специальные имена-псевдонимы, на которые никто никогда не обижался. Боря Миримов – «Синяк», Коля Расторгуев – «Килис», Валера Кипелов – «Мальчик», Виталик Ванчугов – «Чалдон», Саша Гольдин – «Бахила», а меня звали почти уважительно – «Дементий».

Бахила (с которым мы поработали во многих коллективах), кстати, всегда отличался неисправимой неуклюжестью. Всё, к чему он прикасался своими руками-крюками, неизменно падало, раскалывалось и разбивалось. Случаев таких можно вспомнить предостаточно. В Краснодаре, на банкете после концерта, он споткнулся на входе и феерично перевернул, падая, несколько накрытых столов с едой и напитками. Причём своё «везение» он порой транслировал и на окружающих. На собственной свадьбе (проходящей, правда, в моей горьковской квартире) после первого «Горько!» два десятка гостей, сидящих на длинной лавке, с поднятыми фужерами в руках, одномоментно рухнули на пол: у лавки подломились ножки.

В «Лейся, песня» барабанщиком у нас работал некто «Леший» (он же «Лешак», он же «Пися»). В каждом городе, где мы выступали, «Леший» имел проблемы с девушками. Но не в том смысле, а в смысле «провода» их через администраторов гостиниц, дежурных по этажам и прочих представителей вахтёрской власти. Что вызывало неизменные шуточки и подколки в его адрес. Ходил Леший с пластмассовым дипломатом, в котором лежали только лишь его барабанные палочки (мы назвали это – «чемоданчик грым-грым»). В своё время Лешак откосил от армейской службы, прикинувшись психом, но потом, по инерции, и в жизни часто включал «дурачка». Однако музыкантом он был – и остаётся до сих пор – хорошим и профессиональным; всегда вспоминаю о таких людях с теплотой. А Максим Капитановский, когда в коллектив пришёл Леший (одно время мы работали с двумя ударными установками, потом Макс перешёл в другой жанр и стал конферировать наши концерты), даже написал в честь него целую муз-поэму, которую можно прослушать на *you-tube*[6]. Мы тогда для аутентичного музыкального сопровождения расстроили при помощи плоскогубцев вполне себе рабочее пианино (дело происходило на гастролях в Узбекистане).

---

[6] *https://youtu.be/1ZZamwpQ_Io*

Батыр-концерт

Отдельной темой проходило у нас участие в так называемых «фондах», в Узбекистане. Деньги там платили «на месте».

Началось всё с того, что некто поджёг здание Ташкентской филармонии, предварительно вытащив оттуда концертные билеты и заменив сгоревшие поддельными. Далее, по этим самым билетам, популярных артистов несколько лет прокатывали по всему Узбекистану. Мы с «Лейся, песня» побывали на «узбекских фондах» два раза. Билетная программа осуществлялась следующим образом: в дверях, через которые пропускали зрителей, стояли три здоровых амбала; первый забирал билет у входящих и передавал второму; тот проглаживал билет утюгом и передавал третьему; после этого билет продавали ещё раз. С такой новой для меня «вертушкой» организаторы и ездили по «узбекскому» кругу. А вместе с ними побывали почти во всех населённых пунктах самобытной республики и мы: жара, арыки и верблюды. Особенно мне понравился один плакат в пустыне, в сотне километров от ближайшего населённого пункта. На нём был изображён милиционер с поднятым указательным пальцем. Блюститель с восточной хитрецой улыбался в усы, а под его изображением шла надпись – «Далеко не убежишь!».

Гостиницы, где мы останавливались во время турне, тоже «соответствовали». В одну из ночей в нашем номере люкса города Каттакурган мыши устроили свои разборки прямо на кровати. Моя жена, в ужасе выбежав в коридор, наткнулась на дежурную по этажу, которая «успокоила» супругу, заявив, что, если мышки маленькие – «мышуленьки», то это ещё ничего, главное, чтобы не пришли «крысуленьки». Наташа потом до утра периодически мяукала, отпугивая «мышуленек и крысуленек».

В конце гастролей мне выдавали зарплату на весь коллектив и за все состоявшиеся концерты. Денег оказывалось так много, что они никуда не влезали. Приходилось носить их в наволочке из под подушки за спиной, как мешок.

А на базарах, кроме шикарных арбузов, дынь и разнообразных фруктов, свободно продавались лёгкие наркотики, анаша и какие-то пластинки, которые закладывали под язык.

Главного устроителя фондовых концертов в Узбекистане звали просто и ёмко – Батыр. Естественно, что артисты сразу же добавили к его имени приставку, так Батыр стал для нас «Батыр-концертом». Однажды этот самый главный начальник пригласил меня с женой к себе в гости. Это было как раз 23 февраля. Поданный плов и вино были, конечно, шикарными, но визит запомнился другим. Во время трапезы, в углу на ковре сидел старенький дедушка Батыра, причём один его глаз был перевязан чёрной лентой, как у Кутузова. Так вот, оставшимся живым глазом дедуля как-то подозрительно на меня посверкивал. После того как мы опустошили несколько бутылок, Батыр пояснил суть такого лихорадочного блеска в глазе дедушки. Оказалось, тот, в начале века, воевал в партизанском басмаческом движении под предводительством знаменитого командира Ибрагим-бека, где наполовину потерял зрение и проникся жуткой ненавистью к советской власти. И эту самую ненависть он пытался сейчас проецировать на меня, как на «советского», отмечавшего в его доме, с его внуком «День Советской Армии». Я старался, по возможности, от греха подальше, в его сторону не смотреть, тем более дед после четвёртого стакана вина ушёл в тревожную дрёму. Однако в какой-то момент его сновидения, видимо, наложились на неоднозначную действительность, он встрепенулся, вскочил на ноги, схватил висевшую на стене шашку и заорал диким голосом: «Всех порублю!». Хорошо, что Батыр ловким и привычным движением успел его схватить и обезвредить. Но больше мы в гости к Батыру ходить не решались.

В другой раз, в Самарканде, соучастники «Батыр-концерта», попросили меня исполнить роль серьёзного московского проверяющего. Проверять мне следовало винный завод. Его построил ещё в 1896 году русский предприниматель Дмитрий Филатов; через несколько лет эксклюзивные вина стали завоёвывать золотые медали на международных выставках и поставляться к Императорскому двору Российской Империи. Потом пришла Октябрьская революция, и Филатов, скрепя сердце, был вынужден уехать, но перед этим, в надежде, что ему ещё когда-нибудь придётся вернуться и продолжить дело всей своей жизни, замуровал своё производство и коллекцию вин XIX века от разграбления. Но надежде Филатова не суждено было сбыться. Завод и коллекцию старых вин обнаружили в 1967 году и на этой базе стали выпускать всё подряд, что пьётся и льётся: десертные, сухие, полусухие, полусладкие вина, коньяки и водки, качество которых собственно мне и нужно было проинспектировать. Цели у местных устроителей гастролей оказались, что ни на есть, тривиальнейшие: выпить и унести с завода как можно больше бутылок «на шару». Роль гоголевского ревизора удалась мне на славу. Я был очень похож на начальника внешне, как их представляли в Узбекистане – толстый и с бородой. Поэтому мне не пришлось ничего особенного делать, только лишь солидно морщить лоб и глубокомысленно кивать. Приёму на заводе нашей делегации могли бы позавидовать иностранные дипредставительства. После торжественной части нас посадили за стол для дегустации. Потом, пошатываясь, мы перешли в цех готовой продукции, где мои сопровождающие, дорвавшись до халявы, принялись черпать кружками и пить всё подряд. Дальнейший процесс инспекции я припоминаю уже очень смутно, но в один момент нам дали попробовать очень старое вино, которое пребывало в виде мармелада или желе; его разрезали ножом на несколько кусочков и отправляли в рот.

Очнувшись в гостинице, я обнаружил, что из всех без исключения карманов моей одежды торчат бутылочные горлышки, а в номере стоит огромная спортивная сумка, набитая продукцией завода. Наши ребята дегустировали эту продукцию ещё несколько дней; я же лежал на кровати и тихонько постанывал, отходя от тяжёлой инспекции.

А дустом не пробовали?

Министерство культуры ежегодно устраивало для ВИА различные просмотры на предмет правильного коммунистического и эстетического воспитания молодёжи. Такие худсоветы проходили по единому сценарию – на базе собирались известные советские композиторы (самому «молодому» – 70 лет), накрывалась «поляна», корифеи выпивали-закусывали и только потом усаживались в зале, где ансамбли играли для них программу. Нашим куратором от Союзконцерта была чиновница по фамилии Барулина, совершенно ненасытная тётка в плане подношений. Она беззастенчиво, даже не просила, а требовала всё новых «подарков», понимая, что нам некуда деться – от одного её слова зависела судьба коллектива. Мне пришлось подарить её сыну велосипед; я постоянно возил её по личным делам по всей Москве, приходилось исполнять её дурацкие поручения.

Впрочем, цензуры для нашего ВИА, как таковой, не устанавливалось. Ведь мы пели в основном произведения членов Союза композиторов СССР, а все эти «члены» были давно проверены системой. Кроме того, от количества наших концертов с их песнями напрямую зависел их заработок. После каждой гастрольной поездки заполнялись рапортички. В них вписывались названия песен, авторы музыки и текста, сколько раз композиции исполнялись в концерте каждого города; всё сдавалось в филармонию. За каждое исполнение на счёт авторов «падало» несколько копеек. Я за свою жизнь переписал дикое количество рапортичек.

В конце 70-х бизнесом (тогда это называлось спекуляцией) мы занимались с Юрой Антоновым. Бизнес состоял в том, что я в Горьком, по блату, покупал экспортные деревянные изделия из Хохломы, а Юра отвозил очень востребованный товар в Югославию и там продавал; кстати, у него тогда имелась в этой стране местная жена. Получалось очень прибыльно, Антонов показывал мне свою сберкнижку, на которой в то время лежало два миллиона рублей! А доллар тогда официально стоил менее 80 копеек. Но такая сумма накопилась не только из-за «хохломы», а в основном из-за авторских отчислений. Юрины песни тогда пела вся страна.

«Лейся, песня» всегда старалась обходить темы, касающиеся задач партии и правительства или, например, прошедшей войны. Единственным исключением была песня «День Победы». Мы сознательно старались быть аполитичными, исполняя песни в основном про любовь. Но в итоге это вышло нам боком. В 1985 году после нескольких статей в центральной прессе и жалоб от некоторых секретарей райкомов и обкомов нам устроили спецпросмотр на предмет «повышения идейно-художественного уровня». Потому как в доносах на нас подчёркивалось, что мы «вносим в сознание наших зрителей извращённое понимание прекрасного» и занимаемся «пропагандой потребительства и мещанской философии». По большому счёту, этот худсовет состоялся лишь для галочки, всё решили ещё до его начала и на более высоком уровне. Никакая Барулина с велосипедом уже не могла ничем нам помочь. Чуда не произошло. Приказом Министерства культуры ансамбль был расформирован.

Вспоминаю такой анекдот. Приехали проверяющие в филармонию и спрашивают директора: «Как боретесь с вокально-инструментальными ансамблями?». «Активно, товарищ Иванов! – отвечает тот. – Сольные программы запретили, ввели квоту в 5% на исполнение своих и зарубежных произведений, прижали использование световых эффектов на концертах, перетарификацию проводим раз в квартал, длинные волосы стрижём, в крупные города не пускаем!». «М-дааа… тянет один из проверяющих. В целом неплохо, но не достаточно… А дустом не пробовали?».

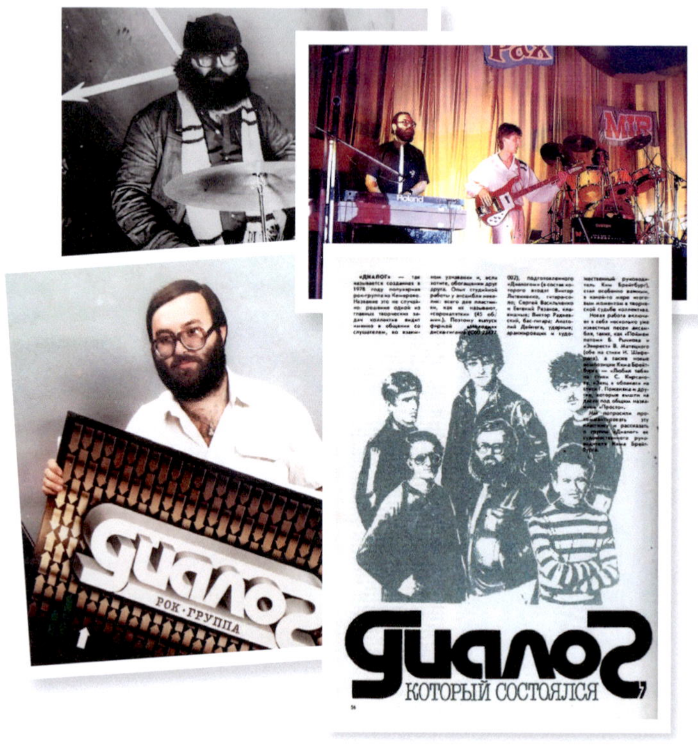

Приключение «Электроники»

В Кемерово мне приходилось летать каждый месяц и не по одному разу – отчитываться и сдавать всякие документы. Там я часто пересекался и вскоре близко познакомился с Кимом Брейтбургом, основателем и лидером рок-группы «Диалог». Ещё в 1980 году «Диалог» стал лауреатом всесоюзного рок-фестиваля в Тбилиси «Весенние ритмы-80», а сам Ким тогда удостоился звания лучшего вокалиста фестиваля. Ребята из группы были родом из города Николаев и играли вместе со школьной скамьи.

После одной из тёплых встреч Брейтбург предложил мне стать директором их коллектива. Фактически мне предстояло выполнять функции продюсера (просто такого слова ещё не существовало в советском музыкальном обиходе). Мы сразу же, «на берегу», обозначили главные направления развития «Диалога», сделав акцент на зарубежные гастроли. Сейчас уже можно однозначно сказать, что план, который мы наметили в 1984 году, не просто удался, мы его даже перевыполнили, осуществив намного больше задуманного.

Получилось так, что какое-то время я занимался параллельно двумя коллективами: и «Лейся, песня» (Кретюк уже ушёл из ансамбля) и «Диалогом». Как раз незадолго до переговоров с Брейтбургом мы с «Лейся, песня» съездили в Афганистан, угодив в самый разгар боевых действий. Мне до сих пор страшно описывать то, что я там увидел. Особенно это касается госпиталей, где лежали молодые «срочники». Кроме концертов для советских войск мы работали и для афганской армии. Последний концерт в той поездке у нас состоялся в советском посольстве в Кабуле, после чего мы всю ночь перед вылетом в Москву выпивали с заместителем посла. Чиновник так проникся выступлением «Лейся, песня», что подарил мне и Кретюку на память медаль «За боевые заслуги». Я её иногда потом надевал на худсоветы и прослушивания, когда знал, что члены комиссий станут придираться к музыке и текстам «Диалога». Медаль оказывала магическое действие.

Кретюку же, после того, как он ушёл из коллектива, судьба преподнесла не очень приятные и, можно сказать, трагические сюрпризы. Началось всё с видеомагнитофонов. Жена Виталика работала балериной в театре Станиславского и Немировича-Данченко и довольно часто гастролировала в зарубежных турне. После очередной длительной поездки в Японию она привезла несколько видеомагнитофонов; стоимость одного из них в те годы равнялась половине стоимости автомашины. Что говорить, если цена одной видеокассеты доходила до 200 рублей, а месячная зарплата среднестатистического инженера была 110 – 140 целковых.

Первые видеомагнитофоны словно распахнули перед советским народом «железный занавес». Предыдущим поколениям граждан великого и нерушимого приходилось собирать информацию о жизни за рубежом по эфирам «вражеских» радиостанций, скупым рассказам командировочных, да привезённым «оттуда» глянцевым журналам. А благодаря видеофильмам весь «мир загнивающего капитализма» разворачивался прямо на экране телевизора, к которому подключался «волшебный» аппарат. И то, что люди видели, как правило, не очень-то соответствовало коммунистической пропаганде. Поэтому новое веяние совсем не нравилось властям, и внутренние органы принялись яростно бороться с техническим прогрессом. Видеомагнитофоны изымались, их владельцы отправлялись в места не столь отдалённые. Работали «товарищи» оригинально и с выдумкой. Передачи государственных каналов заканчивались около полуночи, поэтому под покровом темноты милиция объезжала жилые дома и высматривала окна, в которых мерцал свет от включённого телевизора. После блюстители поднимались на нужный этаж, вырубали в щитке электричество и стучались в искомую квартиру. Расчёт оправдывался на «все сто». После того, как вырубали свет, кассета застревала в магнитофоне намертво, вытащить её без электричества становилось невозможно. Нарушителя брали с поличным. Я лично знал несколько человек, которых таким способом посадили по статье 228 Уголовного кодекса на несколько лет. Один под покровом темноты смотрел «Калигулу», другой наслаждался «Греческой смоковницей» (оба произведения подходили под «хранение фильма порнографического содержания», что сейчас кажется просто смешным. Хотя, учитывая, что в 2021 году за репост клипа группы «Rammstein» одного парня посадили на 2,5 года, смешного тут совсем мало). Но, всё же, такими методами повсеместное распространение видеоаппаратов было уже не остановить, поэтому, на заре 80-х, воронежский завод по лицензии Panasonic приступил к выпуску отечественного видеомагнитофона «Электроника ВМ12». Но советским инженерам не пришла в голову мысль, что на Западе применялась система PAL и NTSC, а в Советском Союзе – SECAM. Так что счастливые обладатели «Электроники» какое-то время смотрели фильмы в чёрно-белом изображении, пока местные умельцы не придумали специальные декодеры.

Мы тоже старались быть «в теме» и, узнав про начало производства, поехали на завод в Воронеж. За два шефских концерта с «Лейся, песня» нам вручили целых три видеомагнитофона. Распределены они были «по понятиям», то есть, по начальству. Один передали директору филармонии, второй – Кретюку, третий достался мне.

Так как у Кретюка к этому времени таких видеомагнитофонов скопилось уже немало, он решил излишки «толкнуть». Взял один из привезённых женой аппаратов и поехал на Садово-Кудринскую, где располагалась знаменитая комиссионка по продаже электроники; возле неё постоянно крутились тёмные личности, желающие что-то купить или продать. Чтобы сэкономить время, Виталик заявил за японский видеомагнитофон цену значительно ниже текущего рыночного момента. Выглядело сие действо подозрительно, и один из нечистых на руку спекулянтов «заложил» Кретюка сотруднику ОБХСС, который тусовался у магазина под видом перекупщика. Виталик, не прочувствовав подвоха, радостно сообщил потенциальному «покупателю», что дома у него есть ещё несколько экземпляров на продажу. Сотрудник, тоже «обрадовавшись», предложил поехать и посмотреть. Они и поехали. Там Кретюка взяли с поличным, арестовали и по материалам дела осудили на три года.

Отсидел он, правда, всего половину срока; благодаря связям моей жены нам удалось добиться выхода Кретюка по УДО (условно-досрочное освобождение). После колонии Виталик, как ни странно, продолжил развивать предпринимательскую жилку. Вначале занялся книгоизданием и даже сильно в этом преуспел. Как-то пригласил нас с супругой в дорогущий ресторан; стол оказался сервирован чёрной икрой, осетриной и другими деликатесами (в то самое время, когда в советских магазинах не продавалось ничего, кроме замороженного хека). Потом, по слухам, Кретюк «перекинулся» на драгоценные камни. Не знаю, успел ли он добиться финансового успеха и на новом поприще, но закончилось всё крайне печально. Его «Жигули» с незапертыми дверцами обнаружили возле дома. На сиденье лежал пакет с продуктами из магазина. В квартиру Кретюк не поднимался, и куда он делся, после того как подъехал к подъезду, никто не видел. Мы подали в розыск, даже объявляли об исчезновении по телевидению, но никто так и не отозвался. Виталик пропал навсегда. До сих пор хочется верить в то, что он жив и здоров...

В нужное время и в нужный час

Уникальность группы «Диалог» заключалась в том, что свою популярность в СССР она завоевала, исполняя в основном арт-рок. Причём часто прибегая на выступлениях к крупным музыкальным формам (рок-сюиты, рок-оперы). Для обывательской, «непродвинутой» публики это иногда казалось довольно сложным. Но, тем не менее, «Диалог» легко собирал большие залы и стадионы, всё же, зрителю очень импонировала такая прогрессивность коллектива. Музыку, за исключением нескольких произведений, создавал сам Ким Брейтбург. Тексты добавлялись (в очень деликатной обработке) известных поэтов: в композициях звучали стихи Арсения Тарковского, Юрия Левитанского, Юстинаса Марценкявичуса, Семёна Кирсанова. Концерты, как правило, состояли из двух отделений: в первом исполнялась крупная музыкальная форма; во втором представлялась песенная программа с композициями из разных направлений рок-музыки («Квадратный человек», «Заяц в облаках», «Конопляная нить», «Просто», «Все летают»…).

У «Диалога» в те годы было лучшее световое оборудование в СССР: на концертах демонстрировалось «навороченное» лазерное и визуальное шоу. С группой ездили два трейлера со «звуком» и «светом». Лазеры мы купили на военном заводе во Львове. Для них требовалось специальное водяное охлаждение, поэтому техническая группа в дни выступлений выезжала монтировать аппаратуру с самого утра.

В 1986 году «Диалог» удачно выступил на московском фестивале «Рок-панорама», а в 1987-м состоялась поездка на международный фестиваль MIDEM во французские Канны, где мы представляли звукозаписывающую индустрию Советского Союза. В день вылета, 23 января, у меня родился второй сын. На улице царил аномальный холод – минус 35.

В Каннах же температура оказалась плюсовая, и мы смотрелись в тулупах, дублёнках и ушанках, по меньшей мере, экзотично.

«Диалог» выступил в одном из главных концертов фестиваля «Stars Of Tomorrow». На сцене с нами пели Al Jarreau, «Level 42», Kim Wilde, Sandra. Интерес к русским в мире в этот момент был огромен. В Союзе, как раз, вовсю разворачивалась «Glasnost & Perestroika» и воочию понаблюдать за представителями «новых советских» хотелось очень многим. Мы публику старались не разочаровывать: ребята вышли на сцену в чёрных майках с изображением Горбачёва и с надписью – «Гласность». А модератор концерта представил группу как «Red Rock from Siberia». Успех выступления оказался феноменальным; около нашей гримёрки стояла огромная очередь журналистов и промоутеров. Я не успевал собирать визитки и записывать телефоны. На следующий день все французские (и не только) газеты вышли с фотографиями «Диалога» и заголовками на первых страницах про «Красный рок из Сибири».

Теоретически, я мог заключать контракты прямо там, «не отходя от кассы», но сделать этого, к сожалению, не мог. Не имел права. Ведь официально мы приехали на фестиваль от «Международной книги», что по иронии судьбы располагалась в том же доме на улице Димитрова, ныне Большой Якиманке, в Москве, где я жил.

По прилёту обратно, я, первым делом, забрал жену с ребёнком из роддома.

А Госконцерт уже заваливали заявками и предложениями от зарубежных организаторов на наше участие в разных турне. Вот уж, действительно, мы попали с этим выступлением в MIDEMе в нужное время в нужное место. В самое яблочко! И началось. Я не успевал оформлять документы и составлять анкеты на выезд. Мы стали летать за границу не только от Госконцерта, но и от ЦК ВЛКСМ, Советской Армии, городов побратимов Кемерово и ещё бог знает от кого. За один только 1978 год мы побывали в месячном туре по Скандинавским странам: Норвегии, Швеции, Дании и Финляндии, несколько раз ездили в Чехословакию, были в Испании, Германии, вместе с «Автографом» выступили на престижном лондонском фестивале «Capital Music». Там, в столице Британии, мы познакомились с ведущим русской службы BBC, легендарным Севой Новгородцевым («Сева, Сева Новгородцев, город Лондон, Би-би-си»). Он, кстати, уделил нам максимальное внимание: всё время опекал; показывал и рассказывал много интересного; взял несколько интервью для своей программы, которую слушали тогда все музыканты. Сева же пригласил на наше выступление, которое проходило в зале «Hammersmith Odeon», экс-гитариста группы «Genesis» сэра Стива Хакетта (Steve Hackett). Стив остался с нами на ночные посиделки, и от выпитой «russian vodka» его сильно развезло. Да так, что мы с его женой с трудом дотащили сэра до машины. А в следующем, 1988 году, я пригласил его в Советский Союз, и Стив принял участие в первом таллиннском «Rock Summer Festival» на Певческом поле, где отыграл сольный сет. «Диалог» в форуме тоже участвовал, но после приглашения отметить встречу, жена Хакетта устроила форменный скандал и увела погрустневшего сэра в свой гостиничный номер.

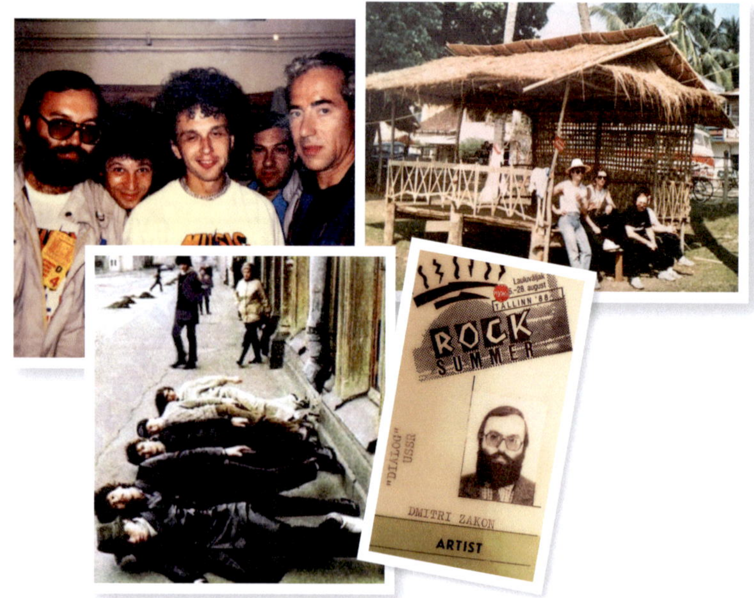

Купил – продай!

Случались тогда с нами и более экзотические поездки, в страны «второго» и «третьего» мира. Мы посещали с концертами Кубу, Вьетнам, Бирму (сейчас – Мьянма). Однажды отправились на советско-индийский фестиваль, где объездили множество городов. Встретились с Радж Капуром, жили на частных квартирах, катались на слонах, играли с обезьянами. Перед поездкой в Индию бывалые люди советовали нам взять с собой кипятильники, маленькие цветные телевизоры «Шилялис» и советское шампанское.

Зарабатывали мы в загранпоездках тогда мизер, получали лишь суточные, от 10 до 25 долларов, в зависимости от страны. Все гонорары забирал Госконцерт. Чтобы привезти что-нибудь домой, приходилось сильно экономить. Старались брать с собой «долгоиграющую» еду и товары, которые можно было там продать. Кстати, в западных странах отлично шла (или менялась на что-то ценное) виниловая пластинка с альбомом Пола МакКартни (Paul McCartney) «Снова в СССР». Она считалась раритетом, потому что фирма «Мелодия» выпустила её только для территории Советского Союза. За неё платили порядка $25. Мы прятали диск в своих пластинках, которые официально вывозились для промоушена.

Несколько раз я пытался возить большие банки чёрной икры, но продать удалось только одну, остальные пришлось съесть самому: спекулянт из меня получился никудышный. Кубинские сигары же, которые мы взяли с Кимом в Париж с целью озолотиться, и вовсе приехали обратно в Москву даже не распакованные.

Восхождение

Относительно удачной у нас получилась коммерческая сделка лишь в пятизвёздочном отеле в Бомбее. Хотя вначале мне, наоборот, пришлось потратиться. За чай у роскошного бассейна, которым я угостил своих ребят, мне пришлось выложить $100: как раз весь гонорар, что я заработал в предыдущей загранпоездке. Зато потом нам удалось продать наши «Шилялисы». В отеле наличествовала местная сеть из 30 телеканалов, и индийцы, не подозревая об этом, и, увидев, что русский маленький цветной телевизор ловит столько программ, удивлённо цокали языками и поспешно выкладывали свои рупии. Естественно, за пределами отеля телевизор ловил только один или два официальных канала Индии. Этот случай даже вошёл потом в сценарий российской комедии «Аферисты».

Последние концерты гастрольной поездки у нас состоялись в Гоа, вместе с Аллой Пугачёвой. После выступлений, мы, как водится, выпивали с музыкантами и я все продукты, которые мы привезли с собой, но не успели съесть, отдал трубачу «Рецитала» Вите Горбунову. И вот, по прилёту в Москву я узнаю, что с Витей что-то случилось, и он находится в Гоа в коме, в очень тяжёлом состоянии. Первая мысль – отравился «моими» продуктами! Я ужасно переживал, связь отсутствовала, и никто ничего толком не мог сказать. Но обошлось. Витя поправился, а к продуктам «моим», как выяснялось, он даже не прикасался.

Но продукты – это мой «больной» вопрос по жизни. После того, как в юности я резко бросил заниматься спортом, масса моего тела значительно увеличилась. С этого и начались мои периодические качели – я то худею, то толстею. Было время в молодости, когда я умудрился сбросить 20 килограммов.

Голодал тогда около месяца, сидя на одной воде. Но случались и обратные периоды. Такая стадия накрыла меня как раз в индийской поездке – я ел всё подряд и стал ещё толще. Зато индусы относились ко мне с большим уважением и пиететом, низко кланялись, принимая меня за сагиба. В Индии толстый человек и богатый человек – синонимы.

В Москве же, когда мы с Кимом Брейтбургом появлялись вместе в Останкино или Госконцерте, люди, глядя на нас, улыбались: мы сильно смахивали на Винни-Пуха и Пятачка.

А в Таджикистане я, продемонстрировав недюжинную силу воли, в процессе похудания поспорил с Кальян Иванычем, что залезу на вершину во-о-он той очень крутой горы в предгорьях Тянь-Шаня. Кальяша только рассмеялся, и мы ударили по рукам. В пять утра я начал восхождение с сопровождающим меня местным мальчиком. Через каких-то шесть часов я понял, что все мои мышцы располагаются уже отдельно от костей. А ведь преодолели мы всего 2/3 маршрута. Дышать становилось нечем, силы покинули меня окончательно. Но не проигрывать же спор! Изначально договорённость заключалась в следующем: судьи, контролирующие восхождение, должны были зафиксировать в бинокль зажжённый на вершине огонь. Поэтому дальше мальчик, за небольшое вознаграждение, полез один и сделал требуемое. Огонь на вершине разгорелся, и я спор «выиграл». Но угрызения совести меня не мучили. Я заплатил за «победу» сполна: при спуске разодрал в клочья джинсовый костюм и уничтожил дорогую обувь. Это если не считать, что лишился всех физических сил – спускаться оказалось ещё труднее! Зато похудел сразу на 4 кило.

«Адмирал Нахимов»

Случилось это в Новороссийске после сборного концерта на стадионе, который мы отработали вместе с Лещенко, Винокуром и другими артистами. Днём в гавань порта пришвартовался круизный пароход «Адмирал Нахимов». Многие из его пассажиров пришли на наше выступление.

Когда мы возвращались в отель, застали величественный отход белоснежного лайнера; успели приветливо помахать отплывающим, а они – нам.

А где-то посредине ночи меня разбудил телефонный звонок дежурного администратора. Перепуганным голосом тот просил срочно спуститься вниз. В фойе я увидел несколько зелёных (натурально зелёных – кожа их была измазана краской) людей, дрожащих и закутанных в простыни. Это были первые спасённые с «Адмирала Нахимова», который, столкнувшись с сухогрузом «Пётр Васёв», затонул в Цемесской бухте в 13 километрах от Новороссийска. Вскоре появились первые подробности – после столкновения круизный лайнер лёг на правый борт; при этом по палубам раскатились и разлились двухсотлитровые бочки с зелёной масляной краской, сметая по пути и людей и подвернувшийся такелаж. Пароход ушёл под воду за 7 минут! Из 1243 пассажиров, утонуло 423! Меня попросили заселить спасённых во все номера, где проживал «Диалог», что я, разумеется, и сделал. У меня в номере оказался молодой парень спортивного вида, который остался в живых лишь благодаря тому, что умел хорошо плавать. Во время катастрофы он прыгнул за борт и поплыл в сторону Новороссийска, где его подобрал спасательный катер. Парень рассказал новые подробности ужасной трагедии. После сильного удара, от столкновения сразу погас свет, в основном никто ничего не успел понять. Пароход резко накренился, покатились огромные бочки с краской. Многие спали в своих каютах и оказались забаррикадированы. За 7 минут успеть выбраться на палубу удалось лишь немногим.

На следующее утро разбираться в этой жуткой аварии приехала правительственная комиссия во главе с Гейдаром Алиевым, который тогда занимал должность зампреда Совета Министров СССР (а позднее стал первым президентом Азербайджана). Я встречался с ним тогда лично, предлагал организовать концерт для спасателей. Он поблагодарил меня и заверил, что советское правительство берёт на себя всю вину и ответственность за эту катастрофу, и он сам во всём разберётся.

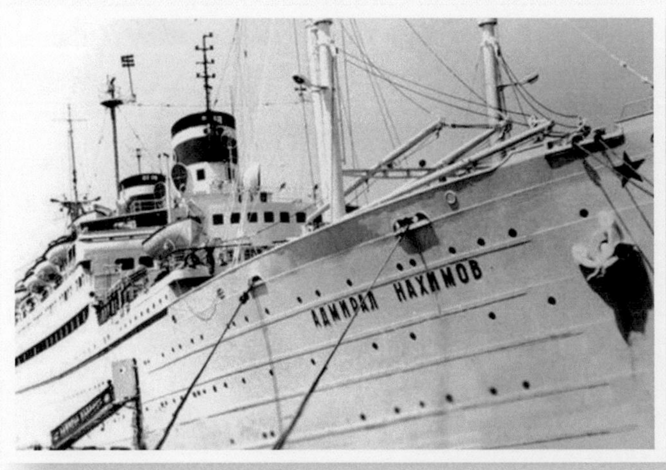

Облико морале

После переезда Юровского в Москву, в Кемеровской филармонии при нас работали ещё два директора – Владимир Литвинов и Семён Могилевский.

У Литвинова был влиятельный дружок – Вадим Бакатин, первый секретарь Кемеровского обкома КПСС (позже его перевели в Москву, и он стал министром внутренних дел СССР). Так вот, мне несколько раз звонил помощник Бакатина прямо из Кремля и, ссылаясь на Литвинова, просил, чтобы моя жена сварила кастрюльку картошки. Весьма странная просьба обуславливалась тем, что жили мы в трёх минутах от Красной площади, а у них, видимо, собралась компания, и требовалось чем-то закусить. Но почему именно варёной картошкой? Я вёз кастрюльку, завёрнутую в одеяло, чтобы не остыла, непосредственно в Кремль и передавал охраннику.

Семён Могилевский же, бывший скрипач, ездил с нами в качестве сопровождающего в несколько зарубежных поездок в Англию, Испанию и Италию. Хотя обычно курировать такие поездки вменялось в обязанности представителям КГБ, органы всегда контролировали всех без исключения выезжающих, а по итогу поездки отчитывались в комитет – кто, что, с кем и когда.

Однажды во французской Ницце мы с «Диалогом» умудрились перепутать электрички. Вместо Канн отправились в противоположную сторону. Всё бы ничего, но из-за этого мы случайно заехали в соседнее государство – Монако. Надо было видеть «нашего» КГБшника, когда он понял (не сразу), что именно произошло. О стал белым как мел, и я думал, его хватит инфаркт: настолько он перепугался, предполагая хитро задуманный побег. С большим трудом нам удалось его успокоить и «откачать».

Семёна «прикрепили» к нам, когда мы окончательно зарекомендовали себя советскими патриотами, верными идеалам социализма: никто из нас на запад не сбежал, да и каких-то идеологически невыдержанных случаев с нами пока не приключалось. Но первый «звоночек» прозвучал, как раз, при Могилевском. Наш администратор Алик Ледвич пару дней не приходил ночевать в отель, где мы жили. Тогда мои апартаменты располагались напротив номера легендарного гитариста Чака Берри (Chuck Berry), тоже принимавшего участие в музыкальном фестивале. Джон Леннон (John Lennnon) когда-то сказал о нём так: «Если попытаться дать рок-н-роллу другое имя, это имя будет Чак Берри».

Каждое утро мы с Чаком чинно раскланивались – «Good morning sir!» – перед завтраком.

Алик эту пару ночей провёл с девушкой (с кем же ещё?!), познакомился он с ней в Каннах; она оказалась одним из менеджеров ирландской группы «U2». Будь с нами штатный КГБэшник, зарубежная поездка для Алика стала бы последней. Но Сеня «своего» не заложил, и Алик преспокойно отправился с нами и в следующее турне.

Любопытно, что именно Семён с Аликом тесно пересеклись снова, когда стали вместе работать с Татьяной Анатольевной Тарасовой в её ледовом театре «Все звёзды». Семён получил должность директора, Алик стал его первым помощником. Шоу фигуристов объехало много стран и как-то в Америке, в последний день гастролей, несколько известных фигуристов вместе с Аликом не явились на выезд в аэропорт, попросив в США политического убежища. После этого многим, и Семёну в том числе, уже сильно «прилетело». Может быть, и поэтому тоже, он сам через некоторое время иммигрировал в Соединённые Штаты.

По мотивам этой истории, если вы не знали, снят американский фильм «Москва на Гудзоне» (режиссёр Пол Мазурски/Paul Mazursky), где главные роли сыграли Робин Вильямс (Robin Williams) и Савелий Крамаров. Только в нём действующими героями сделали не фигуристов, а работников Советского цирка.

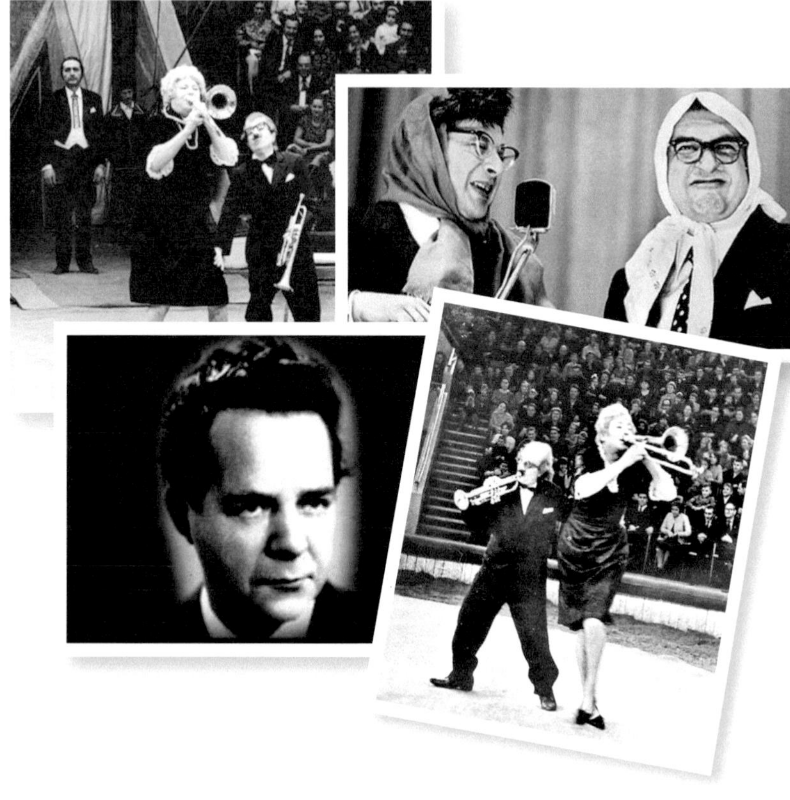

Это дядя, тому, кому надо, дядя!

У моей мамы было три брата, два родных и один двоюродный. И все они были довольно известными личностями.

Первому, эстрадному артисту Борису Владимирову удалось найти очень удачный образ вредной, но колоритной старухи с большими чёрными очками на длинном носу и с выпяченной вперёд челюстью. Вместе со своим партнёром Вадимом Тонковым, который раскрыл «противоположный» образ саркастической старушенции, они организовали остроумный «контрастный» дуэт прославленных Авдотьи

Никитичны и Вероники Маврикиевны. Их номера очень часто показывали по телевизору в «Голубых огоньках».

Второй мамин брат, Леонид Румянцев, закончил Московскую консерваторию по классу фортепьяно, работал концертирующим пианистом, а потом много лет занимал директорскую должность в музыкальном училище города Черновцы. Его тёплыми словами до сих пор вспоминает София Ротару, которая как-то, в годы своей ранней молодости, опоздала на вступительные экзамены, и мой дядя своим волевым решением принял её на учёбу без экзаменов.

Третий дядя, Георгий Шахнин, долгое время считался лучшим джазовым тромбонистом СССР, играл в оркестрах Ренского и Утёсова. Во время войны попал в немецкий плен, два раза пытался бежать. Его жена, происходящая из знаменитой цирковой династии Тугановых, уговорила дядю пойти работать в цирк, и вскоре они создали музыкальный эксцентрический номер, с которым впоследствии объехали вдоль и поперёк весь мир. Они выступали на одном манеже с Олегом Поповым и Юрием Никулиным. Тот самый номер (Георгий Шахнин – Елена Амбросьева) и на сегодняшний день считается цирковым шедевром. Суть его в следующем: на манеж выходят чудаковатый старичок-скрипач и крупная женщина-аккомпаниаторша, которые, наращивая темп и накладывая одну комедийную ситуацию на другую, меняя разные инструменты, после мгновенной транформации в конце номера, превращаются «друг в друга». Зрители видят, что он, на самом деле – это она, а она – это он. В зале во время исполнения репризы творилось невероятное, настолько здорово артисты играли своих персонажей. Причём, что показательно, во время номера, который серьёзно объявлялся инспектором манежа как «Вторая рапсодия Листа. Соло на трубе», дядя умудрялся в течение репризы сыграть на тромбоне «Чардаш» Витторио Монти (Vittorio Monti). Кто хоть немного разбирается в музыке, знает, что исполнить «Чардаш» непросто на любом инструменте, а уж сыграть это на тромбоне, да ещё во время исполнения циркового номера сродни фантастике! Как-то даже знаменитый джазовый музыкант Диззи Гиллеспи (Dizzy Gillespie), после выступления дяди в Стокгольме, поспешил в гримёрку артистов и долго их благодарил, восхищаясь и удивляясь таким профессионалам из Советского цирка.

Именно этот мамин родной брат, дядя Жора, привозил мне, в своё время, очень много правильных пластинок, благодаря которым я и полюбил джаз, что в итоге сыграло большую роль в формировании моего музыкального вкуса и творческого развития в целом.

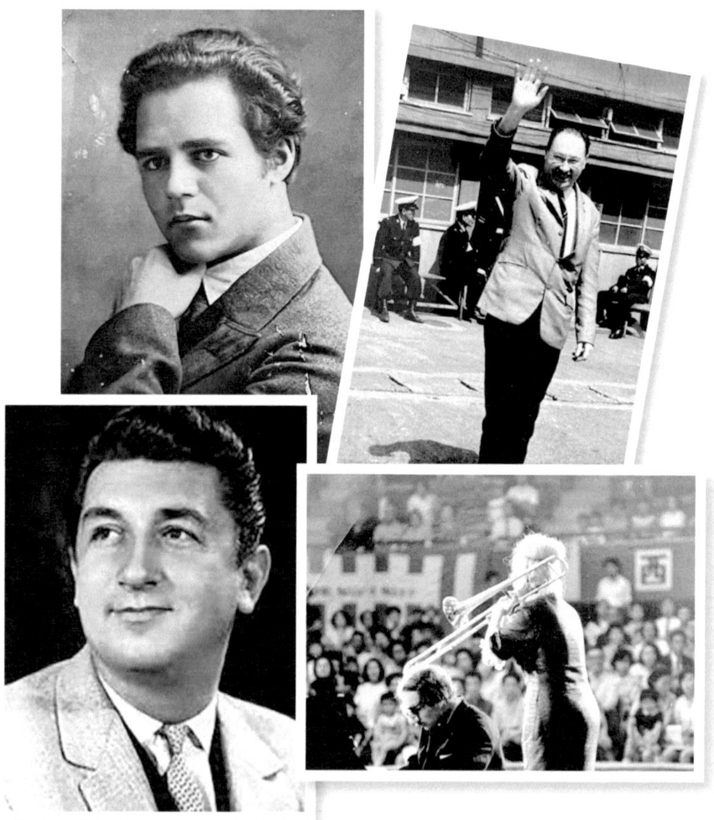

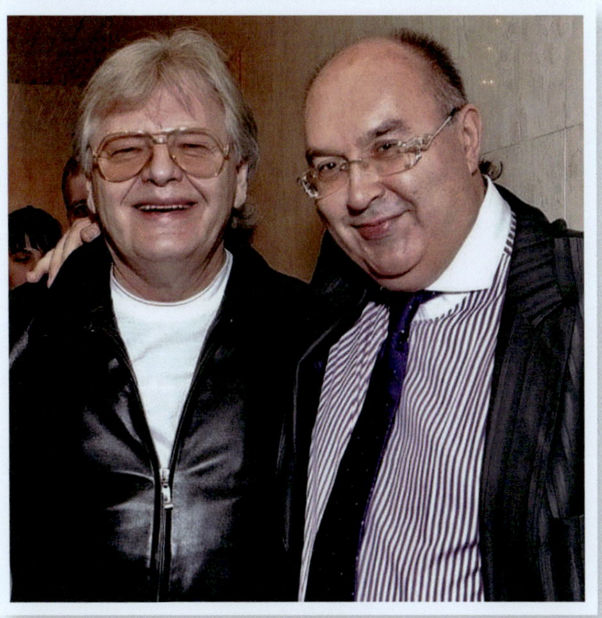

Ш-ш-ш!

С Юрой Антоновым я познакомился ещё на заре 70-х, когда он работал в «Поющих гитарах». И с тех пор мы часто пересекались по околомузыкальным темам, о чём я уже выше рассказывал.

В аккомпанирующей группе Юры «Аэробус» играл клавишник Игорь Кларк. Парню в молодости влепили судимость, и теперь не выпускали за границу. Антонов позвонил мне и попросил заменить Игоря на гастролях в Чехословакии. Я согласился. Поездка оказалась длинная, почти на месяц. Жил я в одном номере с Женей Маргулисом. Как-то раз, после пары-тройки дежурных рюмочек «Бехеровки» или

«Сливовицы», мы легли спать. Вдруг я просыпаюсь среди ночи от того, что кто-то шипит. Открыл глаза, пялюсь в темноту – тишина. Снова уснул и опять: «Шшшшшшшшш…». Ничего не понимаю. Тихим голосом зову: «Женя, ты спишь? Шипит кто-то!». «Это я шиплю, – отзывается Маргулис. – Потому что ты, мать твою, храпишь на весь номер, а когда я шиплю – замолкаешь!».

Однажды в Праге, при выступлении в большом красивом зале, похожим на зал московского Большого Театра, прямо в середине концерта тотально погас свет. Мне нештатная ситуация живо напомнила эпизод в начале моей карьеры с Рахимовым и пианистом Кацнельсоном, но в этот раз обошлось. Гитарист Игорь Шабловский взял скрипку, я сел за рояль, кто-то зажёг свечку; мы играли до тех пор, пока не восстановили повреждение сети.

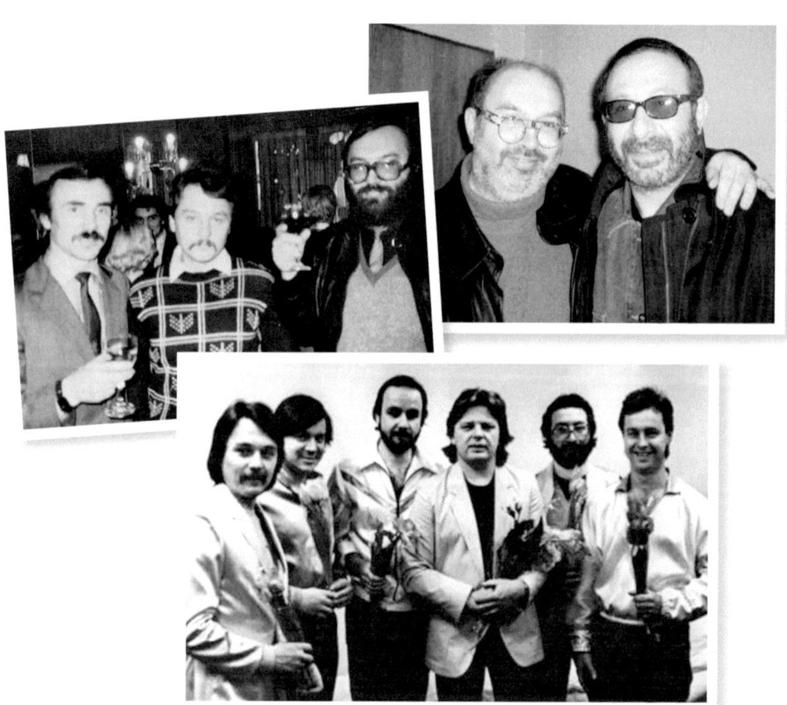

Закон от Крутого Владыки

Фамилией судьба наградила меня необычной, но по жизни это мне не раз помогало. Многие думают, что Закон – мой сценический псевдоним, ведь таких фамилий, якобы, не бывает! Или вовсе не фамилия, а блатная, криминальная кличка. Да нет, ничего подобного – всё «по паспорту» и по настоящему – Дмитрий Александрович Закон. Правда, происхождение фамилии туманно, скорее всего, здесь как-то замешано немецкое слово «Sack» (мешок), которое точно так же звучит и на идиш. Но не факт. Одна учительница в школе почему-то всё время путала мою фамилию и говорила: «Приказ, к доске!».

Однофамильцев за свою жизнь я встречал не так уж и много, но нескольких незаурядных личностей из любопытства отыскал в сети. Например, некий американский Zakon является, ни много ни мало, одним из основателей интернета. Другой Zakon был советником по инновациям в администрации Президента Барака Обамы (Barack Obama) в Белом доме. Третий Zakon, винодел в Калифорнии, выпускает очень вкусное кошерное одноимённое вино – «Zakon». На своё пятидесятилетие я даже написал ему письмо, хотел купить пару ящиков для своего юбилея. Но он мне, как однофамилец однофамильцу, прислал их бесплатно, вложив в ящики открытку с поздравлением. Так что фамилия работает! А совсем недавно, совершенно случайно, я познакомился в Австрии и со своими российскими однофамильцами. Глава чудесного семейства – ресторатор Олег Закон, имеет несколько заведений в Москве под названием «Лейкин и Закон». Если после пандемийных ограничений в этом бизнесе ему удастся выкарабкаться, думаю, мне будет очень удобно и солидно там проводить свои деловые встречи, совмещая приятное с полезным.

После знакомства с Игорем Крутым в КПЗ, о котором я уже писал, мы подружились и частенько общались на протяжении всей творческой карьеры. И был у нас один общий товарищ из Сочи, который занимался варьете, а звали его тоже необычно – Толик Владыка. Как-то звонит мне Крутой и просит подъехать к Игорю Гранову, художественному руководителю ансамбля «Голубые гитары», чтобы конфиденциально передать какие-то документы как раз от Толика. Ну, надо, так надо! Из-за крайней собственной занятости в тот момент я попросил отвезти бумаги свою жену.

Подъезжает Наташа к Гранову, вокруг него куча народа трётся, а документы ведь конфиденциальные. И вот моя супруга отзывает Игоря в сторонку и, оглядываясь вокруг, заговорщицки шепчет, всовывая папку в руку Гранова: «Я Закон! От Крутого, Владыки!». Игорь смотрит на неё испуганными квадратными глазами и пытается папку отпихнуть (Крутой, конечно, предупредить его о документах забыл). Наташа опять: «Я Закон!». Кое-как ей удалось объяснить перепуганному Игорю в чём, собственно, дело.

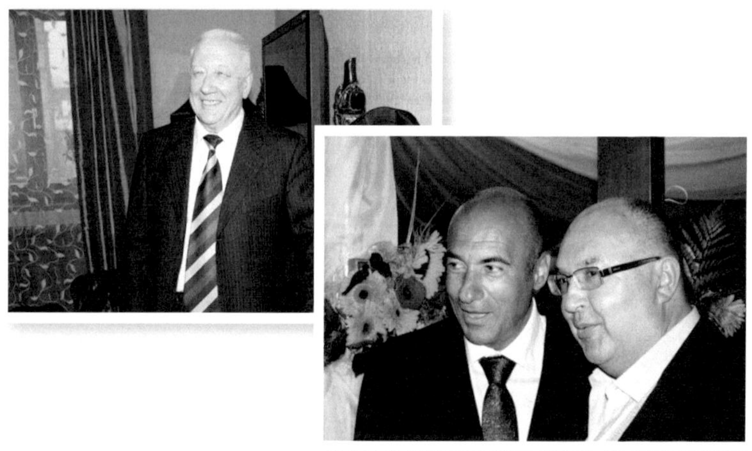

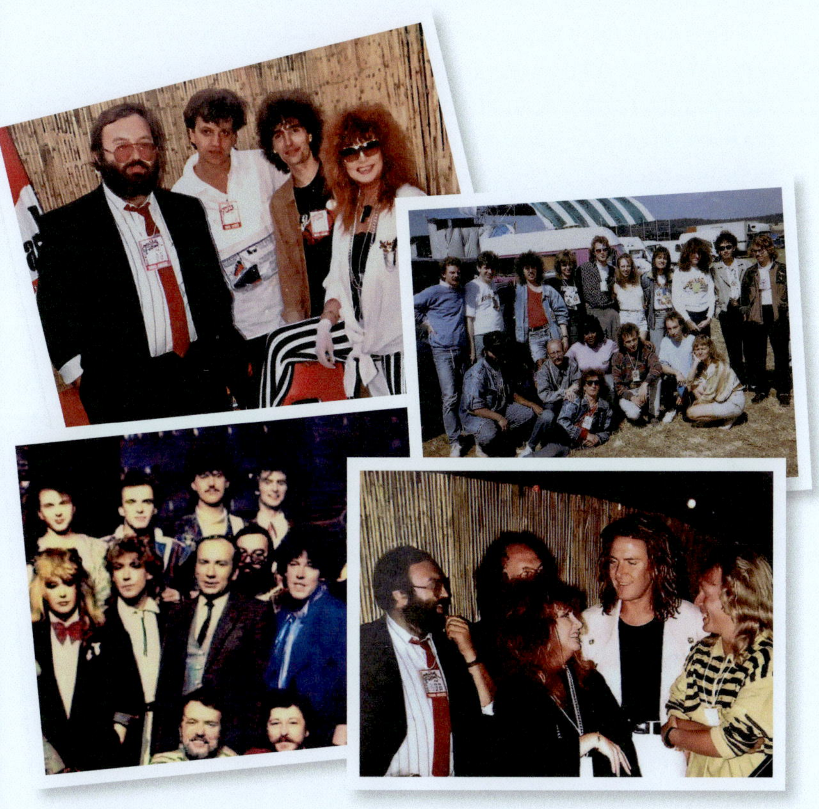

Агент 007

По приглашению Пугачёвой в 1988 году мы перешли работать в её только что организованный Театр песни. «Диалог» стал ездить с Аллой на концерты в качестве «разогревающей» группы вместе с другими артистами Театра: Кристиной Орбакайте, Володей Пресняковым, Филиппом Киркоровым, казахской группой «А'Студио» (которая тогда названась «Алмата»), Сашей Малининым и Олей Кормухиной. Всю административную деятельность Театра вёл тогда муж Аллы – Женя Болдин, а юридическими вопросами стала заниматься моя жена.

В конце 80-х на советский рынок зашла канадско-швейцарско-гонконгская компания «Сиабеко», которую возглавлял Борис Берштейн. Пройдёт немного времени, и он очень громко заявит о себе на весь мир. Но пока он начинал как перспективный бизнесмен средней руки. У советских предпринимателей, как раз, начали появляться возможности для сотрудничества с Западом. Женя Болдин, одним из первых «прокукал фишку», подсуетился, и завязал контакты с этим самым «Сиабеко», зарегистрировав в 1989 году – одно из первых в СССР! – совместное предприятие под названием «SAV Entertainment», аббревиатура которого расшифровывалась как «Seabeco-Alla-Venture». Я присутствовал на подписании этого контракта лично. Было объявлено, что новая компания будет способствовать расширению культурных связей между СССР и Западом, и даст возможность советским артистам заявить о себе за границей «в полный рост». Берштейн сразу заявил, что ничего в музыке не понимает, но его успокоил вице-президент, сказав, что в СССР Пугачёва очень популярна, и контракт обязательно надо подписывать. Возглавила SAV Надя Соловьёва, которая до этого работала в американском отделе Госконцерта и часто выезжала с Пугачёвой в качестве переводчика. Я с Надей познакомился ещё в Индии. У неё оказалось много контактов с зарубежными промоутерами, и мы принялись заявлять о себе «в полный рост» в прямом соответствии с пунктами контракта. Все зарубежные гастроли теперь «прогонялись» через СП. Возникла серьёзная конкуренция Госконцерту, который сдавал одну позицию за другой. Мы, несомненно, оказались в более выигрышном положении. Если министерские чиновники забирали у артистов всю выручку, «бросая кость» в виде суточных, то SAV предлагало гастролёрам проценты от гонорара. Моментально почуяв, откуда дует ветер, почти все артисты, выезжающие за границу, переметнулись на нашу сторону.

Я возил Ларису Долину и ансамбль «Лицедеи» в Польшу; ездил с Аллой и «Рок-Ателье» на «Leysin Rock Festival» в Швейцарию, где познакомился с группой «Duran Duran»; катал Вову Преснякова в Париж; не забывал и свой родной «Диалог».

Запоминающейся получилась поездка с театром «Ленком» в Италию на праздник газеты «Corriere Della Sera». От одного перечисления театральных звёзд захватывает дух: Леонов, Пельтцер, Броневой, Збруев, Абдулов, Караченцов, Янковский, Чурикова. Некоторых артистов я знал и ранее (например, Сашу Збруева, с которым мы парились по четвергам в бане «Ленкома»), с кем-то ближе познакомился уже в Италии (Олег Янковский попросил меня выбрать и купить кроссовки, которые тогда только входили в моду, для своего сына Филиппа).

Борис Берштейн тоже не сидел, сложа руки. Со своей «Сиабеко», в короткий срок, полностью «приватизировал» три бывших советских республики: Молдавию, Украину и Киргизию. Заручившись полным доверием у политического руководства означенных республик, он стал правой рукой и советником сразу трёх президентов – Снегура, Кравчука и Акаева. Пользуясь открывшимися возможностями, Берштейн, без всяких таможен, вывозил на своём собственном самолёте в Швейцарию тонны золота, горы бриллиантов и другие ценные ликвиды. Но и этого ему показалось мало. Борис переключился на Россию и тесно сблизился с советским руководством, в частности, с министром внутренних дел Виктором Баранниковым. Сотоварищи последнего, как раз в этот период, затевали осуществить государственный переворот. Под это дело Берштейн создал несколько акционерных компаний (по вывозу металла, леса и т.д.). Но разгромленный в 1993 году мятеж ГКЧП, расстрел Белого дома и арест всех его российских дружков и подельников перекрыли весь «кислород» для активной деятельности Берштейна в России. Приход же к власти команды Ельцина стал полнейшим крахом всех гигантских планов «Сиабеко».

Поговаривали, что Берштейн просто не рассчитал, попал не в то время, и задружился не с теми фигурами на политической шахматной доске. Ещё шептались, что якобы, Борис Берштейн, был суперпроектом и суперагентом внешней разведки КГБ, этаким «Russian James Bond-ом». Такое предположение объясняло ту лёгкость, с которой ему удалось подмять под себя и приручить высшее руководство трёх республик и большую половину бывшего Советского Союза. Но за такие привилегии пришлось и «не кисло» расплачиваться. Берштейну приписали вывоз за границу, так называемого, «золота Партии», невозвращенные миллионные кредиты и даже – на минуточку! – развал СССР.

Жаль, что мы организовали с «Агентом 007» совместное предприятие в самом начале его похода и экспансии в Россию, а то сейчас бы, кто знает, и я купался бы в партийном золоте и рассматривал в увеличительное стекло гроздья бриллиантов. Но, как говорится, «знал бы прикуп, жил бы в Сочи». Хотя, честно говоря, жить во Франкфурте и без всяких партийных слитков тоже вполне неплохо.

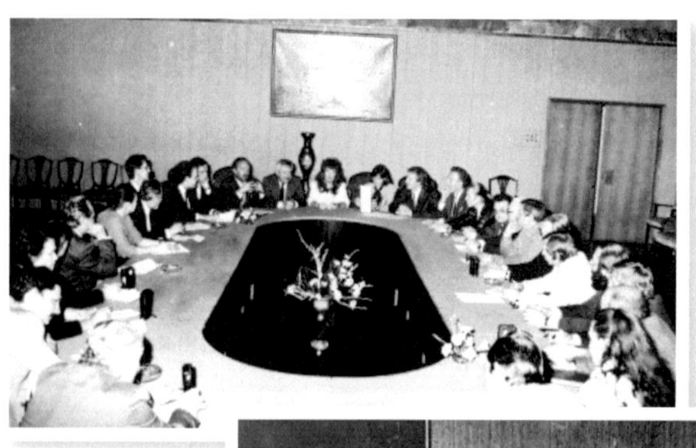

Курица – не птица...

В 1985 году я решил «углУбить» своё образование и поступил на заочное отделение продюсерского факультета ГИТИСа (Государственный институт театрального искусства). В моей группе обучения я стал единственным представителем советской эстрады. Остальной контингент составляли директора академических театров, филармоний и цирков. Педагоги института ещё очень слабо представляли, что такое «продюсирование», и все занятия в основном ориентировались на театральную деятельность. Но вместе с творческими дисциплинами нам для чего-то преподавали и сугубо технические науки. Тут моим любимчиком оказалась 85-летняя бабушка, дававшая нам «высшую математику» (!). На кой она там сдалась (математика, не бабушка) я не понимаю до сих пор. Я не смыслил в заумном предмете ни бельмеса, и, если бы не моя жена с её шпаргалками, написанными микроскопическим почерком, никогда бы экзамен по «вышке» не сдал. Наташа всё время делала мои домашние работы и курсовые. Можно сказать, училась за меня. Потому что мне, по большому счёту, нужны были лишь корочки. Я уже вовсю ездил за границу, и сам мог преподавать в ГИТИСе: когда я приезжал на весенние и зимние сессии и красочно рассказывал, в каких странах я побывал, мои однокурсники смотрели на меня, как на известной картине ходоки смотрят на Ленина. Институт я так и не закончил. Проучившись несколько курсов, и не видя в этом предприятии никакого интереса и смысла (вожделенные корочки к этому времени уже большой погоды в моей профессии не делали), из ГИТИСа я ушёл. Учиться стало некогда, начались мои беспрерывные поездки за рубеж.

Времена поменялись. Гласность, перестройка стали символами перемен. Это сказывалось на всём. Во время гастролей с Пресняковым танцор из его команды сбежал из Франции в США. Я являлся тогда руководителем группы и получил от «дезертира» записку: «Извините, Дмитрий Александрович, я остаюсь во Франции, любовь сильнее». По возвращении в Москву я не без оснований ожидал проблем с КГБ, но меня даже не вызвали на Лубянку. Дышать в Советском Союзе становилось легче.

Из-за частых поездок «Диалога» за границу, Пугачёва нас, бывало, ревновала. Но ещё сильнее ревновала успешных певиц, конкуренток она не любила никогда. Зарубежных гастролей у нас выходило в год больше, чем у неё, что, естественно, негативно влияло на прибыль Театра с наших концертов по стране. Это и послужило предлогом к конфликту, который случился во время репетиций первых «Рождественских встреч»; там планировалось выступление всех артистов Театра, в том числе и «Диалога». Алла, без стеснения, при всех, «наехала» на меня на совещании, причём без каких-то веских на то оснований, просто встала «не с той ноги», что за ней периодически практиковалось. Я посчитал такой тон оскорбительным и вышел из комнаты. А за мной – весь «Диалог». Мосты оказались сожжены.

Мы уволились из театра и перешли работать в только что организованную Игорем Крутым, моим «сокамерником» по краснодарскому КПЗ, компанию «АРС».

Кроме поездок «на загнивающий запад», мы с удовольствием ездили и в ближнее зарубежье, в страны социалистического лагеря: Болгарию (курица – не птица, Болгария – не заграница), ГДР, Польшу, Чехословакию.

На одной из госконцертовских программ «Мелодии друзей» мы тесно сдружились с чехословацкой рок-группой «Citron», которая функционирует и по сей день, являясь легендой чешского хард-рока. Ребята несколько раз приглашали нас на гастроли. После этих поездок у меня накопилась значительная сумма чешских крон, которые мы с женой решили потратить, хорошенько закупившись «на месте». Количество приобретённого оказалось столь внушительным, что нам пришлось ломать голову, как всё это вывезти в Союз. Остаток крон пришлось потратить на покупку старенькой и вполне ещё двигающейся «Волги» ГАЗ-21. Мы забили коробками под завязку салон и в этот же самый день в Чехословакии ввели новые таможенные правила о вывозе товаров. Принятые меры оказались драконовскими и таможенники радостно конфисковывали на границе всё подряд. Пришлось делать «ход конём». Ехать окружными и тайными тропами через Польшу и нелегально пересекать границу. В Бресте машину пришлось бросить, её мотор не вынес свалившихся на него треволнений. Мы перегрузились в поезд и благополучно добрались до Москвы. Не удивлюсь, если брошенная нами «Волга» до сих пор бесхозно ржавеет неподалёку от польско-российской границы.

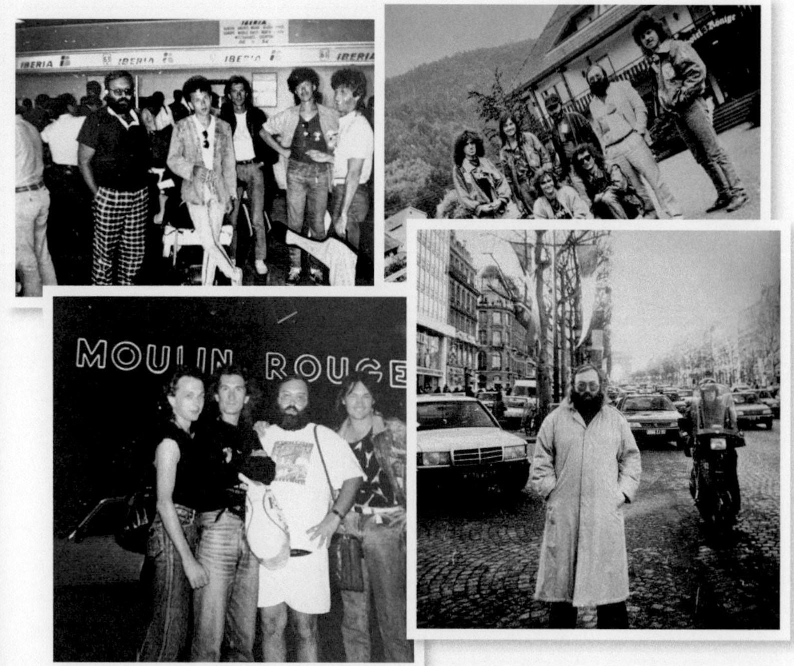

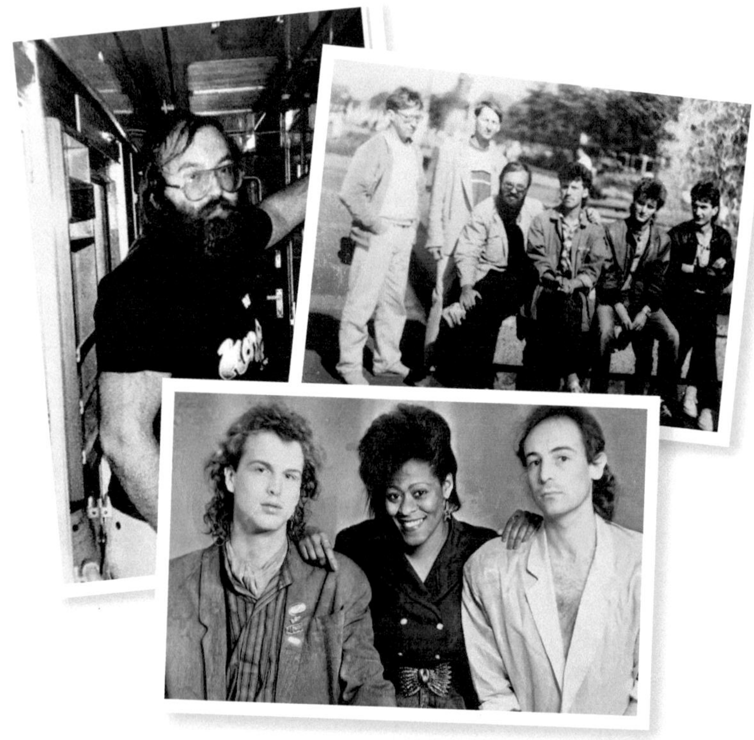

Средь бела дня

С Майком Моркелем (Mike Morkel) из группы «Escapade» мы познакомились в Мадриде, на музыкальном фестивале. Группа состояла из трёх немцев и трёх темнокожих американцев, играла заумный фанк-рок, а Майк совмещал в коллективе должности барабанщика и продюсера. Мы довольно близко сошлись с Моркелем по интересам и в дальнейшем с удовольствием развивали совместное деловое и личное общение.

Именно с ним мы организовали довольно много проектов: гастроли «Escapade» (совместно с Володей Пресняковым-младшим) в СССР; юбилейный концерт к столетию Эйфелевой башни в Париже; чернобыльский телемарафон с семьёй Максимовых в гостинице «Орлёнок»; конкурс «Ступень к Парнасу» в зале гостиницы «Дружба»; выпуск первого альбома «Диалога» на CD; гастроли нашей группы в Германии и Люксембурге.

Майк приезжал к нам в гости и жил со своей темнокожей подругой на нашей даче под Москвой в Малаховке, когда я мотался по гастролям. Мы с женой, в свою очередь, несколько раз приезжали и жили в его доме под Гиссеном, когда Майка не было в Германии.

Во время последних германских гастролей, когда мы играли на площадке в Саарбрюкене, наивные немцы устроили нам гримёрку прямо в баре с полным набором всевозможных напитков, сказав при этом, что по законам гостеприимства, мы даже можем оттуда немного угоститься. Излишним будет говорить, что к утру от бара осталось лишь жалкое подобие (особенно нам понравился вкусный, но неизвестный нам до этого, напиток «Batida de Coco»).

Во Франкфурте на Майне мы записывали альбом на немецкой студии. У нас состоялось прибавление из новых музыкантов – в группу пришли гитарист и клавишник из эстонского «Радара» Тоомас Ванем, Андрей Долгих и братья Валера и Костя Меладзе, которых Ким Брейтбург приметил играющими на танцах в Николаевском кораблестроительном институте, и, позже, мы пригласили поработать их в «Диалоге».

Кстати, я даже показывал Пугачёвой (ещё до нашего разрыва) кассету Валеры Меладзе с его первыми «демками». Алла послушала и заявила, что с такой фамилией и явным подражанием Стингу, Валерий никогда не станет известным исполнителем. Ошиблась примадонна!

Так вот, после работы на студии во Франкфурте, я купил очередную подержанную машину «Mersedes», ребята-музыканты, которые уже записали свои партии, загрузили её своими инструментами, чтобы домой полететь налегке, и мы втроём: я, Ким и моя жена, поехали на ней в Москву. В те времена через Польшу ездить было очень опасно. На её территории орудовало множество криминальных групп; бандиты отслеживали машины от границы, на заправках или каких-нибудь неприметных остановках нападали, выкидывали водителя или вывозили в лес и привязывали к дереву, рвали на клочки паспорта пассажиров и забирали авто со всем, что находилось внутри. Поэтому те, кто гонял машины из Европы в Союз, старались заправиться бензином в ГДР перед границей и проскочить Польшу до Бреста без остановок. Но в нашем случае так не получилось. Нам пришлось по делам заехать в Варшаву и, остановившись на одной из центральных многолюдных улиц мы, буквально на пять минут зашли в заведение, чтобы выпить кофе. За это время в моей только что купленной машине выбили заднее стекло и через него вынесли буквально всё: гитары, клавиши и синтезатор из багажника, авиабилеты всей группы и остальное, по мелочи. Примечательно, что произошла дерзкая кража средь бела дня, и на улице было полно народа. Но свидетелей так и не нашли. Продавцы магазинов, перед витринами которых стояла машина, и прохожие в один голос заявляли, что ничего не видели. Приехавшая на место преступления полиция дело в итоге замяла.

Но самое обидное, что те «диалоговские» музыканты, инструменты которых украли в Варшаве, сказали, что раз машина моя, то и проблемы тоже мои. И если у них украли личные инструменты, то их стоимость я обязан компенсировать. Я, конечно, это сделал, но осадочек, как вы понимаете, остался.

Пути, которые неисповедимы

Когда я в очередной раз вернулся из Германии по делам в Москву, меня огорошили жутким известием. Раздался телефонный звонок от партнёров Майка Моркеля, и мне сообщили, что на автобане под Гиссеном произошла страшная авария. Майк вёл машину, а рядом на пассажирском сиденье сидел наш гитарист Витя Литвиненко. В них на полной скорости врезался «Трабант», которым управлял гражданин ГДР. Витя погиб на месте, а Майк лежит без сознания в реанимации.

Я, не раздумывая ни секунды, взял обратный билет и через несколько часов уже летел во Франкфурт (благо у меня имелась многократная виза). По приезду выяснилось, что первичная информация неверна: погиб Майк, а Витя очень сильно расшибся. Он не был пристёгнут, и при ударе вылетел «рыбкой» в кювет через окно. У Литвиненко оказалась сильно повреждена голова и переломаны многие кости. Витю поместили в больницу города Гиссен, где я за ним на первых порах и ухаживал. В клинике Литвиненко сшили череп металлическими пластинами и наложили огромное количество швов по всему телу. От его жены факт автокатастрофы мы скрыли: у пары недавно родился ребёночек, и такие ужасные новости могли сказаться на здоровье молодой мамы.

Другой вопрос встал с оплатой лечения: разумеется, никаких медицинских страховок у нас тогда не имелось. Пришлось выкручиваться. Немецкие партнёры Майка под покровом ночи вывезли Литвиненко из больницы, и мы все вместе посадили Витю на самолёт до Питера. Восстанавливался наш гитарист после аварии уже дома.

После всех печальных процедур, связанных с трагической гибелью Майка Моркеля, ко мне обратились его коллеги. Майк не только играл в «Escapade», но и работал в компании «Gimec concert service GmbH», которая в основном занималась организацией гастролей по Германии. Ещё при жизни Моркеля я часто бывал у них в офисе и общался с немецкими партнёрами Майка. Те знали, что у меня есть хорошие контакты, да и в сфере организации музыкальных мероприятий я поднаторел. Поэтому после похорон Моркеля немцы предложили мне занять его место в «Gimec concert service GmbH».

Честно говоря, раздумывал я недолго. После разрыва с Пугачёвой и перехода в «АРС» количество концертов «Диалога» по стране существенно уменьшилось. Наступала эра «чёса»: появились «Ласковый май», «Мираж» и иже с ними. Из-за многочисленных зарубежных гастролей «Диалог» в СССР подзабыли. Да и арт-рок с умными «настоящими» стихами никогда не был прост для восприятия советского зрителя.

Сказалась на моём решении и экономическая ситуация в стране. Из раннего детства мне запомнились мои сольные походы в ближайший магазин в городе Горьком, который почему-то назывался «политкаторжанин». Там я по строгому родительскому списку покупал на пару рублей полную сетку еды, а на сдачу – ещё и «городские» булочки.

В магазинах же конца 80-х зияли пустые полки. Купить что-то из «нормальных» продуктов можно было только по блату. Сейчас, наверное, уже невозможно представить, но в СССР никогда не продавались бананы, а о существовании авокадо, просто напросто, никто не слышал. Весь рыбный ассортимент начинался и заканчивался замороженным минтаем и хеком, порубленным топором на большие куски со льдом. Из консервов наличествовали «бычки в томате». Колбас насчитывалось, правда, целых два сорта – «докторская» и «любительская» – но когда её завозили, у магазина выстраивались длиннющие очереди, стоять в которых иногда приходилось полдня. Был ещё знаменитый плавленый сырок, трогательно называющийся «Дружба». Причём, снабжение на периферии не шло ни в какое сравнение с Москвой. С радиуса в несколько сот километров в столицу прибывали «колбасные» автобусы и поезда; люди из близлежащих населённых пунктов затаривались в Москве «по-полной», и с огромными, набитыми продуктами сумками, удовлетворённо возвращались домой. Моя мама, например, довольно часто совершала такие вояжи из Горького (подумаешь, каких-то 400 километров), чтобы побаловать себя и гостей вкусненьким.

В обувных магазинах самой распространённой моделью шла «прощай молодость» (или «прощайки», как их называли для краткости). Эта обувь напоминала собой обрезанные по щиколотку войлочные валенки с вшитым на месте шнуровки замком-молнией. Достать джинсы можно было только по огромному блату – их цена равнялась среднемесячной зарплате советского гражданина.

Со свежим мясом дела обстояли не лучше (ходил такой анекдот: «Покупатель интересуется – а почему в мясе щепки и гвозди? На что продавец отвечает, что это мясо второго сорта, мы рубим его вместе с будкой»), Но у меня имелся знакомый мясник, татарин, который в подсобке магазина «Мясо», что на Нижегородской улице, отрубал по блату лучшие куски: к счастью, не собачатины, а парного хорошего окорока. Отрубал, естественно, не только мне, из-за чего решал для себя и своих мясных клиентов любые вопросы (организовать билеты на концерт, что-то достать, куда-то устроить и так далее) – в общем, слыл настоящим «мясным» полубогом.

Другой мой полезный контакт – директриса магазина «Рыба» на Комсомольском проспекте. Поклонница музыки в целом и «Лейся, песня» в частности. Отоваривался я у неё через чёрный ход.

Когда мы с женой, впервые зайдя в обыкновенный магазин в Праге, увидели, какое количество сортов колбасы там продаётся, мы «поимели» серьёзное потрясение. Контраст с Союзом оказался поистине впечатляющим.

Так что предложение поработать в Германии пришло как нельзя кстати. Я переговорил с Брейтбургом, объяснив, что хочу воспользоваться новой возможностью. Ким понимающе кивнул, и мы пригласили на моё место Женю Фридлянда, которого хорошо знали ещё по Кемерово.

А меня ждала новая жизнь и работа в «Gimec concert service GmbH».

Немецкий блин комом

Но, разумеется, я согласился на работу в Германии не только из-за доступной «колбасы». Появилась возможность попробовать себя в новом качестве в чужой стране. С одной стороны это подогревало мой профессиональный интерес, с другой – ставило своеобразный вызов: смогу ли, справлюсь?

Тем более, что первый блин оказался, как водится, комом. Да ещё каким! Мы организовали гастроли по Германии известного тогда шотландского музыканта Эла Стюарта (All Stewart). И всё бы ничего, но, как назло, пошли затяжные ливневые дожди, а для выступлений предполагались в основном открытые стадионы. Из-за разгула стихий большую часть концертов пришлось отменить.

«Попали» мы, как сейчас помню, на 140 тысяч дойч-марок, а я, как вы понимаете, уже учувствовал «в доле». Пришлось срочно компенсировать минус, и у меня получилось. Я привёз немцам Одесскую комик-группу «Маски». Работали ребята не только на концертных площадках, но и в цирковых шапито, коих в Германии предостаточно.

Через несколько месяцев после моего переезда ФРГ объявила о приёме советских евреев, продемонстрировав этим некий акт примирения и заглаживания вины после войны. Имея к означенной национальности некоторое отношение, я, на всякий случай, попросил жену заполнить в Москве требуемые анкеты на всю семью и сдать их в немецкое посольство. В формуляре Наташа указала, что я уже работаю в Германии, снимаю жилплощадь, получаю зарплату, и социальная помощь мне не требуется. Возможно, именно поэтому, уже через месяц, мы, одними из первых, получили разрешение на выезд в Германию для моей супруги и 4-х летнего ребёнка.

Я продолжал трудиться в офисе под Гиссеном, а по выходным дням играл на клавишных в одной очень оригинальной немецкой группе. Репертуар её состоял из музыкальных произведений 60-х годов: Элвис Пресли (Elvis Presley), Литл Ричард (Little Richard), «Бич Бойс» (Beach Boys) и тому подобное. В начале каждого концерта на сцену выходил солист, который был толще меня в три раза (!) и залпом выпивал под одобрительные выкрики публики двухлитровую кружку пива. Играли мы на торжественных мероприятиях: на свадьбах, днях рождениях и праздниках небольших немецких городов.

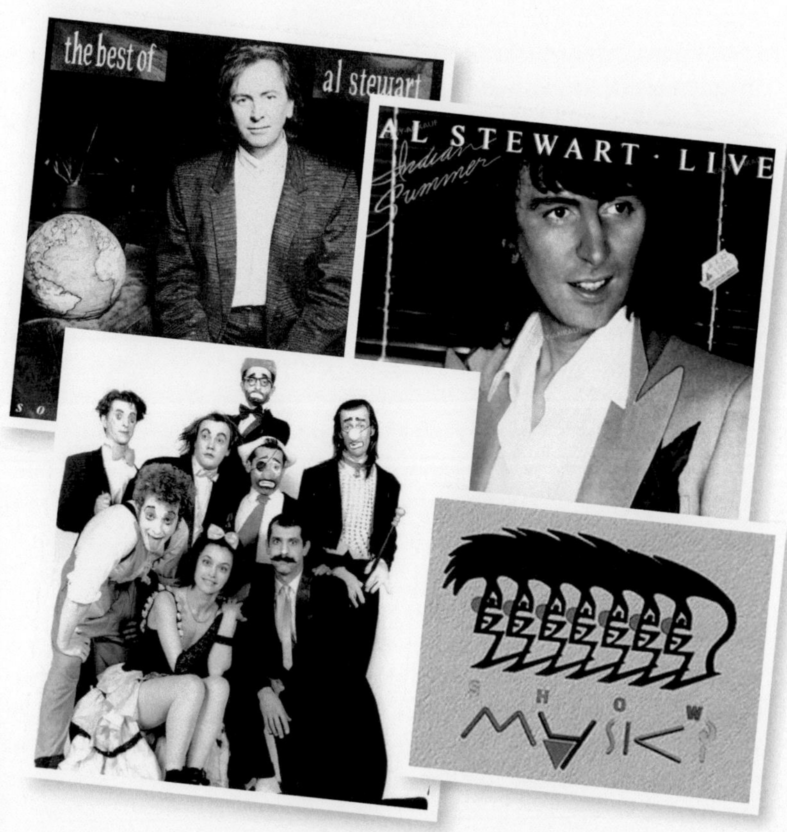

Стрелки и разборки

В Россию пришли знаменитые «лихие 90-е». Время криминального беспредела, дикого рынка и бизнеса «по понятиям». Продавалось и покупалось абсолютно всё, от китайского ширпотреба до мифической «красной ртути». Чтобы оставаться «на плаву», да ещё и с «куском хлеба», требовалось всё время «работать лапками», как в известной притче про лягушек в кувшине с молоком. Мы с деловыми немецкими партнёрами потихонечку забросили музыку и стали заниматься «настоящим» бизнесом. Дела шли с переменным успехом. Мы то удачно продавали в Финляндию титан в алюминиевых бочках, то прибыльно торговали европаллетами, то «пролетали» с «лесом» из Чечни (он не соответствовал европейским стандартам; пришлось полную машину с брёвнами разгрузить в каком-то немецком лесу).

В России же вовсю орудовали настоящие бандиты; все коммерсанты, так или иначе, ходили «под ними». Успешные сделки становились сродни лотереи – никогда нельзя было с уверенностью сказать, «кинут» тебя или нет. Не избежали сей участи и мы. Однажды мне пришлось специально лететь в Москву на бандитскую разборку, разруливать очередной «кидок». Назывались такие встречи-сходки «стрелками». Забив такую «стрелу» напротив центрального входа в ЦПКО в Доме художника, мы с моим товарищем, который был связан с одной из самых влиятельных тогда группировок, явились поговорить с оппонентами. Естественно, под прикрытием «братков». С противоположной стороны пришла похожая компания. Дальше всё случилось, как в кино: угрозы, стволы, стрельба. К счастью, наши «победили», и мне деньги вернули, правда, значительную часть возвращённых средств пришлось отдать «помощникам».

А вот ещё пара историй на эту тему. После эмиграции композитора Александра Зацепина во Францию его квартиру в центре Москвы на Большом Ржевском переулке приобрёл другой известный композитор – Владимир Мигуля. Времена продолжали быть тяжёлыми – и Володя сдал жилплощадь за очень хорошие деньги работникам швейцарского посольства. Но встала одна проблема – посольство, как организация, могла перевести средства только безналом, да ещё в швейцарских франках. Мигуля знал, что я работаю в немецкой фирме и попросил провести оплату, если возможно, через «нас». Мои партнёры пошли по-дружески навстречу. Посольство перечислило деньги, причём, очень значительную сумму (сразу на два года вперёд). За проведение операции в полном юридическом соответствии начислили проценты, которые вычли из общей суммы. Тогда мало кто знал о таких нюансах, видимо, и Володя тоже оказался не в курсе. «Недополучив» перевод, он решил, что его обманули, и пожаловался на меня Тайванчику (Алимжан Тохтахунов), который тогда жил в Париже и считался предводителем русской мафии в Европе. Тайванчик набрал мой номер, и я ему всё подробно объяснил (уж он-то отлично разбирался в банковской системе). Конфликт оказался полностью исчерпан. В этот раз обошлось без «стрелок», разборок и стрельбы.

Автомобильный рынок при комиссионном магазине в Южном порту слыл единственным местом в Москве, где можно было официально купить или продать подержанную машину. Любые другие купли-продажи, сделанные в обход комиссионного магазина, считались спекуляцией. Все подержанные машины, в зависимости от года выпуска и их состояния, оценивались в некую фиксированную сумму, исходя из себестоимости автомобиля. Цены определял приёмщик, а магазин брал себе комиссию. Но из-за ограниченного производства и большого спроса, в действительности, все машины стоили, как минимум, в три-четыре раза дороже. Процесс купли-продажи был отработан годами, и происходил по одной и той же схеме. После того как покупатель выбирал понравившуюся машину и приходил к консенсусу по цене с продавцом, разница в стоимости между официальной и договорной суммой передавалась представителю продавца, который сидел в продаваемой машине вместе с представителем покупателя. Операция считалась завершённой только после оформления документов и оплаты оценочной стоимости машины в кассе комиссионного магазина. В период работы в ансамбле «Лейся, песня» Виталик Кретюк попросил меня поехать с ним в Южный порт, чтобы помочь продать свои «Жигули». Он быстро нашёл покупателя, долго торговался, но, в конце концов, желаемую разницу получил. После того, как покупатель отсчитал ему деньги, Виталик передал их мне, и мы с братом покупателя сели в полупроданную машину, чтобы дождаться когда Кретюк с новым владельцем авто вернутся из магазина с документами. Через несколько минут к машине, в которой мы сидели, подъехал милицейский «бобик» с тремя людьми в форме. Один из них представился сотрудником ОБХСС, двое других показали нам красные корочки и предложили сесть в милицейскую машину. Потом нас попросили предъявить документы, которых, кстати, у меня, с собой не было. Милиционеры сообщили, что следили за нами несколько часов, и сейчас они будут составлять протокол и разбираться с нами как положено. После этих заявлений водитель «бобика» дал «по газам», и мы, переехав МКАД и Люберцы, свернули в какой-то лес. Один из наших похитителей в форме вытащил пистолет, приставил ствол к моей голове и потребовал отдать все деньги. Пришлось подчиниться, умирать как-то совсем не хотелось, тем более, было очевидно, что пистолет настоящий, и шутить с нами не собираются. На улице к этому моменту стемнело, нас с братом продавца, после отъёма денег, по-очереди выбросили из машины прямо на ходу. Мобильных телефонов тогда ещё не было, я добирался до дома несколько часов пешком и пришёл только под утро. Виталик в Южном порту понятия не имел где я и что со мной случилось. Когда они с покупателем вернулись из кассы, машины уже не было: её угнали коллеги ниших похитителей. Кретюк из автомата позвонил моей жене, думая, что я уже дома. После его звонка Наташа ужасно испугалась и всю ночь не находила себе места, решив, что мне пришёл «кирдык».

У нас на улице Димитрова был сосед, который работал в Совете Министров СССР, и когда я рассказал ему эту историю, он по своим спецканалам всё выяснил. Оказалось, что в Южном порту уже давно действовала кавказская группировка под прикрытием высших чинов МУРа по «кидалову» продавцов машин. Выслеживали в основном новичков, «лохов» в этом деле. Всё было чётко отработано и шло «как по маслу». Получалось, мне очень повезло, что меня не «закопали» прямо там, в лесу. По словам соседа обычно бандиты свидетелей не оставляли и заметали все следы. Благодаря ему же, соседу, который имел серьёзное влияние, небольшая часть суммы была нам позже возвращена, не знаю, как уж ему это удалось разрулить. В любом случае, это намного лучше, чем пуля в голове.

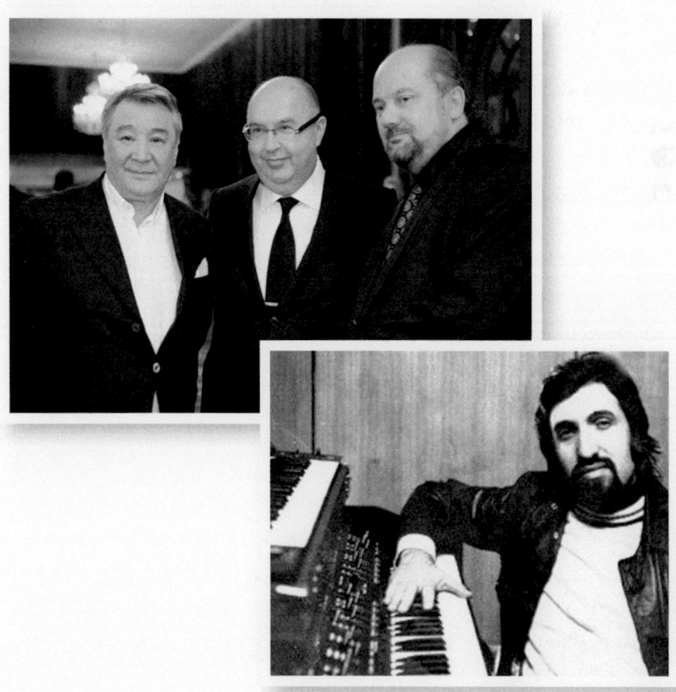

А дорога серою лентою вьётся...

Baby, you can drive my car
I`m gonna be a star
Baby, you can drive my car
And maybe I`ll love you
Beep beep`m beep beep yeah!

John Lennon & Paul McCartney

Свой первый автомобиль я приобрёл довольно поздно, уже в конце 70-х, по разнарядке Кемеровской филармонии. Это означало, что машина обошлась мне по госцене. Других вариантов срочной покупки авто за такие деньги не существовало; нужно было ждать своей очереди лет десять, если не больше. Рыночная же цена стремилась в космос – машины продавались у спекулянтов в 3-4 раза дороже номинала.

Но мне повезло. Я выбрал себе «копейку» ВАЗ-2101 роскошного по названию цвета «мокрый асфальт». Хотя, если честно, другие расцветки по разнарядке уже кончились. Машина наполовину состояла из итальянских запчастей, что обусловило её относительно долгую будущую эксплуатацию. Водить я пока не умел, поэтому перегнать «копейку» из Кемерово в Москву попросил своего товарища с большим водительским стажем. Во время героического перегона мы едва не свалились несколько раз в кювет (насыпную дорогу между Омском и Челябинском развезло от дождей), а под Казанью у нас отвалилось заднее стекло (половина машины оставалась советской, а не итальянской). Но, всё же, четыре тысячи километров оказались преодолёнными за четверо суток.

Я нанял ночного инструктора и учился с ним ездить по опустевшим после полуночи улицам столицы. В какой-то момент решив, что уже созрел как водитель, я впервые, с женой на пассажирском сидении, самостоятельно выехал на машине днём. Заехав на первый же подъём после съезда с Садового кольца на Таганку, «копейка» заглохла. Я, обливаясь потом, включал зажигание, втыкал передачу, но после того как резко отпускал сцепление, не поддавая необходимого «газу», двигатель снова и снова глох; моя машина совершенно не продвигалась в гору, а напротив, после каждой попытки чуть скатывалась вниз. За мной образовалась большая пробка, водители яростно сигналили и матерились, а я сидел, вжавшись в руль, и не знал, что делать. В конце концов, надо мной сжалился пожилой дядька, отодвинул меня с водительского места и вывел «копейку» на горизонтальную дорогу на Таганской площади. Там я потихоньку «тронулся» и выехал на Нижегородскую, хотя нам требовалось ехать совершенно в другую сторону. Но после приключений на горе мне даже страшно было подумать о повороте, хорошо ещё, что Наташа меня морально поддерживала. Так, в потоке, я проехал весь Рязанский проспект, кольцевую дорогу, и только в какой-то деревне смог осуществить непростой манёвр разворота.

Потребовалось два месяца, чтобы я смог чувствовать себя за рулём уверенно. Зато, приноровившись к управлению, я даже начал «лихачить», гонять по Москве и разворачиваться в любых местах. Улица, где мы жили, Димитрова, которая сейчас Якиманка, имела статус правительственной трассы, так как по ней ездили в аэропорт кремлёвские вожди; это, несмотря на то, что дорога была тогда очень узкая и всего лишь двухполосная. Поэтому там всё время стоял один и тот же постовой милиционер, который следил за движением. Как-то я с ним разговорился и познакомился: ГАИшник оказался приятным парнем, который даже разбирался в музыке! Такое знакомство принесло мне ощутимые дивиденды. Обычно от дома мне нужно было ехать налево на Ленинский проспект, но вырулить на него сразу я не мог, приходилось ехать вправо, в пробке, до Большого Каменного моста и разворачиваться около Театра Эстрады. Но теперь, выезжая из арки, я приветственно мигал приятелю-постовому фарами, тот громко свистел, поднимал свою милицейскую палку вертикально и перекрывал движение на улице в обе стороны. Я величественно выезжал на дорогу через сплошную линию и беспрепятственно поворачивал налево.

Я отъездил на «копейке» без аварий и поломок несколько лет. Единственный инцидент по моей вине случился неподалёку от дома; на дороге тогда был жуткий гололёд, а сзади на мостовую вылетел «брежневский» кортеж. Из машины сопровождения диким голосом заорали в мегафон: «Принять влево!», и я от неожиданности ударил по тормозам; машину с заблокированными колёсами потащило по льду совсем в другую сторону, на полосу встречного движения, где я мягко въехал в «объятья» лопастей снегоуборочной машины.

А в самую последнюю аварию моя «копейка», по иронии судьбы, попала, когда мы с женой повезли её продавать. В тот несчастливый день мы надраили машину до блеска, навели лоск и отправились в Южный порт, единственное место в Москве, где продавались или покупались подержанные машины. Не доезжая нескольких метров до места назначения, на повороте, в нас въехал здоровенный самосвал. Хуже всего, что в аварии пострадала Наташа, получив сотрясение мозга. Поэтому тот факт, что «копейка» не подлежала восстановлению и «приказала долго жить», оказался уже вторичным.

Взяток, как таковых, милиционерам, останавливающих меня, я почти не давал. «Откупался», как правило, «сувенирами». В багажнике я заранее заготовил три комплекта «подарков» на разные случаи, в зависимости от тяжести дорожного нарушения. Если приключалось какое-то незначительное происшествие, то я ограничивался презентом в виде красивых открыток известных артистов с их автографами; если происходил более серьёзный проступок, в ход шли пластинки и афиши; в случае совсем уж тяжкого «преступления», я выдавал сотруднику билеты на концерт Пугачёвой, который, якобы, должен состояться в Олимпийском в ближайшие дни. Работало всё прекрасно, пока я не наткнулся на ГАИшника, которому когда-то уже всучил билеты на несуществующий концерт. Он меня тоже узнал, и пришлось раскошеливаться по «двойному» тарифу.

У меня в те годы был товарищ, официант из ресторана «Пекин» – заядлый мотоциклист. Когда он пересаживался в машину подработать частным извозом, под заднее стекло обязательно клал два мотоциклетных шлема. И когда приезжие, которых он подвозил в основном из аэропортов и вокзалов, наивно спрашивали, а для чего тут шлемы, он охотно пояснял, что в Москве ввели новое правило: все пассажиры обязаны ездить в защите. Нетрудно догадаться о реакции приятелей «извозчика», когда они встречали на дороге знакомую машину, и видели сидящих на заднем сиденье пассажиров со шлемами на головах.

Этот официант-мотоциклист был, определено, парень с юмором. Поэтому шлемами дело не ограничивалось. В ресторан «Пекин» очень часто завозили группы туристов с экскурсий (в основном из среднеазиатских республик), чтобы накормить комплексным обедом. Кое-кто из них непременно интересовался, для чего на столе лежат такие скрученные салфетки в виде шапочек? На что наш герой отвечал, что их нужно надевать на голову после съеденного второго блюда. Якобы, это знак официанту, что можно подавать десерт. Пакетик же с чаем следует засунуть в рот и запивать кипятком. Его выгнали с работы с большим треском; однажды один большой начальник Мособщепита зашёл в ресторан и увидел картину маслом: экскурсанты из солнечного Туркменистана сидели с салфетками на голове, а изо рта у них свисали ниточки от чайных пакетиков. Креатив моего товарища оказался неоценённым. Хотя сейчас такая история в каком-нибудь TikTok набрала бы, наверняка, миллионные просмотры.

Забавно, но за тридцать лет проживания в Германии полиция останавливала меня на дорогах всего дважды. В первый раз проводилась поголовная проверка, и останавливали просто всех без исключения, а второй – когда я ехал по автобану на «ВАЗ-2109» с русскими номерами: постовые тормознули машину из любопытства. У меня тогда не имелось необходимой страховки, но, к счастью, до проверки не дошло, я подарил им значок Ленина, что в итоге «исчерпало» инцидент.

Был период, когда я покупал и пригонял подержанные машины из Чехословакии и Германии для продажи. У нас под окнами скопился целый автопарк: стояло пять машин, которые я не успел продать (оформление всяких бумажек занимало уйму времени). Я помню их все: красивая зелёная инжекторная «Ауди 80», которая после первой же заправки советским бензином перестала заводиться; два стареньких «Мерседеса» 123-ей и 116-ой серии; пожилая, но представительная «Волга ГАЗ-24» с прозрачным люком (диковинка в те годы) в экспортном варианте, привезённая из Праги; и рабочая «копейка». Перед отъездом за границу я обменял один из «Мерседесов» на две новеньких «Жигули-девятки», и на одной из них поехал в Германию. При скорости более 120 километров в час машина начинала так трястись и подпрыгивать, что от неё прямо на ходу отваливались небольшие части. Что сразу же напомнило мне «горбатый запорожец» Бори Волгина, в котором я через дырку в полу кузова железным ломом тормозил машину перед светофорами.

Несмотря на то, что жил я потом в Германии, пользовался, в основном, американскими машинами. Очень мне нравился, например, «Chrysler 300»: большая удобная машина с «мерседесовским» движком и кузовом, который собирали в Австрии. Многие даже путали марку машины с «Bentley». И лишь в последние годы я пересел на машины местного производства, о чём, впрочем, ничуть не жалею.

Первый же раз я сел за руль в Германии где-то в конце 80-х, когда ещё жил в Союзе. Майк Моркель, у которого мы гостили с женой, недальновидно дал мне ключи от своей машины, чтобы мы съездили в город Гиссен купить что-нибудь из еды. У меня же хватило ума воспользоваться предложением, не имея никакого опыта езды по немецким дорогам. В итоге я вначале пропустил съезд с автобана в город и, чтобы развернуться, нам пришлось проехать 40 лишних километров. Потом, когда мы пришли из супермаркета с полыми пакетами продуктов и снеди, машину на стоянке не обнаружили вовсе. После наших судорожных и бестолковых метаний добрые немецкие бюргеры сжалились и подсказали, что машину эвакуировала полиция на штраф-стоянку за неправильную парковку. Площадка с арестованными авто находилась на другом конце города; мы хоть и добрались туда кое-как со своими покупками, но заплатить штраф не смогли: все деньги потратили в магазине. Мобильных телефонов и навигаторов тогда не существовало, домашний телефон Майка я наизусть не помнил, а записная книжка осталась дома. После неуклюжих объяснений на плохом английском с нашей стороны и долгих мытарств полицейские разыскали-таки Майка, связались с ним, и он прислал за нами какого-то приятеля.

Сейчас я люблю ездить по автобанам с большой скоростью. Однажды мы с сыном «долетели» от Франкфурта до Триеста (900 с лишним километров) за 7 часов. Причём, мы были на дороге, отнюдь, не самыми быстрыми – бывает, едешь со скоростью порядка двухсот километров в час, а слева тебя, как стоячего, обгоняет настоящий лихач.

Связан у меня с автобанами и один случай, о котором до сих пор вспоминаю с содроганием. В конце 90-х у меня гастролировала Таня Буланова. Если кто не знает, она очень боится не только летать на самолётах, но и ездить в автомашинах. Тогда мы возвращались втроём (я, Таня и её прежний муж) с концерта в Ганновере по автобану А-7. На нескольких участках дороги он имеет сужение до двух полос. Я ехал со скоростью около 170 километров в час. И вот как раз в таком узком месте, где лобовой обзор дороги ограничен поворотом магистрали вправо, навстречу нам вылетела легковушка. Свернуть в соседний ряд было невозможно, слева нас обгоняла другая машина. А мчавшаяся навстречу шла точно лоб в лоб. Я вдавил тормоз и инстинктивно крутанул руль влево, благодаря короткому торможению, обгонявшая нас машина успела проскочить вперёд. В эту же секунду встречная пронеслась мимо нас в каких-то сантиметрах. Почему-то в память мне врезались её чёрные номерные знаки. Когда мы остановились, и я посмотрел на Таню, то увидел, что она сидит в полнейшем шоке и белая от ужаса. Мы с Колей, её мужем, очень долго приводили её в чувство. Что за водитель-призрак едва не угробил нас тогда, я так и не понял до сих пор. Вряд ли он заехал на встречную полосу по невнимательности или ошибке, он бы не стал мчаться в этом случае по встречке с такой скоростью. Скорее всего – наркоман под дозой, пьяный в хлам или самоубийца. Чёрные номера, кстати, в те времена выдавались албанцам, болгарам и полякам.

Но такие случаи, конечно, исключение. ФРГ по статистике является одной из лучших по безопасности на дорогах, и это при том, что скорость на автобане в Германии не ограничена.

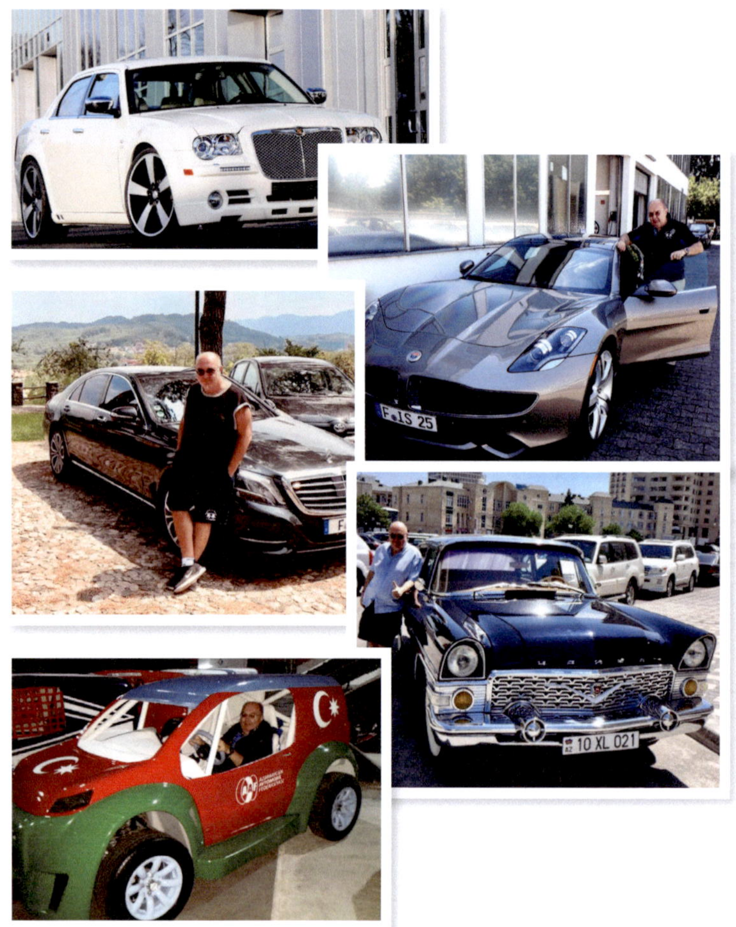

Мои лабутены

Так случилось, что в 1991 году я стал одним из организаторов торжественного концерта в честь провозглашения независимости Украины. Привёз в Киев несколько иностранных артистов, в том числе своего любимчика американского певца Теренса Трента Д'Арби (Terence Trent D'Arby). Я с ним впервые познакомился в Стокгольме на телевизионной программе «Лестница Якоба», где мы выступали с «Диалогом». Популярность Теренса в те годы впечатляла, по известности он мог поспорить с самим Майклом Джексоном (Michael Jackson). Почему у него потом не получилось звёздной карьеры – загадка. На концерте в Киеве я познакомился с первым премьер-министром Украины Витольдом Фокиным, который курировал это праздничное мероприятие. Мне премьер-министр понравился: интеллигентный, с чувством такта, хорошо разбирающийся в музыке.

Но одними концертами прокормиться становилось проблематично. И я принялся пробовать всё новые виды бизнеса. В немецкой компании работать становилось всё сложнее – западный менталитет накладывал свой отпечаток. Поэтому когда одна знакомая свела меня с деловым партнёром из Израиля, мы во Франкфурте организовали с ним компанию под названием «Solo Florentin GmbH». После чего отправились в Москву, и за несколько дней, благодаря моим связям и контактам, заключили множество контрактов в самых разных сферах деятельности. Одно из соглашений оговаривало поставки автошин для таксопарков. Нам следовало организовать доставку б/у резины, а заказчики оплачивали нам по $10 за единицу. Шины могли быть абсолютно лысые, они наваривали на них протектор, продавали как новые, и «наваривались» в финансовом плане. Мы с израильским партнёром объехали все автомобильные помойки Германии, где могла складироваться такая резина. Немцы были только рады, что у них забирают мусор, который надо утилизировать, ещё и приплачивали иногда. В грузовой трак влезало пять тысяч шин. Но благодаря смекалке одного нашего чернокожего работника, который при помощи лома засовывал в 17-дюймовую резину шины для колёс 15-дюймов, а в 15 соответственно 13, в один фургон мы запихивали аж 15 тысяч единиц груза. После того как одна такая машина без вести пропала на границе с Абхазией вместе с водителем бизнес пришлось свернуть.

Следующий вариант – мясная тушёнка «Флорентин». Консервы производились в Бельгии и хорошо продавались в то голодное время в России. Но проблемы с логистикой оставались прежними. Страховка, доставка, риски. На Московской окружной наш грузовик попал в дорожную аварию, все банки с тушёнкой выкатились на проезжую часть. Образовалась гигантская пробка, а водители беззастенчиво тырили банки с мясным деликатесом. Но несколько фур мы, всё же, успели «толкнуть». Купил их у меня Юра Айзеншпис, который после группы «Кино» и гибели Цоя, раскручивал Влада Сташевского; а в перерывах между продюсированием занимался разным бизнесом.

Но самыми прибыльными оказались детские новогодние подарки. Целлофановые мешочки с фигурками Деда Мороза, Снегурочки и прочих новогодних персонажей из дутого шоколада. Пусть востребованными такие подарки оставались лишь месяц, но готовились мы к ажиотажному спросу заранее. Когда приходила пора детских ёлок, мы в день отправляли до 5-и трейлеров. Развалили нам этот бизнес китайцы. Пронюхав про новогодний «Клондайк», наши азиатские друзья заполонили Россию своими новогодними мешочками, тягаться с которыми по цене было просто нереально. Но и то, что мы заработали на Дедах Морозах, выглядело солидно – мы выручили порядка миллиона дойч-марок. Вместо того, чтобы разделить деньги с напарником пополам и дальше жить припеваючи, мы решили вложить все средства в дефицит: женские меховые зимние полусапожки, которые тогда в России «отрывали с руками».

Я полетел в Москву с образцами, заключил предварительные контракты на оптовую поставку, и лишь потом партнёр поехал на завод в испанскую Валенсию, где заказал внушительную партию этой обуви. К тому времени многие перечислили нам авансы, рассчитывая быстро всё реализовать. Склад для огромной поставки я нашёл напротив бывшей гостиницы «Украина» на Кутузовском проспекте. Туда, на два подвальных этажа мы и выгрузили весь товар. Каждая пара из-за крупного опта обошлась нам по 12 дойч-марок, а продавать мы договорились за $25. Прибыль от вложенного миллиона должна была удвоиться. Мы радостно потирали ручки. Но до того момента, когда приехали с покупателем забирать очередную партию. Из открытой двери подвала выбежало вначале несколько крыс, а потом пахнуло так, что мы зажали носы. Ночью в районе прорвало канализацию и затопило близлежащие дома. Все наши сапожки уныло плавали в дурнопахнущем озере испражнений. Потом мы ещё очень долго выплачивали неустойки и попадали под штрафные санкции по заключённым заранее контрактам.

От всей прибыли мне осталось несколько десятков случайно уцелевших от потопа коробок с сапогами, которые я ещё много дет дарил друзьям и знакомым. Миллионера и короля женской обуви типа Кристиана Лабутена (Christian Louboutin) или Сальваторе Феррагамо (Salvatore Ferragamo), как выяснилось, из меня тоже не получилось. Хорошо, что мне ещё не пришлось в итоге, как Остапу Бендеру, переквалифицироваться в управдомы.

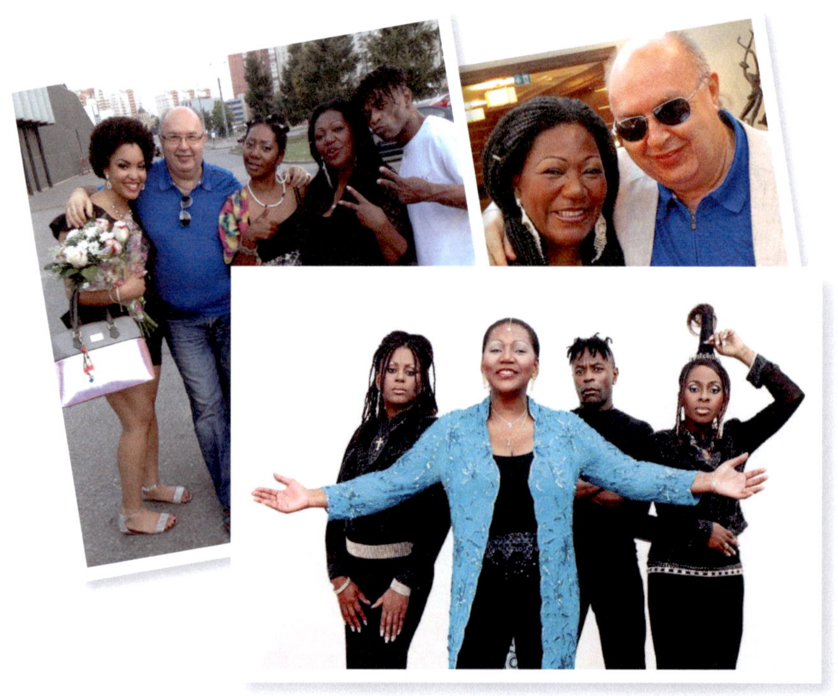

Любимые «Боники»

Между экспериментами с новогодними подарками, резиной для автомашин и сапогами, я иногда возвращался «на круги своя» и вспоминал про музыкальный бизнес, который, что уж говорить, получался у меня значительно лучше.

Ещё когда был жив Майк Моркель, мы с ним оказались на студии Фрэнка Фариана (Frank Farian), отца-основателя легендарных Boney M, Eruption, Milli Vanilli, Chilli, La Bouche, No Mercy и других известных групп. Там в это время находилась Лиз Митчелл (Liz Mitchell) со своим мужем Томасом. Мы познакомились, Майк представил меня как одного из лучших русских промоутеров, что, в принципе, вполне соответствовало действительности.

После мы пересекались ещё несколько раз, пока не договорились, что я стану представлять и организовывать выступления группы Boney M в СССР и странах социалистического блока. Надо сказать, что оригинальный и первоначальный состав группы к этому времени уже распался; бывшие участники разъехались по своим странам. Лиз Митчелл же, в Лондоне, где жила, собрала сестёр, поющих родственников, одного танцора и организовала новый Boney M. Фрэнк Фариан предоставил официальную бумагу, что название Boney M он разрешает использовать только группе Лиз Митчелл.

Дебют новых старых «Боников» состоялся на стадионе города Львов. После этого прошло десять аншлаговых выступлений в Московском концертном зале гостиницы «Россия», а дальше… Дальше пошло, поехало... За десять лет, с 1989 по 1999 год, пока я был их эксклюзивным промоутером, мы объездили с Boney M почти все уголки СССР (потом – России), братских советских республик, многих восточных и западных стран. Я привёз их даже в США и Канаду. Организовал концерты в Израиле и Лондоне.

Благодаря мне, Boney M выступали на закрытых концертах для вождей КПСС, а так же для президентов и премьер-министров разных стран мира.

За такой внушительный период гастролей случалось всякое. Однажды мы прилетели в Якутию, в Нерюнгри, на улице – минус 50 с хвостиком. Пока артисты ковырялись с багажом в самолёте к аэропорту подогнали крошечный «ПАЗик». «Боники» говорят, мол, не всё ещё собрали, на следующем поедем. Водитель, недолго думая, взял и уехал. А «следующего» автобуса в этих местах и в такую погоду просто не существовало. Из самолёта нас попросили – и мы пошлёпали по лётному полю – многие без шапок и в картонных ботинках. Картина впечатляла – чернокожие ребята в Якутии в 50 градусов мороза практически в «летнем». До здания аэропорта все добрались полностью «готовые» и припали к батареям. Пришлось покупать им по военному бушлату, паре валенок и по бутылке водки. После нас ждал ещё и Магадан, где кроме городских концертов, пришлось выступать для заключённых колонии, расположенной на Колымской трассе.

В Татарстане Boney M взяли в заложники. В Казань тогда приехали ребята «в малиновых пиджаках» и заказали концерт в их маленьком татарском городе. Но водитель, который артистов туда повёз, сбился с дороги, и они опоздали на несколько часов. Зрители, конечно, разочарованно разошлись по домам, но спонсировали-то выступление местные бандиты. Вот они и заперли весь состав Boney M в сарае и заявили, что пока те не отдадут деньги, света белого не увидят! Меня с артистами в тот раз не было, и я узнал об их пленении только после их звонка. Бандиты разрешили им связаться по телефону, чтобы сдвинуть ситуацию с мёртвой точки. Руководить освобождением легендарной группы мне пришлось из Германии. Переговоры оказались не в пример сложными, почти как у Черномырдина с Басаевым. В результате достигнутого компромисса в сарай посадили местного тур-менеджера, а «Боники» уехали обратно в Казань.

Не менее занимательная история приключилась в Хайфе. Мы приехали туда на гастроли в самый разгар военных действий. По радио передают: «Внимание! Всем срочно проследовать в бомбоубежище, ожидается обстрел с территории Ливана!». И вскоре, действительно, начинается ад – на улицах всё гремит, сверкает и горит. «Железного купола» ПВО тогда ещё не было. Артисты у меня испуганно спрашивают: «Что это летает? Что за шум?». «Салют, отвечаю. В вашу же честь!».

В Нальчике во время концерта на стадионе пошёл сильный ливень. Организаторы, предвидя погодный катаклизм, ещё заранее натянули над сценой большой матерчатый зелёный тент. Вода, которая скапливалась и скапливалась на крыше, во время исполнения хита про Распутина, неминуемо тент прорвала и ухнула на головы Boney M. Мало того, что их дёрнуло током – в руках-то электрические микрофоны – так ещё и выкрасило в зелёный цвет – вода пропиталась краской с тента.

А в Лос-Анджелесе нам стало уже не до смеха. Американские организаторы выставили, как водится, секьюрити перед сценой, но охранники уже после второй песни в концерте почему-то незаметно исчезли. А на сцену, как назло, залез пьяный здоровый мужик и принялся дебоширить направо и налево. Концерт он полностью сорвал, никто со сцены выгнать его не мог. Мы с Томасом (мужем Лиз) в этот момент находились в гримёрке, на пару этажей ниже сцены и ничего не слышали. Наверху же Лиза категорически отказывалась продолжать концерт; а народу в зале было порядка трёх тысяч. Крайним публика сделала меня – когда я вышел, люди окружили меня плотным кольцом и требовали возврата денег, к которым я вовсе не имел никакого отношения. Чтобы вызволить меня от разгневанных зрителей пришлось вызывать полицию Лос-Анджелеса. Но и на этом наши козни не закончились. После сорванного концерта к нам подошли молодые ребята, представившиеся «поклонниками», и уговорили для «восстановления душевного равновесия» принять их приглашение и посетить армянский ресторан. Куда-либо ехать уже совсем не хотелось, но ребята оказались очень настойчивы.

В ресторане наш ждал роскошный стол: чёрная икра, осётр, севрюга и прочие дефицитные деликатесы. Мы даже успели действительно немного «восстановить душевное равновесие», пока не сообразили, что ребят, пригласивших нас, где-то ближе к концу вечера и след простыл. Подтверждая нехорошие подозрения, ко мне вскоре подошёл хозяин заведения и спросил, кто будет расплачиваться по счёту?

Возвращаясь к Лиз Митчелл и её коллегам смею заверить, что в целом работать с этим коллективом мне доставляло большое удовольствие. Несмотря на всемирную славу у них не проявлялось и намёка на «звёздную» болезнь. И это при том, что ребята всегда оставались артистами и музыкантами с большой буквы. Как и подавляющее большинство иностранных исполнителей. А вот с некоторыми русскими «звёздами» частенько возникали проблемы, даже с теми, которых на следующий день уже никто и не помнил.

С «Бониками» же мы за время сотрудничества стали почти родственниками. Я несколько раз гостил у Лиз в доме под Лондоном, кстати, недалеко от Солсбери, где находится известный собор со 123-х метровым шпилем – место паломничества крепких ребят из российского «союза меча и орала». Наши дети, пока были маленькими, часто навещали друг друга. Я приобщил «Боников» к русской кухне: на гастролях они с удовольствием ели гречку и пельмени, хлебали щи. С мужем Лиз, Томасом, мы, после шашлыков и русской водочки, устраивали в их саду, размером с футбольное поле, скачки верхом на лошадях или гонки на маленьких тракторах-газонокосилках.

Пару раз Лиз и Томас со всеми ребятами прилетали ко мне на День рождения и свадьбу сына. Причём, ради этого, специально перенося очередной концерт на другую дату. Несомненно, я оценил такие поступки, было исключительно приятно.

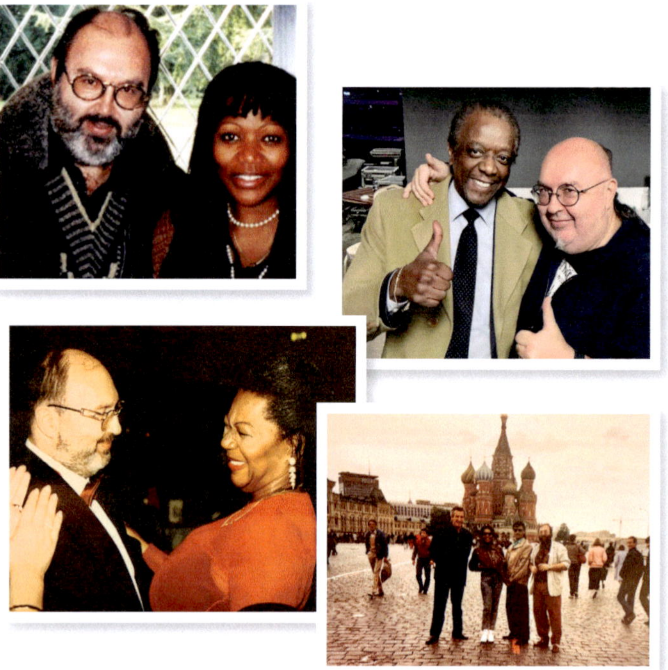

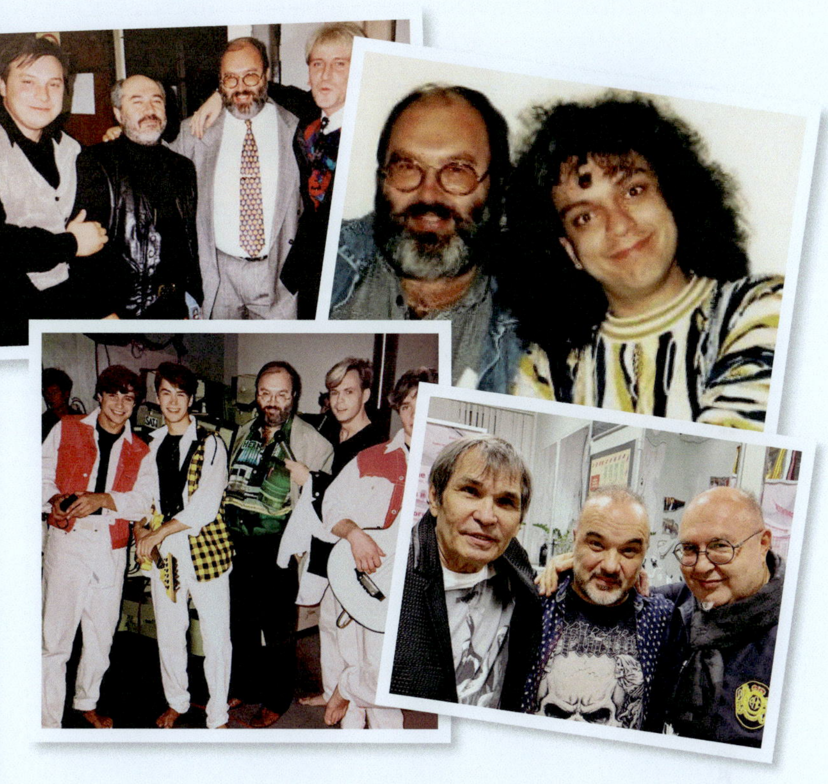

Карабас-Барабас и другие

После того, как затопило «наши» сапоги (а с ними мечты о богатстве и славе Лабутена) я, как уже говорил, решил плотнее взяться за музыкальный бизнес. Мы открыли компанию «Solo Florentin Music» и стали заниматься выпуском музыкальной продукции: компакт-диски, аудиокассеты, видео формата VHS. Дело потихоньку ширилось. За несколько лет «Solo Florentin Music» превратилась в одну из ведущих компаний в этом направлении и стала известным рекорд-лейблом.

На «компактах» мы издали больше ста наименований. В том числе у нас имелись эксклюзивные права на альбомы

Пугачёвой, Леонтьева, Аллегровой, Распутиной; групп «Чёрный кофе», «Диалог»; а также на антологию песен Кобзона и ежегодной телепрограммы «Песня года». Мы занимались всем, что имело популярность на рынке.

В сегменте видео нам удалось за небольшие деньги приобрести права на выпуск кассет с фильмами почти всех киностудий России и бывших советских республик, начиная с 1917 года. Товар активно продавался в многочисленных русских магазинах Европы. Мы обзавелись своим транспортом. Загружали его под завязку, и паромом «Анна Каренина» отправляли из Киля в Питер. В обратном направлении транспорт следовал с товаром, обменянным на нашу продукцию. Рейсы выполнялись в режиме нон-стоп.

Мы открыли филиал компании в Москве с офисом на Старом Арбате. Его работники активно занимались распространением нашей продукции, в том числе, и на знаменитой «Горбушке», которая представляла собой эпицентр «музыкальной» торговли.

Не забывали мы и об организации гастролей российских артистов в Германии (к тому времени русскоязычного населения там набралось уже порядка пяти миллионов человек).

«Первыми ласточками» нового пришествия стала группа «НаНа» с Бари Алибасовым. Его сравнение с Карабасом-Барабасом было очень уместным – он гонял ребят «и в хвост и гриву», и поселил их всех вместе в один номер, где они спали «валетом».

А когда мы приехали на съёмку в утренней программе немецкого федерального телеканала SAT 1, выяснилось, что парни в спешке забыли взять концертную обувь. Бари приказал всем снять носки и работать босиком, что для немцев выглядело весьма экзотично. Но и на этом приключения не закончились. Когда я вёз их на мини-«бусике» из телестудии обратно, на перекрёстке в нас врезалась другая машина. Алибасов сильно стукнулся головой о переднее стекло, а басист Слава Жеребкин сломал руку. Но Бари был бы не Бари, если бы не обыграл эту историю по-полной. Все российские СМИ на следующий день вышли с заголовками, что «Группа

«На-На» разбилась в аварии на немецком автобане». Ребят уже хоронили и устраивали поминки, но когда они прилетели в Москву, группа триумфально «восстала из пепла».

Кстати, с Алибасовым, мы когда-то вместе работали в Саратовской филармонии. Я в «Шестеро молодых», а у Бари тогда был легендарный ансамбль «Интеграл». Начальником концертного отдела филармонии была подружка моей мамы, с которой они вместе учились в консерватории, а клавишником в «Интеграле» работал мой корешок – Игорь Сандлер, с которым мы дружим по сей день. У нас по жизни оказалось с ним много общего. Появились на свет в одном Саратовском роддоме, оба стали классическими пианистами, потом прошли длинный тернистый путь советского шоу-бизнеса; в 80-х продвигали советский рок на Западе, занимались одно время делами, не связанным с музыкой (у Игоря был молочный завод, где он производил невероятно вкусные творожные сырки, которые я очень любил), переиграли альбом «Tarkus» группы Emerson, Lake & Palmer, ну и потом, мы оба давно лысые! Хотя он из своей лысины ещё в «Интеграле» сделал крутой сценический образ, который приковывал внимание всех зрителей. Сегодня Продюсерский Центр Игоря Сандлера – место, где собираются самые лучшие российские музыканты, приезжают в гости и дают мастер-классы мировые рок-звёзды. В этом Центре собрана уникальная коллекция: музей клавишных инструментов, к которой и я имею некоторое скромное отношение. Центр Игоря проводит крупные фестивали (Russian Woodstock, Kids Rock, Biker Fest), концерты и шоу. Сандлер основатель международного детского конкурса «Золотая нота», который собирает самых талантливых детей из России и Европы (я иногда присутствую на нём в составе жюри).

В целом, за всё время работы, у меня больших проблем с советскими артистами никогда не было. Даже с такими капризными и сложными как Антонов, Моисеев, Захаров, t.A.T.u., Шура; мне всегда удавалось сохранять нормальные отношения. Интересная история получилась с Жанной Агузаровой, хотя она в то время была совершенно неуправляемой девушкой. Я несколько месяцев возил по Советскому Союзу сборную программу – «Браво», «Диалог», «Мираж» плюс чехословацкая рок-группа «Citron». И вот большой концерт во Дворце Спорта Алма-Аты (сейчас Алматы), зал битком, на сцене Женя Хавтан и весь состав «Браво», а Агузаровой нет. Я спрашиваю: «Где Жанна?». «Лежит в номере, говорит что болеет, и ждёт, когда ты придёшь». Прихожу. Она заявляет: «Я не выйду на сцену, пока ты мне не заплатишь двойной гонорар! Если не заплатишь, возьму справку, что заболела». Мне пришлось заплатить, потому что зрители уже сидели в зале, а она считалась в тот вечер «обезьяной»: так тогда называли артиста, на которого собирается большое количество публики. В данном случае народ пришёл именно на неё.

Агузарова была в то время очень популярна. Но я вскоре «отыгрался»: подписал с ней контракт у нотариуса, где прописывались штрафные санкции (наверное, это был первый контракт с артистом, заверенный нотариусом). Контракт Жанна почти сразу нарушила, и ей пришлось несколько месяцев работать со мной за символические деньги. А поэксплуатировал я её за это время «от души», почти как «Карабас» Алибасов своих «Нанайцев».

Пугачёва, с которой мы к этому времени помирились, приезжала ко мне на гастроли несколько раз. Её гонорар тогда составлял $5.000, что в те годы считалось очень большими деньгами.

Пару раз меня угораздило участвовать в предвыборных кампаниях. И оба раза удачно – поддерживаемые нами кандидаты побеждали.

Первый раз, в 1993 году, мы помогли Кирсану Илюмжинову стать президентом Калмыкии. Политтехнология в тот раз оказалась настолько же простой, насколько и эффективной. Накануне выборов, на центральной площади Элисты был организован бесплатный для жителей города концерт Boney M., где Лиз Митчелл очень эмоционально и убедительно попросила всех присутствующих избирателей проголосовать за Кирсана. Отказать Лизе никто не смог, её просьбу поддержали очень активно, и Илюмжинов победил с убедительнейшим перевесом.

Второй раз выборы случились в Украине в 2004 году. Явным фаворитом предвыборной гонки являлся тогда Виктор Янукович, многие российские артисты выступали в его поддержку. Мы же, с моей «Лейся песня international» и «оппозиционным» дуэтом «Непара» ездили по городам Украины с Виктором Ющенко. Все предвыборные выступления во всех городах проходили по одному и тому же сценарию. После программной речи Ющенко спускался со сцены, где был накрыт спецстол с горилкой, салом и вкусными закусками; мы дружно провозглашали тост за его победу и выпивали «на ход ноги»; потом Ющенко уезжал, а мы выходили на сцену. Выпивали мы, как оказалось, не зря. Виктор Ющенко одержал победу над конкурентом и стал в тот год Президентом Украины.

В 1996 году меня пригласили в Нью-Йорк в жюри международного фестиваля «Big Apple». Россию представляли Боря Зосимов (PoliGram Russia), Игорь Крутой и Ирина Понаровская. Я же от Германии привёз на конкурс совсем молодого грузинского мальчика из Берлина, который занял в итоге второе место. Его звали Бессарион (или Бесик) Шпетишвилли. Сейчас это известный артист, композитор и продюсер, выступающий под псевдонимом Брендон Стоун (Brandon Stone). А лауреатом того конкурса стала Каролина Куёк, известная сейчас как народная артистка Украины Ани Лорак.

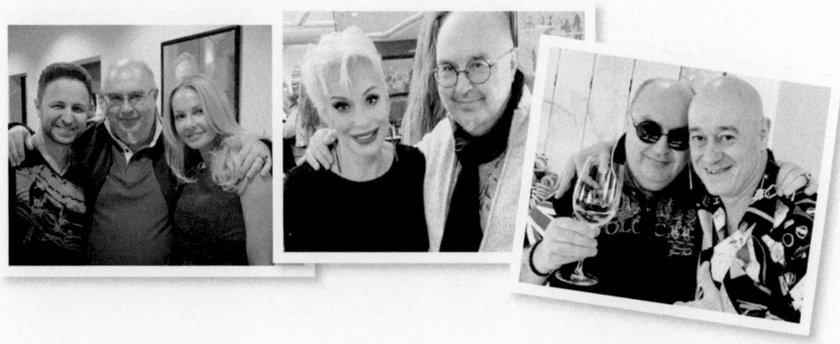

Русские немцы

Основную массу русскоязычных зрителей на концертах, которые я организовывал, составляли так называемые «русские немцы», люди, которые в начале 90-х, по приглашению Германии, вернулись на свою историческую родину.

Тут стоит сделать некоторое историческое отступление. Переселение немецких крестьян на свободные российские территории Поволжья, Степного края (сейчас северный Казахстан) и Кавказа произошло ещё в XXVIII веке при правлении Екатерины II. Соблазнились они бесплатной землёй, что им предоставили на этих территориях. Дела шли относительно неплохо до тех пор, пока не грянула Первая мировая война. Переселенцы стали считаться поданными враждебного государства, и российское правительство приняло закон о принудительном отчуждении земель у выходцев из Германии. Начались немецкие погромы, а потом и принудительное переселение российских немцев в Сибирь. Правда, приход большевиков к власти в 1917 году этот процесс приостановил. Мало того, в 1924 году была образована автономная Советская Социалистическая Республика Немцев Поволжья со столицей в городе Энгельс (напротив города Саратова). Мой отец, кстати, когда преподавал в Саратовской консерватории, по совместительству являлся концертмейстером и первой скрипкой симфонического оркестра Республики Немцев Поволжья.

Но ближе к началу Второй мировой отношения между СССР и Германией вновь ухудшились. Республика Немцев Поволжья оказалась полностью ликвидированной, а всех российских немцев принудительно депортировали в Казахстан, Восточную Сибирь, Киргизию и на Урал, где создали спецпоселения. На возвращение в бывшие места проживания для депортированных был установлен пожизненный запрет. За самовольный выезд из зоны спецпоселения давали 20 лет лагерей.

Только лишь в 70-е годы XX века советское правительство разрешило советским немцам беспрепятственно передвигаться по территории СССР. Стали появляться Центры немецкой культуры, издаваться газеты. Именно в эти годы среди русских немцев состоялись выдающиеся деятели мировой музыки: Генрих Нейгауз, Святослав Рихтер, Альфред Шнитке...

Вполне объяснимо, что как только Германия объявила о приёме и репатриации своих соотечественников на свою историческую родину, из России хлынул целый людской поток. За несколько лет в Германию уехало порядка 5 миллионов русских немцев и членов их семей. Но пара веков, что они варились «в собственном соку», не могла не сказаться на их менталитете и жизненном укладе. Немецкий язык «возвращенцев», который передавался из поколения в поколение, и на котором они говорили в России, совершенно отличался от современного немецкого языка. Они, просто напросто, его не понимали, и приходилось учиться заново. Да и вся жизнь вокруг предстала совсем в ином свете. Просидеть больше века в полной изоляции и очутиться в развитой европейской столице – для многих такая ситуация оказалась большим потрясением. В России их называли немцами, а в Германии они стали «русскими».

Наверное, поэтому, когда к ним приезжали Пугачёва или Ротару, они до отказа забивали концертные залы. Ещё бы, так хотелось посмотреть живьём на тех, кого на «неродной родине» они видели только по телевизору.

Кроме концертов, я организовал ещё и некое подобие местной филармонии. Набрал под лейбл исполнителей, которые были популярны в русскоязычных кругах. Каждые выходные такие артисты выступали в многочисленных русских клубах и дискотеках по всей Германии. Некоторые стали известны и в России (DJ Vital и Фактор-2, Вася Пряников, Олег Ай и др.).

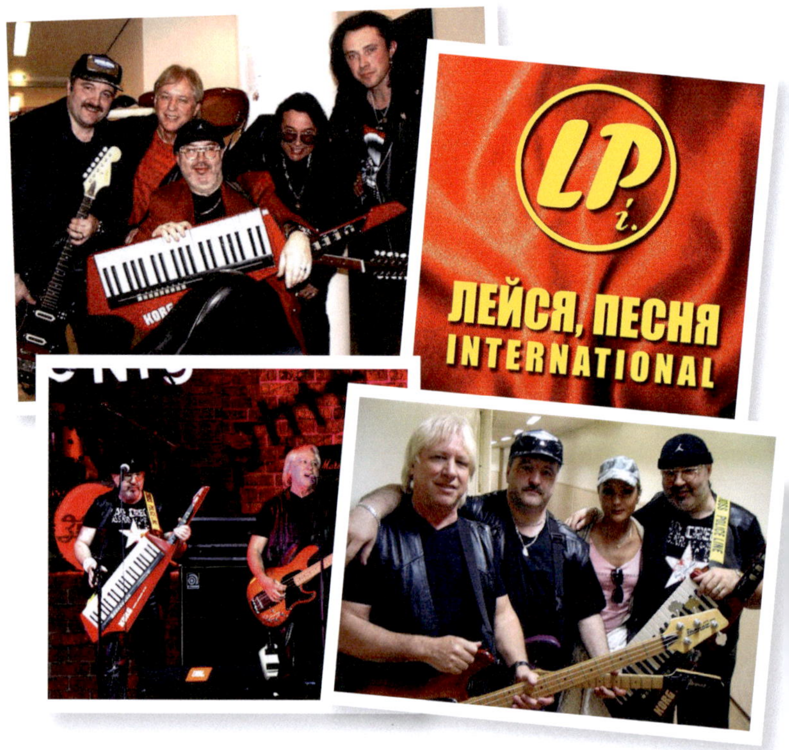

Как «Песня» полилась дальше

В 1999 году мы занимались организацией очередной программы «Рождественские встречи Земляков». Шоу длилось порядка 4 часов и состояло из выступлений артистов разных жанров. Публика во время представления сидела за столиками, выпивала-закусывала, если возникало желание – танцевала, то есть, развлекалась, как могла. На декабрь мы запланировали около 50 концертов. Хедлайнером должна была стать очень модная тогда певица Марина Журавлёва. Со своим мужем, Сергеем Сарычевым (автором песни «Крутится волчок») они жили в Америке. Мы подписали контракт, я перевёл им аванс и часть гонорара. Прошла реклама концертов с упоминанием имени Марины, всё как положено. За три дня до первого выступления раздаётся звонок – Журавлёва сообщает мне, что если они вылетят из США, то обратно в Америку их не пустят, поэтому они выступить не смогут. Вот так поворот!

Надо что-то делать, концерты на носу! Из России выписать кого-то нереально, на дворе декабрь, самый «хлебный» месяц, и всё у всех давно расписано. И тут я вспоминаю про «Лейся, песня». В Германии тогда жили несколько музыкантов, имеющих к ней, той старой доброй «Лейся, песня» (и не только к ансамблю, а в целом к ВИА 80-х) какое-то отношение. Костя Шмидт, Олег Медведь, Владик Агафонов (оказавшийся очень вовремя на гастролях), Саша Константиновский (автор песенки «Тома, Тома, выходи из дома»). Я собрал ребят, объяснил задачу, все восприняли идею «на ура». Мы отрепетировали 6 песен и стали играть номером в новогодних программах.

Получилось забавно. Мне пришлось быть одновременно всем: я садился за руль автобуса, чтобы возить артистов с одной площадки на другую; я отрывал корешки входных билетов; я собирал выручку в кассах; я облачался в концертный костюм и выступал на сцене. И так каждый день. Но мне нравилось! Особенно – играть! Ведь я не выходил к публике, как музыкант с середины 80-х.

Чтобы утрясти формальности я добавил к названию «Лейся, песня» приставку «International» и зарегистрировал товарный знак.

Теперь мы могли официально выступать как гастролёры, звёзды 80-х. Что мы и делали!

В начале нулевых известная компания «Sony Music» выпустила CD альбом нашей группы «LP International» с популярными песнями в современной аранжировке. Альбом продавался, и до сих пор продаётся, по всему миру. Нас стали приглашать на гастроли в другие страны: Канада, США, Украина. Мы играли в Москве на юбилейных концертах Славы Добрынина и Миши Шаброва в Кремле. Мы играли в Питере на «Алых Парусах». Мы играли в сборных программах звёзд 80-х. И везде мы с удовольствием прикасались к своей молодости, вспоминая со старыми друзьями «огонь, воду и медные трубы». А объединяющим фактором всегда выступала хорошая музыка…

Что же касается Журавлёвой с Сарычевым, то полученный аванс они мне обратно так и не вернули.

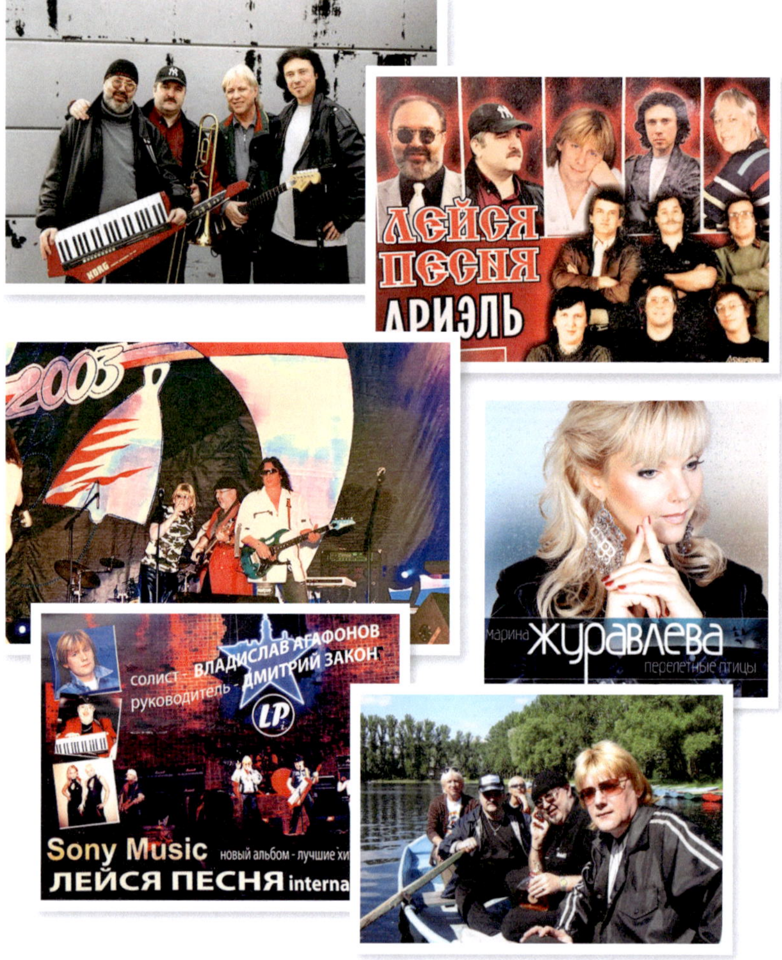

Непризнанная дочь Путина

В годы, когда на престол России взошёл Владимир Путин, я придумал один авантюрный проект, который, по сути дела, в чёмто повторял приём Андрея Разина. Тот самый, благодаря которому Разин, представляясь племянником Михаила Горбачёва, беспрепятственно разъезжал по Москве в арендованной «Чайке» и открывал ногой двери «высоких» кабинетов. Мы с Брейтбургом тогда сами чуть не попались на эту уловку Андрея, и едва не зачислили его в наш коллектив.

Так вот, тогда в Германию приехала одна девочка, русская немка, эмигрировшая с Поволжья. До этого она уже работала на Западе, неплохо пела попсу на английском, а главное, внешне сильно «смахивала» на Путина. Но фамилия у неё, конечно, оказалась другая и более благозвучная – Гётте. Но что фамилия в нашем бизнесе, когда всё решает псевдоним. С моей лёгкой руки девочка стала Ольгой Владимировной Путиной. «Ольга Путина из Германии!» – согласитесь, звучит. Я всё продумал. В.В., как известно, служил в Дрездене, поэтому ничто не мешало Оле теоретически стать его дочкой. Была придумана новая, не противоречившая легенде, биография певицы. Мы решили отправляться покорять Москву. Слава Добрынин и Ким Брейтбург специально для Оли написали несколько песен, я подключил всевозможные СМИ, так что новость понеслась впереди нас – в Россию едет выступать ещё одна дочь Президента!

Трюк сработал. В Шереметьево нас встречали в VIP-зале с машиной сопровождения. В Кремль мы заехали через Боровицкие ворота. Иосифа Кобзона попросили для дорогой гостьи освободить самую лучшую гримёрку. Журналисты не давали нам прохода, сопровождая нас толпами и беспрерывно спрашивая: «Кто она такая?». Я терпеливо и снисходительно отвечал, что говорить на эту тему нам запретили. «Кто запретил?» не унимались акулы пера. Я многозначительно закатывал глаза вверх, к Кремлёвским звёздам. Так мы катались, как сыр в масле, несколько месяцев, пока из аппарата Президента России мне не передали, что «папе» «дочка» почему-то не нравится. Так что… «Чтобы чего не вышло, вы проектик свой лучше прикройте», посоветовали-приказали мне. Пришлось подчиниться. А жаль, девочка была очень талантливая.

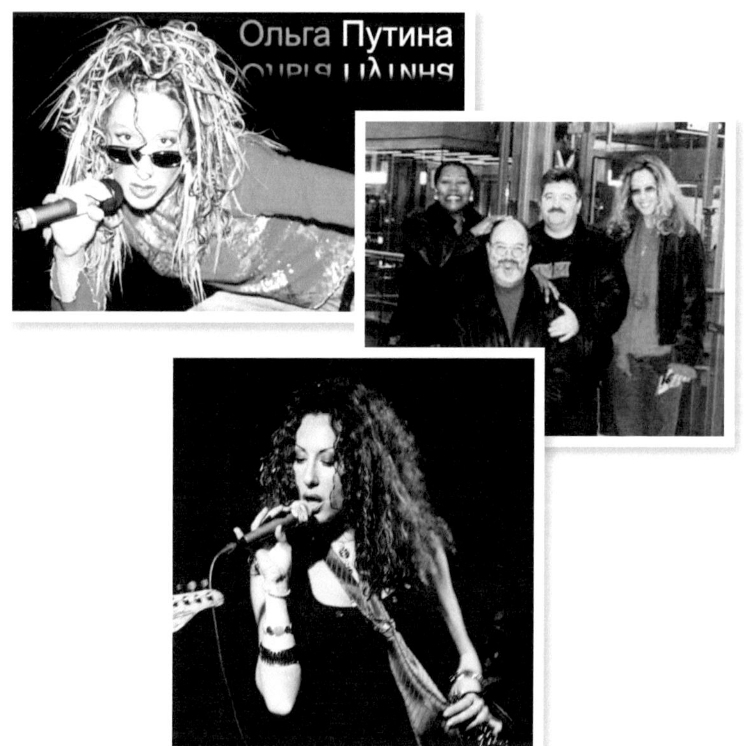

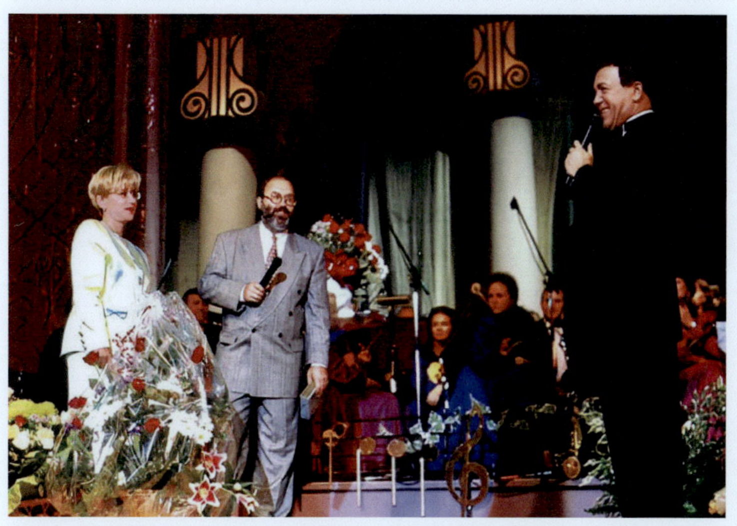

Иосиф Кобзон

Иосиф Давыдович Кобзон. Столп. Фигура.

Мне повезло с ним посотрудничать не только на совместных гастролях, в жюри разных конкурсов и при выпуске антологии его лучших песен на компакт-дисках (отобранных, кстати, из более чем трёх тысяч записанных им песен), но и при создании в начале 90-х совместного российско-немецкого предприятия «Москвит-шоу».

Как-то в Германии, когда я организовал Кобзону несколько концертов, мне довелось провести с ним пару-тройку дней с утра до вечера: я был потрясён его работоспособностью.

Рано утром он садился ко мне в машину, доставал длиннющую бумажную «простыню» с записанными на ней номерами телефонов и, пока мы ехали на площадку, успевал решить неимоверное количество совершенно разных вопросов, начиная от государственных дел и заканчивая личными просьбами малознакомых людей. Потом Иосиф Давыдович отрабатывал несколько двухчасовых концертов (причём во время выступления его приходилось всё время «тормозить», иначе он бы пел до утра). Далее следовала «вторая серия» телефонных звонков. Он продолжал деловое общение весь путь до казино, которое он неизменно посещал и обычно проигрывал там приличные суммы. Только после этого Кобзон ехал в отель на отдых.

Думаю, ещё на многие-многие лета профессионализм Иосифа Давыдовича и его деловая хватка останутся примером для подражания. А уж легендой советской эстрады Кобзон будет считаться вечно. Кстати, альбом с антологией его песен, как подарок к юбилею, я вручил Иосифу Давыдовичу лично, на сцене концертного зала гостиницы «Россия», где и проходило чествование юбиляра. Тогда праздничное выступление началось в 19 часов вечера, а закончилось в 7 утра следующего дня. Многие зрители из зала пошли прямо на работу. Тот концерт попал в книгу рекордов Гиннеса, как самое продолжительное мероприятие такого плана.

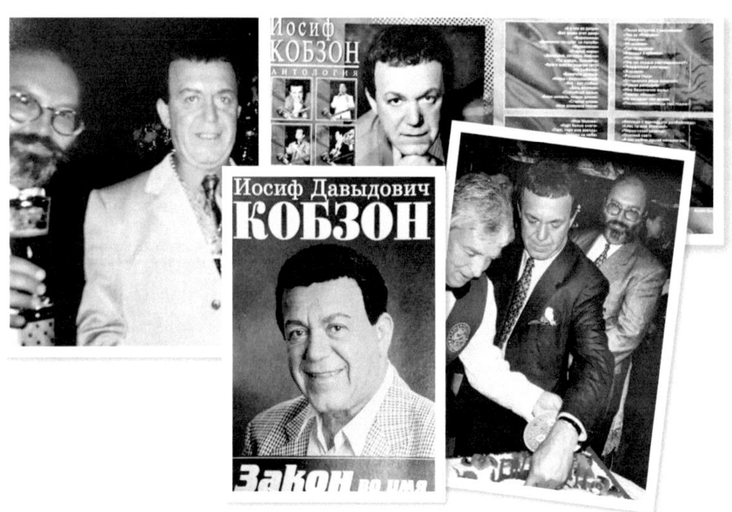

Отдых в своей компании

Другим бизнесом, которым мы решили серьёзно заниматься в «Solo Florentin», стал туризм. Началось с того, что мы взяли нескольких профессионалов из этой индустрии (кое-кто пришёл ещё из «Интуриста») и после мозгового штурма придумали проект, совмещающий, по идее, собственно туризм, отдых и шоу-бизнес.

Выстроили специальную логистику, которая заключалась в том, что автобусы собирали по всей Германии желающих отдохнуть на испанском побережье и везли их в городки Бланес и Ллорет-деМар, расположенные между французский границей и Барселоной. Там, в нескольких гостиницах, у нас были забронированы и выкуплены номера. По дороге автобусы делали остановку на лесной поляне во Франции, где клиентам наливали вино, которое стоило дешевле минеральной воды, а какой-нибудь музыкант – аккордеонист, баянист или гитарист (который ехал в том же автобусе) – создавал на привалах музыкальное настроение на всём протяжении пути в Испанию. В конечной точке маршрута туристов ждали наши работники, которые, кроме размещения на десять дней, организовывали для гостей ежедневные развлекательные мероприятия вроде «Дня знакомств» или «Вечера The Beatles».

Я привозил в Испанию российских известных артистов, в основном «сбитых лётчиков», которые «за будку и корыто» (то есть за питание и гостиницу) устраивали для отдыхающих концерты и танцы, при этом сами расслаблялись и купались в море «на шару».

Отличие нашей программы состояло в том, что мы плотно занимались нашими гостями. Большинство немецких и европейских туроператоров ограничиваются для своих клиентов двумя действиями – выдают им ключи от номеров в начале отдыха и забирают оные ключи в конце. Мы же использовали совсем другой подход, наши туристы ощущали постоянную заботу, что не могло им не импонировать. Мы даже проект назвали соответствующе – «Отдых в своей компании».

Немудрено, что за несколько лет поток желающих приобщиться к такой «компании» сильно увеличился. Кроме русскоязычного населения Германии и коренных немцев, для которых это оказалось интересно и необычно, стали подтягиваться многочисленные туристы из России, Америки и Израиля.

В последний день отдыха, перед отъездом обратно, чтобы успеть убрать всё номера в гостиницах для новых постояльцев, мы каждые десять дней, утром вывозили всех (человек 300-400) в горы, где располагался большой открытый развлекательный комплекс с бассейном, грилями, детскими и спортивными площадками. Там устраивался прощальный пикник со специальными напитками нашего собственного приготовления: в огромную бочку заливалась местная «Сангрия» с добавлением нескольких бутылок водки. Поэтому некоторых, особенно расчувствовавшихся из-за расставания клиентов, приходилось тащить и грузить в автобусы «за руки, за ноги».

Иногда, чтобы контролировать весь процесс, я приезжал в Испанию вместе с семьёй. Моя жена стала за это время профессиональным гидом; наши туристы с большим интересом слушали её рассказы об испанском побережье, а «коньком» Наташи долгое время оставалась занимательная история про крепость Тосса-де-Маар (Tossa de Mar).

Наш сын, Мик, за время пребывания, уже вовсю общался со всеми на испанском. Один раз, когда мы его отправили одного домой на автобусе с туристами, он угодил в «заложники». Полиция остановила транспорт для проверки, и у водителя оказалось просроченная «шайба»: он провёл за рулём больше положенного по правилам времени. Автобус со всеми пассажирами поставили на 9-часовую штраф-стоянку. Пришлось заказывать и высылать другую машину, чтобы нашего сыночка нам вернули.

Постепенно, по объёму перевозок, мы вплотную приблизились к крупнейшим немецким туроператорам и могли чувствовать себя в данной нише вполне уверенно. Но. Всегда случается какое-нибудь «но». Грянуло введение общей европейской валюты «Евро», что стало для «своей компании» крахом. Вся наша прибыль зиждилась на разнице курса между испанской песетой и немецкой маркой. Стоимость путёвки из-за этого получалось очень маленькой, что-то в районе 200 марок (включая дорогу, отель и питание). Желающих отдохнуть за такие деньги, да ещё и с ежедневными развлечениями, было очень много, но единая валюта, увы, нивелировала всю выгоду для нас, как владельцев бизнеса. Конкурировать с «монстрами» туриндустрии стало невозможным, и «Отдых в своей компании» закончился уже у всех.

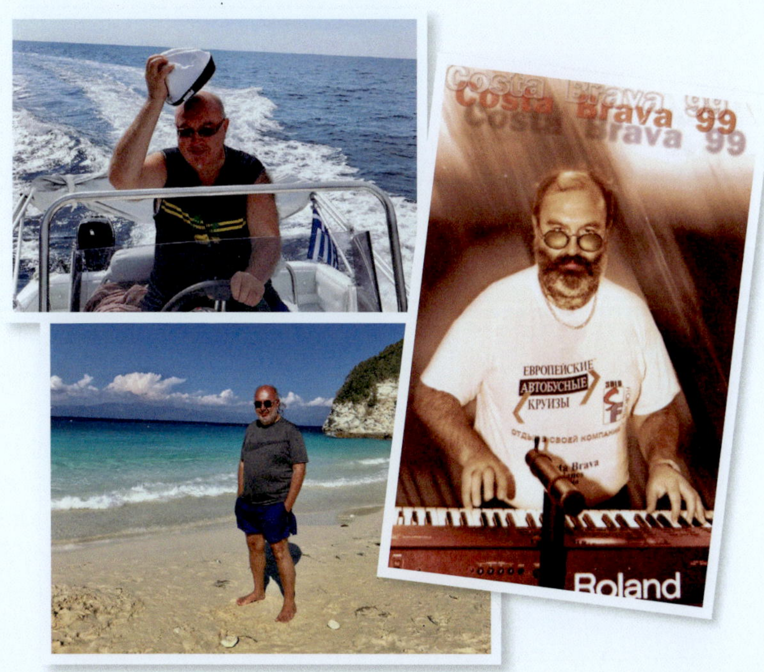

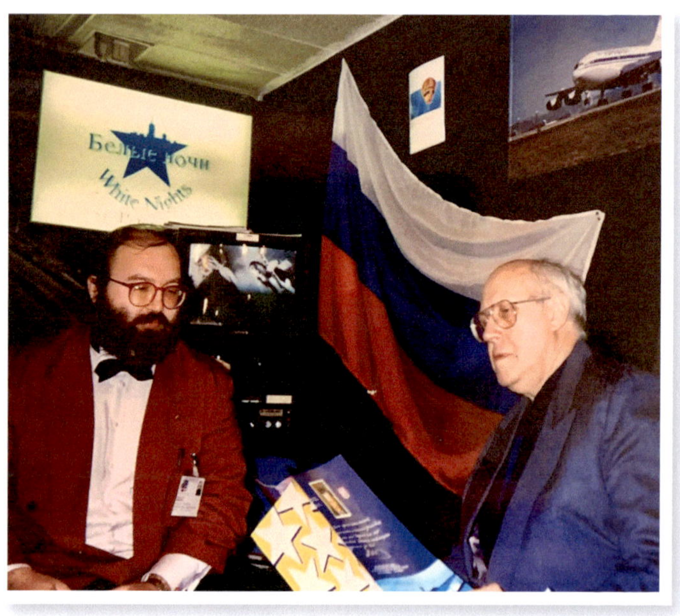

Дайте в руки мне гармонь

С самого начала 90-х я помогал «наполнять» международный фестиваль «Белые ночи Санкт-Петербурга» иностранными артистами. Первый такой форум состоялся в 1993 году под патронажем питерского мэра Анатолия Собчака. Тогда я помогал с букингом в город на Неве привезти американскую джаз-рок группу «Кровь, пот и слёзы» (Blood, Sweat & Tears), популярных австрийцев Falco и «Supermax», своих любимчиков Boney M. и нескольких менее известных исполнителей.

Фестивали стали проходить ежегодно (кроме перерыва в пару лет из-за недостатка финансирования). За эти почти три десятка лет я «перевозил» в Питер большое количество мировых знаменитостей, многие мои «подопечные» конкурсанты становились лауреатами. Несколько раз я был членом международного жюри вместе с Томасом Андерсом (Thomas Anders) из «Модерн Токинг» (Modern Talking), Лиз Митчелл и другими известными артистами; ещё пару раз являлся координатором жюри.

Однажды в середине 90-х мне довелось представлять «Белые ночи» на фестивале «MIDEM» в Каннах. На том самом, где мы в 1987 году с «Диалогом» произвели маленький фурор. Как раз в Каннах я познакомился с легендарным музыкантом, виолончелистом мирового уровня, Мстиславом Ростроповичем. Перед запланированными на вечер концертами он забрёл на русский фестивальный стенд. Мстислав оказался интереснейшим собеседником! Несколько дней мы постоянно с ним общались, рассказывая друг другу истории из музыкальной жизни. Ростропович, несмотря на врождённую интеллигентность, виртуозно владел трёхэтажным матом, уместно вставляя его для эмоциональной окраски своих историй. Я услышал тогда от него много очень смешных анекдотов.

Поделился и я с ним своим воспоминанием. Ещё в детстве я стал свидетелем не совсем обычного появления Мстислава Леопольдовича на одном празднике. Жили мы тогда около «Динамо» в городе Горьком, и вот, как раз, на этом стадионе торжество и происходило. При большом скоплении публики на трибунах на гаревую дорожку выехал грузовик с откинутыми бортами. Кузов был застелен красным кумачом (приблизительно в таких же декорациях в те годы хоронили людей). Посредине кузова стоял одинокий стул, на котором сидел Ростропович с виолончелью. Грузовик медленно нарезал круги по гаревой дорожке стадиона, Ростропович водил по струнам инструмента, а из железных репродукторов, установленных на высоких мачтах, со скрипом и треском из-за помех, звучали «Вариации на тему рококо» Чайковского. Признаться, это было первое выступление под фонограмму, которое я увидел.

Когда я поведал Мстиславу эту душещипательную историю, он рассмеялся и объяснил, что играть «под фанеру» его тогда, просто-напросто, заставили. Даже шантажировали, покуда он не соглашался обманывать зрителя. Дело в том, что у него тогда на даче жил Александр Исаевич Солженицын (известный писатель, диссидент). Из-за одного этого факта пришлось Мстиславу Леопольдовичу стать сговорчивее.

И тут же Ростропович, алаверды, рассказал мне про другой забавный случай.

Примерно в те же годы, его, как солиста Московской филармонии, включили в бригаду по обслуживанию целинных и залежных земель. Приехали они на очередной полевой стан, народ в обеденный перерыв сидит прямо на земле, ждёт выступления артистов. Кинулись, а фортепьяно нет! Ростропович не на шутку разволновался: как же играть-то без аккомпанемента?! Композитор Ян Френкель, который тоже оказался в команде, его успокоил: «Славочка, я тебе на аккордеоне подыграю, никто и не заметит ничего!». Вышли на «сцену», начали играть. Ростропович на виолончели, Френкель на аккордеоне: подстраивается, как может. И тут, вдруг, неожиданно, в последних рядах встаёт здоровенный детина в робе и, перешагивая через сидящих, решительно движется к «сцене». Ростропович, видя такую картину и предчувствуя неладное, шепчет, обернувшись к аккомпаниатору: «Янек! Что-то мне его лицо не нравится! Играй, прошу, побыстрее!». Френкель тоже смотрит на приближающегося целинника и начинает взвинчивать музыкальный темп. Но закончить композицию им так и не удалось. Мужик дошёл до музыкантов, возложил на виолончель свою огромную ручищу и глухим внушительным басом сказал Ростроповичу: «Браток, не гунди, а? Дай гармошку нормально послушать!».

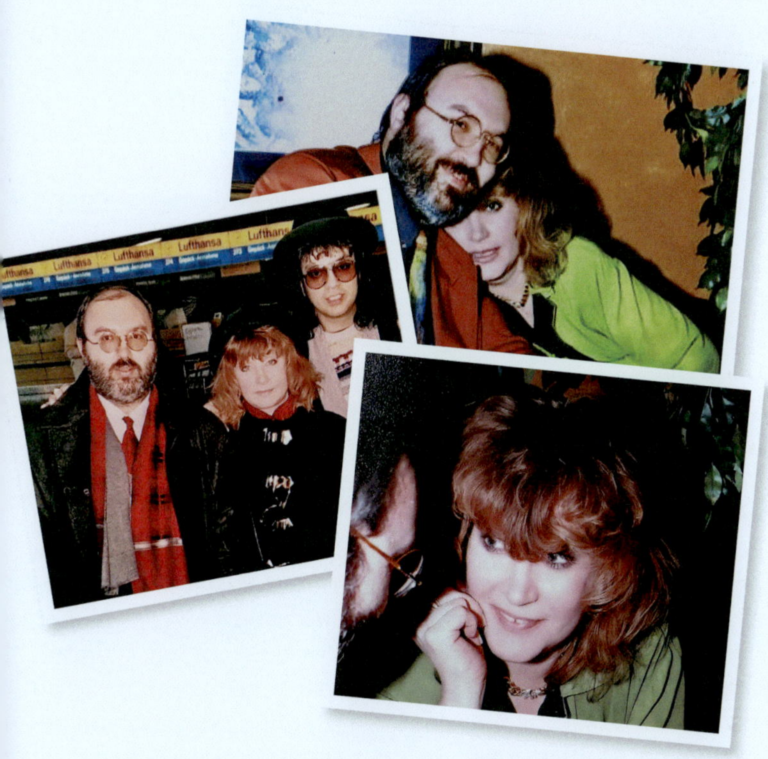

Как Пугачёва с Киркоровым в тюрьме сидели

После того, как мы с «Диалогом» уволились из Театра песни Пугачёвой, отношения у нас с ней оставались напряжёнными. До тех самых пор, пока я не пригласил её на гастроли в Германию. Концерты прошли во всех крупных немецких городах. Примадонну везде ждал аншлаг и очень большой успех.

В один из выходных, образовавшихся между концертами, гдето под Мюнхеном, в лесу на берегу озера, я организовал пикник с шашлыками и водкой. Атмосфера располагала, и мы с Аллой окончательно помирились. Я даже уговорил Пугачёву дать мне права на издание её сборника песен на компакт-диске. А после очередного концерта во Франкфурте я пригласил весь её коллектив к себе домой в гости.

Гитаристу пугачёвского ансамбля «Рецитал» Саше Левшину я помог тогда купить подержанный Mercedes и оформить все документы. Правда, вместо того, чтобы оставить авто на стоянке, и после гастролей сесть и поехать на ней домой, Саша начал ездить на машине за нашим автобусом по всем городам, где проходили выступления Пугачёвой. А в конце тура принялся требовать с меня деньги, мотивируя тем, что возил музыкантов и заправлял авто бензином. Я ему, разумеется, отказал. И хоть с тех пор прошло тридцать лет, Александр (который много лет на всех федеральных телеканалах является «главным специалистом», раскрывающим «тайны» жизни Пугачёвой, Киркорова и их домработницы Люси) до сих пор считает, что я его тогда «кинул» и, если мы пересекаемся на каких-то мероприятиях в России, обиженно отворачивается, делая вид, что меня не знает.

Надо сказать, что в первые годы нашей жизни в Германии мы с женой очень часто собирали у нас дома друзей и знакомых музыкантов. Бывало, что гостей одновременно набиралось по 20-30 человек. Благо, «жилплощадь» позволяла. Домик наш хоть и был небольшим, но его дополняла вместительная терраса, выходящая на красивый зелёный сад, в котором мы обычно и готовили шашлыки. Гостеприимство, несомненно, передалось мне по наследству. Моя мама всегда очень любила шумные компании, и когда я приезжал в Нижний Новгород, где она жила последние годы, в нашей квартире каждый день собирались толпы моих старых горьковских товарищей.

Следующая встреча с Аллой состоялась у меня в период её «жениханья» с Филей (Филиппом Киркоровым). Они с директором Олегом Непомнящим прилетели ко мне во Франкфурт из Израиля с намерением «закупиться». В первый день я их целый день сопровождал. Пугачёва имела твёрдое намерение «приодеть» Филю: после его дурацких жабо и рюшечек приобрести ему, наконец-то, человеческую одежду.

Киркоров перемерил на себя всё, что можно. Он, то и дело, радостно выбегал из примерочной, но Алла быстро остужала его пыл. «Опять г..но! безаппеляционно заявляла она. Давай другое!». Иногда Филя пытался нервно доказывать, что не разделяет такой категоричной оценки, но Пугачёва ничего не хотела слушать. В тот момент, когда Алла спросила у меня, как они с Филей смотрятся, к нам подошёл продавец и сочувственно нас успокоил: «Сынок у вас, конечно, очень капризный, но мы что-нибудь обязательно подберём!».

На следующий день у меня случились неотложные дела, и они пошли по магазинам одни. Я оставил ребят на улице Цайль, где множество торговых точек и сказал, что буду ждать звонка, чтобы забрать их обратно с покупками.

Звонок раздался часа через три, но не от Аллы, а из полиции.

«Фрау Пугачеффа и герр Киркорофф – ваши друзья?» спросил меня казённый голос.

«Да, говорю. А в чём дело?».

«Не телефонный разговор! Срочно приезжайте в участок!».

Что делать, подъезжаю, вхожу внутрь и вижу картину: большая камера-клетка, а в ней кого только нет – здоровенные негры с кровоподтёками, проститутки, наркоманы, бомжи... И в углу сидят трое, закованных в наручники, голубчиков: Алла, Филя и Непомнящий. За что задержаны, мне с ходу выяснить не удалось.

Преступники – и всё тут! Просидели бедолаги в камере до позднего вечера. Я, как мог, их подбадривал, передавая через прутья бутерброды и бутылочку с водой. На мои периодические заявления, что это «Russian Superstar Number One», полицейские реагировали вяло, можно даже сказать, не реагировали вовсе.

Прояснилось всё гораздо позже. В магазине Алла с Филей забили несколько тележек разными товарами, в основном они набрали одежду и сантехнические принадлежности, подошли к кассе и попытались рассчитаться. Кассирша стала проверять купюры и вызвала секьюрити. Потом «воронок» – «браслеты» и «обезьянник». Повязали матёрых фальшивомонетчиков! Полиция тут же устроила ещё и тщательный обыск с пристрастием в их гостиничном номере, перевернув там всё вверх тормашками. Оказалось, что фальшивыми дойч-марками с Аллой рассчитались в последнем гастрольном туре по братской ГДР, она и знать не знала, как выглядят настоящие. Отработала концерты, получила гонорар, и забыла. Вспомнила про «валюту» только перед вылетом в Израиль и Германию.

Пришлось мне подключать все свои связи, чтобы дело замяли и история не получила всенародной огласки. Немцы очень суровы по части фальшивых денег.

Алла очень сильно переживала, потому что в Израиле ей заплатили долларами, и если бы и они (лежащие в номере гостиницы) оказались поддельными, то мотала бы примадонна срок в немецкой тюрьме. Но обошлось.

После того, как троица «откинулась», мы пошли отмечать событие в ночной бар, и за разговорами, вдруг, совершенно случайно, выяснили, что мама Филиппа приходится двоюродной сестрой жене моего дяди Жоры, известного в прошлом циркового эксцентрика. После этого я стал называть Аллу «золовкой», а Филю – «братиком».

На следующий день «золовка с братиком» решили забрать-таки отобранные накануне корзины товаров (расплатившись «нормальными» деньгами), но путь в магазин, где их повязали, преградил охранник. Оказалось, что вход туда им теперь заказан. Алла едва не устроила скандал, но персонал оставался непреклонен. Пришлось закупаться заново в других бутиках. В Москву довольные «голубки» улетели с перевесом в 11 тележек; за дополнительный багаж, несмотря на дружеские скидки Аэрофлота, пришлось заплатить астрономическую сумму.

Последний, организованный мною, концерт Пугачёвой состоялся в Лондоне в 1999 году (спонсором выступил первый официальный советский миллионер Артём Тарасов). Представление проходило в том самом зале, где мы в 1987 году с «Диалогом» и «Автографом» выступали на международном фестивале «Capital Music». После замечательного (как всегда у Аллы!) выступления примадонна сразу же улетела в Москву, а у меня «на руках» остался заказанный и оплаченный длиннющий лимузин «Линкольн» VIP-класса. Я загрузил его спецподарками, водкой, гречкой, пельменями и поехал в гости к «Боникам». Но по дороге застрял на неповоротливой машине в узких переулках Солсберийского монастыря. Пришлось заказывать другую, более скромную машинку, и перегружаться.

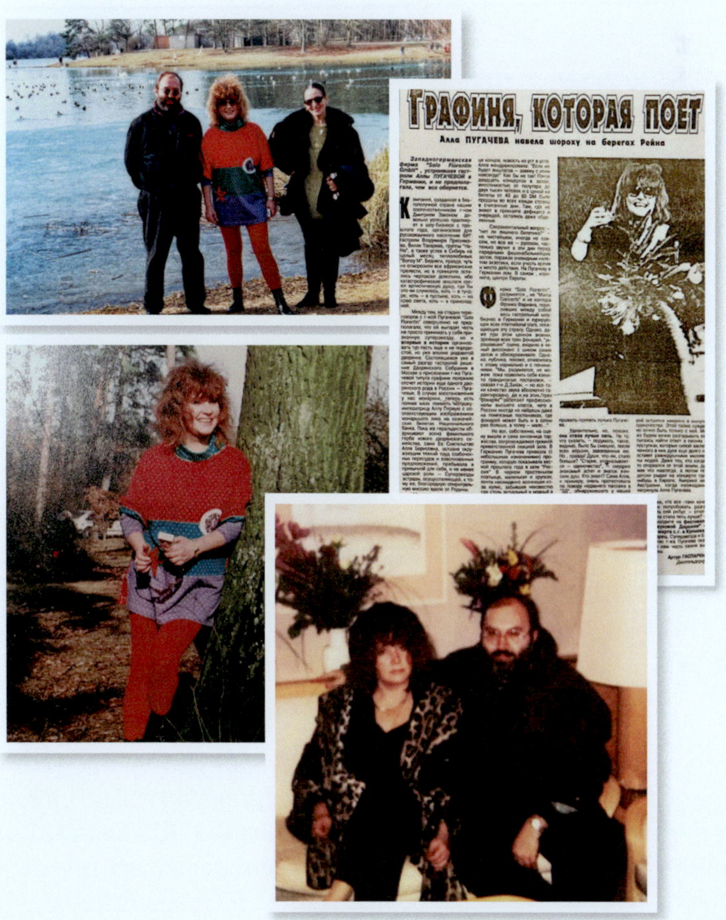

ГРАФИНЯ, КОТОРАЯ ПОЕТ

Алла ПУГАЧЕВА навела шороху на берегах Рейна

Западногерманская фирма "Solo Florentin GmbH", устроившая гастроли Аллы ПУГАЧЕВОЙ в Германии, и не предполагала, чем все обернется.

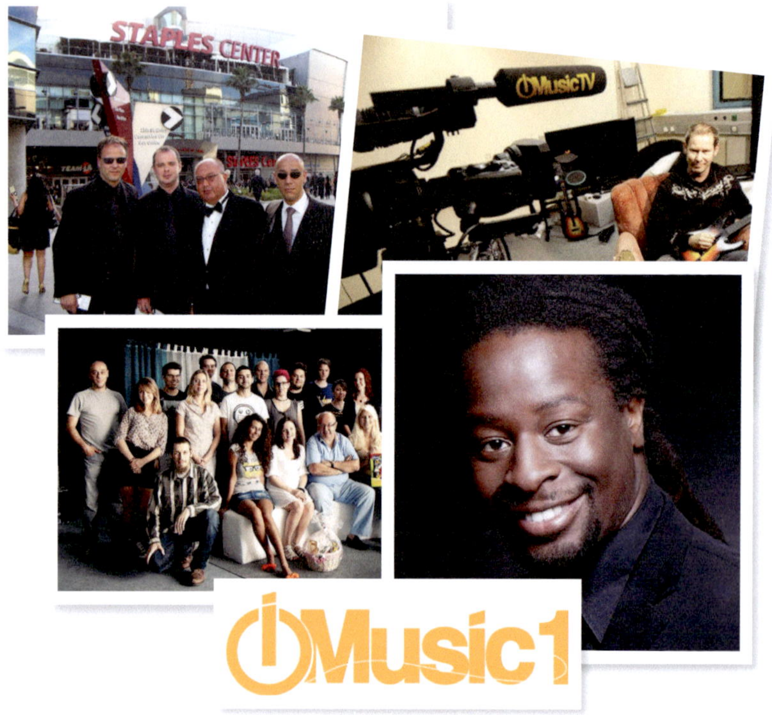

Я – телемагнат

У меня всегда крутилось много идей в голове. Одно время я заинтересовался созданием в Германии телевизионного канала для русскоязычных. Будучи в Москве, я переговорил на эту тему с заместителем генерального директора ОРТ Бадри Патаркацишвили, который являлся правой рукой главного акционера ведущего телеканала России Бориса Березовского. Он вполне заинтересовался моим проектом и предварительно согласился помочь организовать в Германии телеканал, который бы состоял из сигнала ОРТ с вкраплением местных немецких новостей и авторских программ. Но плану не суждено было осуществиться. Произошло покушение на Березовского, потом его бегство в Лондон и судебные разборки с Бадри. Стало не до каналов.

О телевидении я вспомнил в 2004 году, когда меня с «Лейся, песня international» пригласили на презентацию нового музыкального телеканала «Music Box» в Израиль. Из России туда приехали начинающий Витя Белан (впоследствии ставший Димой Биланом), которого привёз Юра Айзеншпис, Григорий Лепс, Женя Кобылянский, группа «Динамит», Таня Овсиенко. Программа намечалась полностью телевизионная, поэтому все участники пели свои блоки под фонограмму. Мы, как хедлайнеры, концерт закрывали.

За несколько номеров до нас выступал американо-израильский певец Эдди Батлер (Eddie Butler). После номера он забрал у звукорежиссёра свою фонограмму и уехал. Когда объявили нас («На сцене легендарная группа 80-х!»), мы вышли, как положено, сделали вид, что подключаем аппаратуру. Я пробежался пальцами по «расчёске» (мой клавишный инструмент в виде гитары). Ждём, когда зазвучит «фанера». Но её почему-то никак не включают!

Сбоку подбегает звукорежиссёр и, делая круглые глаза, сообщает, что фонограмма, с которой мы днём делали саунд-чек, пропала! Позже выяснилось, что её, по ошибке, вместо своей, забрал Эдди.

В зале полно зрителей. Открытая площадка «Ангар 11» в ТельАвивском порту. Прямая трансляция по телеканалу, который и проводит свою презентацию.

Спеть вживую невозможно – нет половины музыкантов (мы поехали всего втроём), нет инструментов, и мы даже не репетировали (а зачем – фонограмма же). И тут я вспоминаю, что у меня в гримёрке, в чехле от инструмента, лежит наша пластинка, мой заготовленный кому-то подарок. Звукорежиссёр, сломя голову бежит за ней, а мы пока развлекаем публику байками. Всё завершилось удачно – пластинку включили, и мы красиво закончили концерт.

На следующий день все улетели по домам, а я решил задержаться на день в Тель-Авиве, чтобы навестить своих родственников, живущих в Хайфе. Когда же я собрался в аэропорт, выяснилось, что профсоюз работников объявил бессрочную забастовку, и на несколько суток воздушное сообщение в Тель-Авиве прервалось. От нечего делать я, ради интереса, поехал посмотреть, что же это такое, телеканал «Music Box». Офис у них находился в Нетании, и работало там всего несколько человек, в основном программисты; они показали и рассказали мне всё о новом направлении, профессиональных фишках и «наворотах» того времени. Особенно мне понравился интерактив. Через смс, звонок или почтовый ящик зритель мог заказывать музыкальный клип по своему желанию. Почти как в старые времена, в музыкальном автомате в ресторане. Бросаешь денежку и выбираешь любимую песенку. Меня такое новшество сильно заинтересовало. В Германии такого пока не было, и я решился на реализацию нового проекта. Нашёл ребят, разбирающихся в теме, нашёл спонсоров (что оказалось очень непросто – мало кто верил в перспективы начинания). Вначале в мои намерения входил канал для русскоязычных зрителей, но по мере продвижения проекта, мы решили переориентироваться на немецкий рынок. Я придумал название – «iMusic TV», где буква «i» обозначала интерактив. В Венгрии, где тогда производились телевизионные сервера, закупили самое продвинутое техническое оборудование.

В нише музыкального телевидения Германии ситуация для нас являлась благоприятной. В тот момент на рынке существовало только два смотрибельных канала – американский MTV и немецкий VIVA. Первый вещал исключительно англоязычную музыку, а второй занимал большую часть своего эфирного время ток-шоу и рассказами о жизни знаменитостей.

После тщательной проверки и подготовки, которая длилась почти полгода, мы получили лицензию на телевещание, и в начале 2006 года вышли в эфир по немецким федеральным кабельным каналам и спутнику «Астра-19». За счёт интерактива, креативных программ и немецкого контента, мы, за пару лет, закрепились на втором месте среди музыкальных телеканалов. Выше нас держался только MTV. VIVA, который поглотил ViaCom, перешёл на англоязычное вещание и потерял рейтинг, превратившись в клон MTV. У нас работали известные европейские профессионалы телевидения, а лицами телеканала стали популярный экс-модератор VIVA Мола Адебиси (Mola Adebisi) и очаровательная обладательница титула «Мисс Португалия» Николь да-Сильва. Отдел маркетинга возглавил бывший директор компании EMI – Marco Quirini, отдел рок-музыки – редактор журнала «Heavy Metal» Uwe Lerch.

Одним из первых инвесторов телеканала стал мой давний приятель Саша Шульгин (который только недавно развёлся с Валерией). Техническим директором назначили Анара Рейбанда (Anar Reiband), помощником – его брата Эльдара.

Филиалы нашего телеканала в Москве и Киеве, где в основном работали программисты, возглавил Рустэм Султанов, который в то время больше всех из нас разбирался в этом бизнесе, так как до этого работал в Music Box TV, OTV и Neo-TV. Кстати, с его помощью, мы уже нашей командой, в 2006 году по заказу компании «Русская Медиагруппа» создали и запустили в Москве музыкальный телеканал RU.TV.

Я же всё это возглавил и стал Генеральным директором, иронично величая себя теперь медиамагнатом. У меня в компании работало примерно 40 человек, причём совершенно разных национальностей: немцы, греки, португальцы, итальянцы, американцы, русские и один нигериец. Был ещё китаец, техник, который со своими обязанностями справлялся кое-как. Но я, пользуясь своим служебным положением, его не увольнял. Потому что он профессионально играл в настольный теннис. Я купил стол, и мы почти каждый день тренировались с ним во время его работы. Через пару лет, после того, как он меня хорошо подтянул, мы по обоюдному согласию расстались, контракт у него закончился. Но уроки не прошли даром. Однажды, являясь членом жюри музыкального фестиваля в Таллинне, я обыграл чемпиона Эстонии по настольному теннису, который привёл на поединок целую толпу своих друзей и болельщиков.

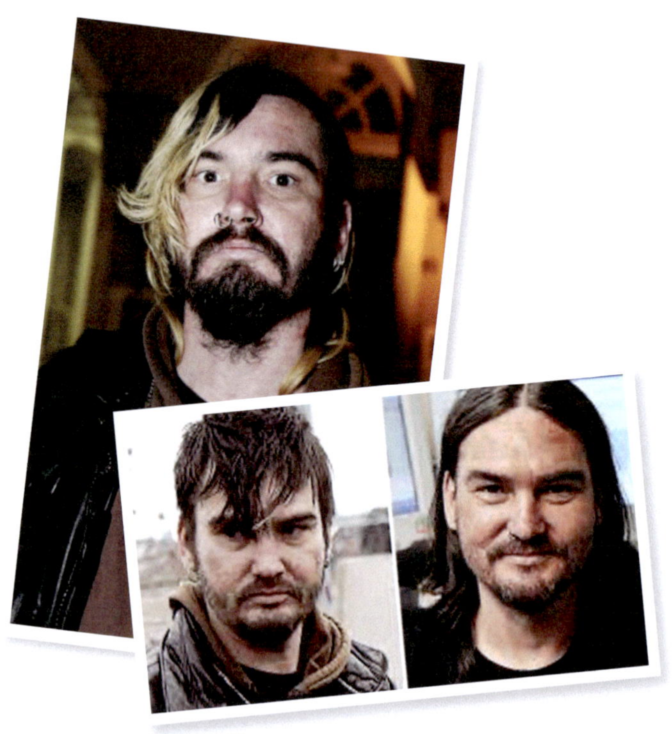

Как наш бомж заседал в Бундестаге

По-настоящему прогреметь в Германии, и даже во всей Европе, нашему телеканалу помог один занимательный случай.

В Висбадене, столице земли Хессен, проходил традиционный предрождественский базар, на который приехал премьер-министр земли Райланд-Пфальц Курт Бэк (Kurt Beck). Курт являлся на тот момент одним из кандидатов на пост, ни много ни мало, канцлера Германии. Во время его программного выступления в прямом эфире, которое освещали многие немецкие СМИ, один грязный, бородатый и волосатый бомж выкрикнул в его сторону: «Вот из-за таких козлов, как ты, разваливается Германия! Я уже десять лет безработный, и не могу найти работу!». Кандидат в бундес-канцлеры не стал делать вид, что не расслышал. «Приходите ко мне завтра, ответил он бомжу. Только перед этим приведите себя в порядок». Бродягу тут же обступили журналисты, кто-то инвестировал в его новую одежду, кто-то дал на парикмахерскую. На следующий день целая кавалькада репортёров с телекамерами, во главе с помытым и постриженным бомжом, прибыла в резиденцию премьер-министра. Бэк действительно предложил бродяге работу – каменщиком и мусорщиком, но бомж отказался. Выяснилось, что у него имеется какое-никакое, но музыкальное образование. Кандидат в канцлеры оказался в слегка щекотливом положении: предоставить обещанную работу по специальности бродяги он не мог, а СМИ продолжали нагнетать обстановку и требовали решения проблемы.

Вот тут-то и появились на горизонте мы. От имени телеканала связались с пресс-службой премьер-министра и предложили его «подопечному» вакансию эксперта в отделе панки рок-музыки. Курт Бэк с облегчением ухватился за протянутую нами соломинку. Подписание контракта с бомжом стало событием месяца, затмив даже бушевавший в Германии, самый сильный за последние 20 лет, ураган «Кирилл». Все ведущие немецкие телеканалы, представители газет и журналов вели прямые репортажи из нашей компании «iMusic TV». Улицу у входа в наш офис перекрыли полицейские. На следующий день СМИ вышли с заголовками типа «Как телеканал «iMusic TV» сохранил реноме премьер-министра».

В новостных телевизионных программах событию уделили самое пристальное внимание. Российская пресса утверждала, что «русские спасли немецкое правительство».

Ставшего в одночасье знаменитым бомжа звали Энрико Франк (Henrico Frank). В первый его рабочий день ожидался даже приезд Ангелы Меркель, но действующий канцлер в итоге ограничилась поздравительной телеграммой.

Энрико проработал у нас четыре года. И всё это время пресса о нём не забывала, да и сам он с удовольствием раздавал интервью. Ещё бы – самый знаменитый безработный

Германии. На его рабочем месте мы поставили веб-камеру, через которую можно было наблюдать за «звездой» он-лайн. Мы даже сняли о Энрико клип по оригинальному сценарию. Первые месяцы от него сильно пахло, не помогали никакие шампуни и парилки, пришлось выделить ему отдельный кабинет. Но потом запах, со временем, выветрился.

По работе Франк не делал абсолютно ничего (если не считать перекладывание кассет с одного места на другое). Выяснилось, что, несмотря на, якобы, полученное образование, Энрико совсем не разбирается в музыке. Но от него ничего такого и не требовалось. За счёт Франка мы сэкономили на рекламе нашего «iMusic TV» несколько миллионов евро. Наш канал теперь знали не только в Германии, но и во всей Европе, зрительская аудитория значительно увеличилась.

После продажи «iMusic TV» англичанам, Энрико Франк продолжил свою карьеру публичного человека: ушёл в политику, несколько раз заседал в Бундестаге и стал главным участником реалити-шоу «Последний герой» на диком необитаемом острове в океане.

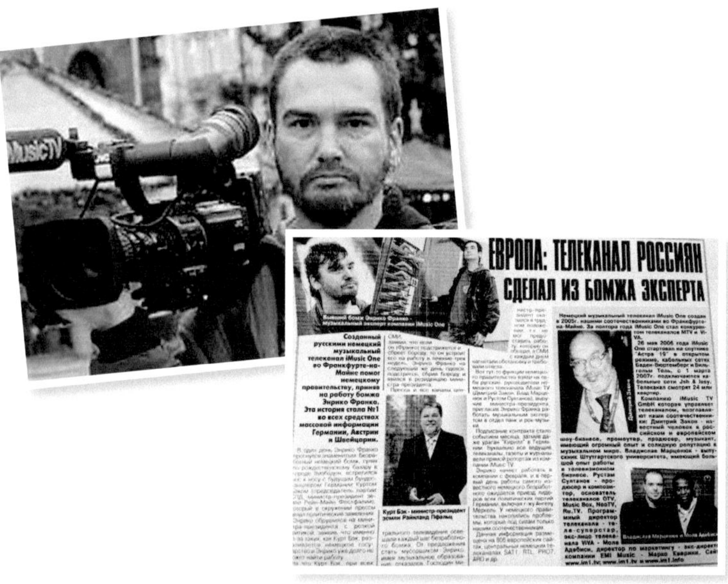

ЕВРОПА: ТЕЛЕКАНАЛ РОССИЯН СДЕЛАЛ ИЗ БОМЖА ЭКСПЕРТА

Созданный русскими немецкий музыкальный телеканал iMusic One во Франкфурте-на-Майне помог немецкому правительству, приняв на работу бомжа Энрико Франко. Эта история стала №1 во всех средствах массовой информации Германии, Австрии и Швейцарии.

Курт Бэк - министр-президент земли Райнланд Пфальц

Немецкий музыкальный телеканал iMusic One создан в 2005г. нашими соотечественниками во Франкфурте-на-Майне. За полтора года iMusic One стал конкурентом телеканалов MTV и VIVA.

26 мая 2006 года iMusic One стартовал на спутнике "Астра 19" в открытом режиме, кабельных сетях Баден-Вюртемберг и Вильгельм Тель, с 1 марта 2007г. подключаются кабельные сети Jsh & Iesy. Телеканал смотрят 24 млн квартир.

Компанию iMusic TV GmbH которая управляет телеканалом, возглавляют наши соотечественники: Дмитрий Закон - известный человек в российском и европейском шоу-бизнесе, промоутер, продюсер, музыкант, имеющий огромный опыт и солидную репутацию в музыкальном мире. Владислав Марценюк - выпускник Штутгартского университета, имеющий большой опыт работы в телевизионном бизнесе. Рустам Султанов - продюсер и композитор, основатель телеканалов OTV, Music Box, NeoTV, Ru.TV. Программный директор телеканала - теле-суперстар, экс-лицо телеканала VIVA - Моле Адебиси, директор по маркетингу - экс-директор компании EMI Music - Марко Кверини. Сайт www.im1.tv; www.im1.tv и www.im1.info

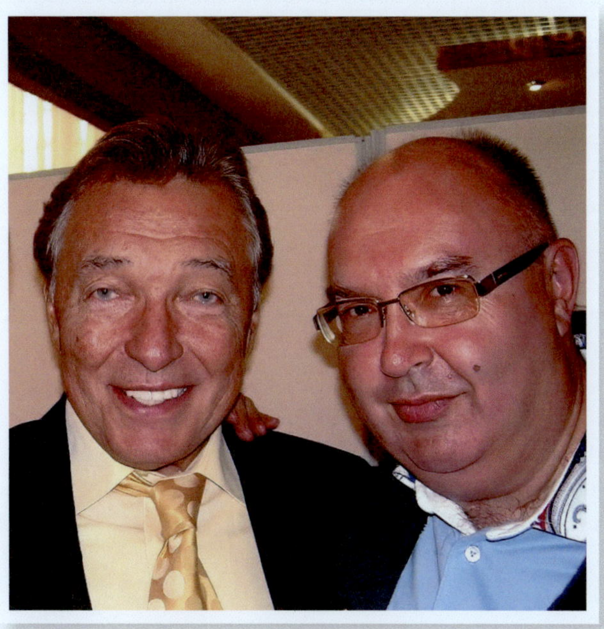

Самый лёгкий концерт

Самый необычный и самый лёгкий в плане организации концерт случился у меня с чешским певцом Карелом Готтом (Karel Gott). Мы тогда уже работали в паре с упомянутым мною ранее Анаром Рейбандом.

После заключения контракта на выступление певца в Москве для работников «Роснефти», мы перевели ему гонорар, забронировали гостиницу «Кемпински» и поинтересовались, каким рейсом прилетит артист и как его встречать. Карел ответил, что беспокоиться не о чем. «Сам прилечу, заверил нас Готт. Сам приеду в отель. Там и встретимся».

Мы приехали в «Кемпински» и подали машину для поездки на саунд-чек, но артист отказался и от неё. Пошёл пешком. Да, площадка располагалась неподалёку от гостиницы, но тем не менее. Но ведь он и до концерта добирался потом пешком!

После замечательно отработанного выступления, мы пригласили Карела в престижный дорогой ресторан, чтобы отблагодарить за работу. Он с удовольствием согласился, и во время ужина заказал много дорогих напитков, чёрную икру и другие деликатесы. А после… не дал нам рассчитаться и заплатил за всё сам! На прощание Карел заявил, что провожать его и заказывать машину не нужно, он доедет до аэропорта самостоятельно.

Мы с Анаром, если честно, немного «офигели» – чего мы только в своей практике не встречали, но чтобы артист такого калибра был настолько непритязательным? Но факт есть факт: самый популярный гражданин Чехии, прославленный «чешский соловей», оказался крайне скромным по запросам и, настолько же, простым в общении.

Последние годы Карел Готт прожил в Германии, где оставался необычайно популярным. Что говорить, если в обязательную школьную программу и поныне входит песенка из известного мультфильма «Пчёлка Майя» в его исполнении на немецком языке.

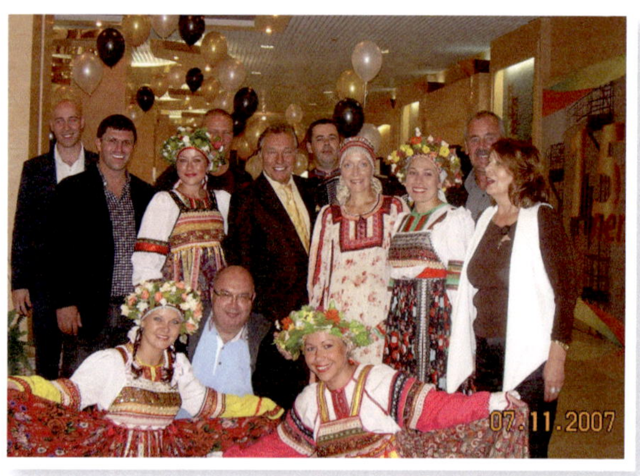

Русский шансон и «Вождь краснокожих»

Русский шансон я не очень-то жаловал. Считал, что это жанр, который утверждает и доказывает, что тюрьма – самое лучшее место на земле, где собираются самые одарённые, умные и образованные люди, которые, ко всему прочему, ещё очень любят свою маму. Даже Высоцкого слушал совсем эпизодически, правда, лишь до тех пор, пока мне не посчастливилось с ним поработать на одной сцене.

Когда же я выпустил CD альбом под названием «Русский шансон в Германии», я решил привезти для немецкой публики артистов и этого жанра. В основном тех, кто участвовал в записи альбома. Для, так сказать, дополнительного промоушена.

Это был первый и последний раз, когда я настолько плотно прикоснулся к шансону. Зато пообщался с самыми лучшими его представителями: Михаил Круг, братья Жемчужные, Иван Кучин, Вилли Токарев, Миша Шуфутинский, Александр Розенбаум, Александр Новиков, Михаил Звездинский, Слава Медяник.

С Кругом, правда, мы едва не подрались, но, как говорится, кто старое помянет…

Получается, если добавить к списку Владимира Семёновича, мне удалось поработать со всеми звёздами этого неоднозначного жанра.

Вспоминается один эпизод.

Вили Токарев тогда приехал в Германию из Нью-Йорка не один, а с семьёй. Которая в тот момент состояла из него, как главы семейства, супруги Вилли (которая была моложе его на 40 лет) и их совместного ребёночка лет 5 от роду. Вот этот самый ребёнок и стал эпицентром разнообразных приключений. Вёл пацан себя не хуже «вождя краснокожих» из известной новеллы О'Генри (или гениальной отечественной экранизации, короткометражки «Деловые люди»).

Заявил о себе мальчик прямо по прилёту. Пока пассажиры приземлившегося самолёта спускались с трапа в автобус, который должен был их везти на паспортный контроль, сорванец незаметно пробрался в кабину водителя (тот в это время там отсутствовал), стал крутить руль и нажимать на педали. После очередного нажатия, автобус поехал. Надо было видеть лицо водителя, который бежал за закреплённым за ним средством передвижения. Хорошо, что в самый последний момент он успел впрыгнуть в кабину и остановить автобус.

Вечером я пригласил Вилли с семьёй в немецкий ресторан, и пока мы разговаривали о жизни, «вождь краснокожих» залез под соседний столик, и, вооружившись вилкой, принялся со всего размаху колоть ею в ноги пожилой паре немцев. Женщина сразу же громко завопила от неожиданности, а мужчина с такой прытью вскочил, будто бы его не просто тыкали в щиколотку, а посягали на его мужское достоинство. С некоторым трудом нам удалось выловить и извлечь малолетнего хулигана из-под стола, пока официанты успокаивали раненных посетителей. Вили утащил сына на улицу и принялся зачитывать ему очередное нравоучение о недопустимости такого поведения. Судя по взгляду «вождя» никакого результата от отцовского напутствия не предвиделось: у парня так горели глаза, что было очевидно, что он уже задумывает следующее «преступление».

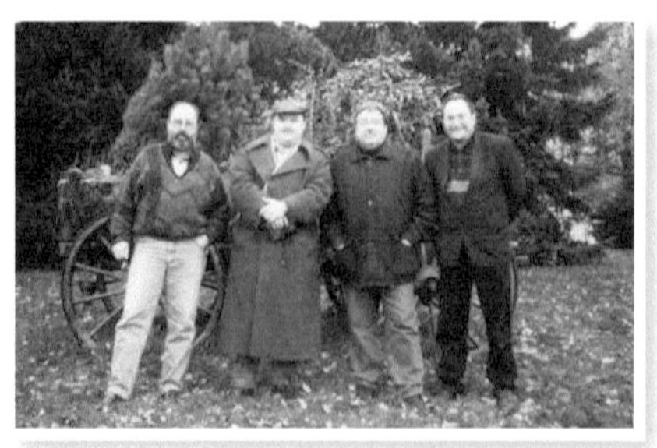

Решка и... решка

Во времена работы на телевизионной ниве по просьбе старого товарища, который имел какое-то отношение к крупнейшему российскиму туроператору TEZ Tour, мы подрядились сделать рекламный ролик о Малайзии, Гонконге и Таиланде. Мы с Анаром взяли с собой немецкого оператора из Кёльна и полетели в экзотические страны. Заранее придумали сценарий; знакомый композитор эксклюзивно написал для клипа красивую песню; всё быстро отсняли. И тут, за несколько дней до вылета в Германию, наш оператор бесследно исчез. Мы не могли его нигде найти: на звонки парень не отвечал, в аэропорт Бангкока не приехал. Мы никак не могли решить, что делать. Заявлять о пропаже? Подождать ещё? TEZ Tour поторапливал нас по срокам, изготовить ролик следовало к определённой дате. Но все отснятые материалы находились у пропавшего оператора. История закончилась банально – нанятый сотрудник оказался запойным, что у немцев, в принципе, встречается крайне редко. Он, попав в какую-то подозрительную компанию, «нажрался», потерял или пропил камеру со всеми материалами и продолжал возлияния ещё целый месяц. В итоге он крепко нас подставил, а мы подставили TEZ Tour; компания выкатила нам крупные штрафные санкции.

Единственное, что хоть как-то скрасило наши невесёлые приключения, это то, что нам удалось-таки посмотреть красоты Таиланда, Малайзии и Сингапура. Хотя на те деньги, что мы заплатили как неустойку TEZ Tour, можно было их объездить вдоль и поперёк ещё пару раз. Получилось, как в передаче «Орёл и решка» – мне выпала та сторона, где всё по богатому, но только за свой счёт.

I can get YES satisfaction или скупой платит дважды

Самыми крупномасштабными проектами, которые я придумал и организовал с участием русскоязычных артистов перед тем, как занялся телевидением, стали «Весенние встречи земляков» и «Рождественские встречи земляков».

Происходило это так. В крупный город вроде Гамбурга, Штутгарта или Дортмунда из окрестностей радиусом в 100-200 километров съезжалась публика. Концерты длились нонстоп по 10 часов. В полдень начинались представления для детей (в канун Нового года обычно спектакли с Дедом Морозом и Снегурочкой), которые плавно перетекали в выступления популярных артистов старшего поколения (Гурченко, Кобзон, Караченцов, Толкунова...). К вечеру состав участников «омолаживался»: на сцену выходили Миша Евдокимов, Слава Добрынин, «Песняры»... В финальной части концерта перед зрителями блистали хедлайнеры: «Тату», «Руки вверх», «Ласковый май» с Шатуновым и другие звёзды.

Фойе я использовал как рекламную и торговую территорию: там располагались павильоны с рекламой разных услуг и точки продаж всевозможных товаров – продуктов питания, алкоголя и сувениров. Пиво мы завозили из Польши (так дешевле). Большие бочки к концу мероприятия полностью опустошались. Продавцы и рекламодатели платили мне за аренду каждого метра площади, что покрывало стоимость заказа концертного комплекса, в котором собиралось, в зависимости от площадки, от 10 до 40 тысяч зрителей. Входной билет стоил 25 евро, причём его можно было передавать другим желающим. Поэтому те, кто приехал на дневную часть (дети с дедушками и бабушками) могли беспрепятственно передать билет тем, кто хотел посмотреть основную часть концерта. Столики для закуски и выпивки стояли прямо в зале.

Проекты, с точки зрения организации, являлись архисложными, проблемными, но очень нравились зрителям, которые могли полноценно отдыхать в течение целого дня.

Во время проведения этих мероприятий произошёл один случай, который принёс мне небольшое удовлетворение (I can get YES satisfaction). Мир, оказывается, не только тесен, но иногда и справедлив. На концерт в Гамбурге без билета и со скандалом пытался прорваться некий молодой здоровый мужик, бравируя тем, что он сын Барулиной, той самой главной чиновницы из министерства культуры СССР. От одного её слова в те года зависела жизнь многих коллективов и музыкантов (про это я уже рассказывал выше), чем начальница мастерски пользовалась. Видимо, сыночку качество передалось от мамаши по наследству. Моя жена, которую вызвали наши секьюрити, чтобы разобраться в ситуации, как только услышала фамилию «Барулина», среагировала на это как бык на красную тряпку. Вспомнила все мои унижения, поездки по всей Москве, требование покупки велосипеда определённой марки, «доставание» из-под «полы» «Боржоми» за мой счёт, который отпрыск чиновницы привык пить по утрам. Короче, вспомнила всё. Секьюрити-качки, которые до этого скучали без дела, с большой радостью оторвались от вынужденной меланхолии и показали всё своё мастерство, надолго отбив, надеюсь, у наследника Барулиной, а заодно, для профилактики, и всей его сопровождающей компании, привычку «шароваться» за чужой счёт.

К каждому такому фестивалю я готовился по полгода. Всегда присутствовал большой финансовый риск. Первоначальные вложения приходилось делать достаточно существенные: реклама, аренда залов, авансы и гонорары артистам, звуковое и световое оборудование. После этого оставалось только надеяться и верить, что публика придёт на концерт в таком количестве, чтобы выйти хотя бы «в ноль».

К счастью, все мои проекты «по землякам» в итоге получались прибыльными. Все посетители и артисты, которые участвовали в моих мероприятиях, как правило, оставались довольными. Но случались и исключения. В Штутгарте на выступление в зал набилось, вместо положенного по немецким правилам количества в 5 тысяч, в два раза больше народа. Хаус-мастер (администратор зала), не придумал ничего лучше, чем вызвать полицию. Он ещё никогда в жизни не видел такого количества людей в подведомственном ему помещении. Не знаю, как он обосновал свой вызов, но полиция примчалась на мероприятие на танкетках, с полным вооружением и в сопровождении неистово лающих здоровых овчарок. Блюстители окружили место проведения рождественского вечера и никого не впускали и не выпускали. В итоге концерт прервали, испортив зрителям новогоднее настроение, а мне, соответственно, подкинув новых проблем. Хотя конечно я оказался виноват сам – вовремя не остановил продажу билетов. Пришлось возвращать публике деньги. И заплатить штраф за нарушение правил эксплуатации зала. Как тут не вспомнить пословицу, что «скупой платит дважды». Или, как говорят в Германии: «Не всегда молния ударяет там, где она сверкает».

Совсем недавно мне попалась на глаза любопытная новостная заметка. В.В.Путин поручил правительству и Администрации Президента подготовить к октябрю 2021 года предложения по созданию международного конкурса песни на русском языке – своеобразного русского «Евровидения». Я сразу же вспомнил, что похожая идея приходила мне в голову лет, этак, двадцать назад. Тогда мы с моим канадским товарищем задумали и даже осуществили некий музыкальный проект под названием «Международная Русская Лига» (Russian League). Не стоит путать её, однако, с нашумевшей сейчас «Ночной Хоккейной Лигой», в которой лучшим бомбардиром является как раз Путин (а главная задача голкипера, защищающего ворота соперника – увернуться от шайбы после броска Президента России). Так вот, в начале XXI века мы отыскали и отобрали записи наиболее самобытных коллективов и исполнителей, живущих в самых разных уголках земного шара и поющих на русском языке. Нас поддержала Компания «NMC United Entertainment», которая выпустила несколько серий таких песенных сборников на компакт дисках. Задачей проекта являлась попытка объединения русскоязычных музыкантов. Мы планировали под эгидой «Russian League» организовывать конкурсы, фестивали, наконец, международные туры. Но, увы, кроме «NMC United Entertainment», никто настолько сильно идеей не загорелся. Пожалуй, кроме английской компании BBC, которая отметила наш проект в небольшой статье.

«Международная Русская Лига» не получила в итоге дальнейшего развития, потому что, на мой взгляд, слегка опередила своё время. Сейчас, когда патриотические скрепы в России стали краеугольным камнем нынешней идеологии, нет никаких сомнений, что поручение «лучшего нападающего и бомбардира» Ночной Хоккейной Лиги станет реализовываться верными подчинёнными (связанными и не связанными с музыкальной индустрией) с таким усердием и энергией, что разработка планов покорения Марса отойдёт на второй план. Представляете, какой бюджет будет выделен на это крайне необходимое всем россиянам действо – есть за что потолкаться локтями!

Получается, что однажды я уже помог немецкому правительству, а теперь, невольно и российскому тоже! Прямо-таки, какой-то международный «помогатель»!

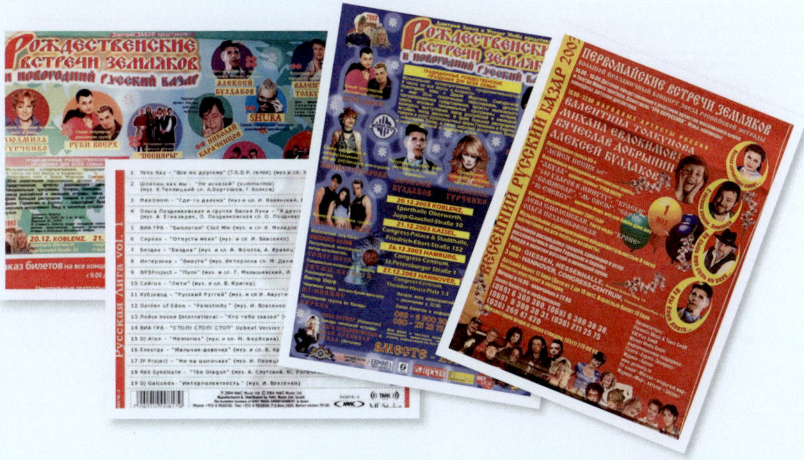

Маленькие слабости

Со многими русскими артистами, которых я «привозил» в Германию, у нас установились хорошие, дружеские отношения. Когда я заезжал в Москву, мы встречались, часто меня приглашали в гости. Мы с удовольствием общались, вспоминая забавные случаи, произошедшие с ними во время немецких гастролей.

Например, Михаил Задорнов очень любил классическую музыку и оперы. В один из выходных дней в Гамбурге он решил посетить местный оперный театр. Давали там «Летучий голландец» Вагнера. Я купил пару VIP билетов. Публика в зале выглядела презентабельно: мужчины во фраках, женщины в бриллиантах.

А вот декорации на сцене отличались простотой: корабельный нос с якорем с правой стороны, который за счёт поворота круга, превращался с левой стороны в корму этого же самого корабля.

Признаться, я, набегавшись за целый день, после скучной и длинной увертюры задремал, одним глазом иногда посматривая на сцену. Задорнов же постоянно тыкал меня в бок, чтобы я не храпел.

Вдруг, посреди какой-то лирической арии, раздался громкий, жуткий крик. Оказалось, что в полной темноте, когда переставлялись декорации, нога артиста, игравшего главного героя оперы Голландца, попала в жернова поворотного круга.

В зале зажёгся свет, стали спрашивать, есть ли в зале врачи. Потом объявили перерыв и поехали за другим солистом, который в этот день, естественно, отдыхал. Публика осталась ждать продолжения, а мы с Задорновым отправились в отель, нам уже вполне хватило суровой немецкой классики.

По либретто, главный герой оперы должен был «погибнуть» в третьем акте, что на деле «случилось» значительно раньше.

Людмила Гурченко очень любила и здорово разбиралась в джазе, на этой теме мы с ней сошлись достаточно близко. Я несколько раз гостил у неё дома, и даже видел письмо и открытку, полученную Людмилой от самой Мерилин Монро (Marilyn Monroe).

С Гурченко, её мужем Сергеем и моей мамой, мы не раз ходили в её любимый грузинский ресторан «Арагви», который находился напротив Моссовета. Людмила чувствовала себя там как дома, и цыганский ансамбль, который почему-то работал там вместо положенных грузин, весь вечер играл около нашего столика.

Когда Людмила Марковна выступала в Германии, я каждый раз за неё сильно беспокоился: после исполнения своей финальной песни на концерте, она разбегалась, и «рыбкой» прыгала в зал к публике, где её ловили; потом она некоторое время «плавала» на руках зрителей. Всё же, такое практикуется в основном на рок-концертах, но у Гурченко осечек не случалось.

Миша Евдокимов обладал невероятным здоровьем. Он выпивал бутылку водки, что абсолютно никак на него внешне не действовало. Может, лишь лицо чуть краснело, как у героя его знаменитого монолога.

На Алтае, ещё до своего губернаторства, он открыл завод по производству водки на базе чистейшей местной воды. Однажды он привёз мне в подарок целый ящик своей продукции, и мы его приговорили с шикарной закуской за сутки. О качестве напитка свидетельствует тот факт, что, я на следующий день не умер, а даже мог потихонечку шевелить отдельными частями тела. Что же касается Миши, то он не только шевелился, но и отработал два концерта, после которых поехал к своим немецким друзьям «продолжать банкет».

Чох сагол, мой солнечный Баку

Со своим другом и партнёром Анаром Рейбандом я познакомился в самом конце прошлого века, когда организовывал концерты в Германии. Я пригласил его заниматься техническим обеспечением гастролей: они вместе с братом Эльдаром, жившем тогда в ФРГ, ездили на большом траке и ставили аппарат и свет на концертных площадках.

Анар – выходец из очень интеллигентной азербайджанской семьи – после учёбы в Баку работал в банке, а потом подучился ещё и стал профессиональным звукорежиссёром. После переезда в Германию работал с ведущими греческими артистами и ездил в европейские туры с настоящими мировыми звёздами – Майклом Джексоном, группой «Земля, Ветер и Огонь» (Earth, Wind & Fire).

За время поездок Анар выучился говорить на пяти языках и применял своё умение «направо и налево». Поначалу, во время совместной с ним работы, это меня иногда раздражало – часто будущий партнёр говорил лишнее, намного больше того, чем требовала ситуация. Но с годами такая словесная невыдержанность у Анара прошла, сделав его несомненным профессионалом своего дела.

За те двадцать лет, что мы с ним работали вместе, нам удалось проделать большой путь. Концерты в Германии, телевизионный канал, совместная компания по организации концертной деятельности зарубежных артистов. Любопытно, что проработав со мной столько лет, Анар, из-за своего восточного воспитания и менталитета, всегда общался со мной только на «вы». Хотя разница в возрасте у нас не такая уж и большая.

У Анара имелись хорошие связи и контакты в Азербайджане, поэтому мы ежегодно привозили в республику популярных артистов. Устраивали фестиваль «Все звёзды Сан-Ремо» с участием самых известных артистов итальянской эстрады. Организовывали культурные программы чемпионата мира по конному поло, концерты известных джазовых исполнителей и многое-многое другое.

Когда Баку, после победы азербайджанского дуэта Ell & Nikki в Дюссельдорфе, получил право на проведение Евровидения 2012, руководство Азербайджана пригласило нас для помощи в организации этого грандиозного песенного конкурса.

Я провёл тогда в Баку невылазно более шести месяцев, но ни о чём не жалею – работа была очень интересной. Мама Анара кормила меня вкуснейшими кутабами, долмой, дюшбарой, довгой и моим любимым катыком; жил я у них дома.

Сперва мы занимались презентацией Евровидения для телеканалов всего мира и жеребьёвкой, используя для этого интерактивный 3D видео-мэппинг. Затем нашей задачей стало заполнение пауз между выступлением конкурсантов в двух полуфиналах и финале. Мы придумали такой креатив: собрали победителей последних нескольких конкурсов Евровидения: Диму Билана, немецкую Лену (Lena Meyer-Landrut), Сашу Рыбака, сербку Марию Шерифович (Marija Šerifović), местный дуэт Эль и Никки, и сваяли попурри из хитов, с которыми они заняли свои первые места. Аранжировку сделали с азербайджанским акцентом, чтобы аккомпанировать на местных народных инструментах. Получилось очень колоритно! Номер оценила даже мировая пресса.

Во втором полуфинале и финале мы срежиссировали специальное выступление для ансамбля барабанщиков и народного танцевального коллектива.

Площадка для проведения Евровидения в Азербайджане («Кристалл-Холл» на 25 тысяч человек) была возведена буквально у меня на глазах. Её соорудили за полгода силами немецких строителей в количестве 900 человек. Светом и декорациями занимались тоже немцы – компания «Brainpool» под руководством известного немецкого модератора Штефана Рааба (Stefan Raab).

После Евровидения, в этом же году, мы организовали в Баку культурную программу для чемпионата мира по футболу среди девушек. На открытии турнира, на стадионе, выступала Дженнифер Лопес (Jennifer Lopez), на закрытии – Шакира (Shakira), а между ними в «Кристалл-Холле» – Рианна (Rihanna).

Через четыре года в столице Азербайджана начал проводиться один из этапов гонки «Формула 1», где мы тоже принимали самое непосредственное участие. В рамках культурной программы гоночного уикенда в Баку выступили: Энрико Иглесиас (Enrique Iglesias), Таркан (Tarkan), Крис Браун (Chris Brown), Марайя Кэри (Mariah Carey), Фаррелл Вильямс (Pharrell Williams), The Black Eyed Peas, Николь Шерзингер (Nicole Scherzinger) и другие.

За время продолжительного пребывания в Баку я научился выговаривать несколько фраз на азербайджанском языке.

На официальных мероприятиях я не раз встречал президента Азербайджана Ильхама Алиева, который во время учёбы в московском МГИМО жил со мной по соседству, на улице Димитрова. Правда, тогда мы так и не познакомились. Зато я тесно общался с его отцом в Новороссийске, куда Гейдар Алиев прилетал после трагедии с «Адмиралом Нахимовым».

Смешной случай произошёл у нас в середине 80-х, после одного совместного концерта с Поладом Бюльбюль оглы в Минском дворце спорта. Мы все вместе возвращались в гостиницу «Интурист», а Полад, как истинный азербайджанец, носил на голове большую кепку типа «аэродром». Строгий швейцар категорически преградил ему вход. «Продавцам с базара в гостиницу нельзя!» отрезал он, закрывая для Полада массивным туловищем вход в отель. Кое-как нам удалось убедить сурового швейцара, что это знаменитый певец. Знал бы тогда представитель гостиничной администрации, что не пускает внутрь будущего Народного артиста, профессора, министра культуры и чрезвычайного и полномочного посла Азербайджана.

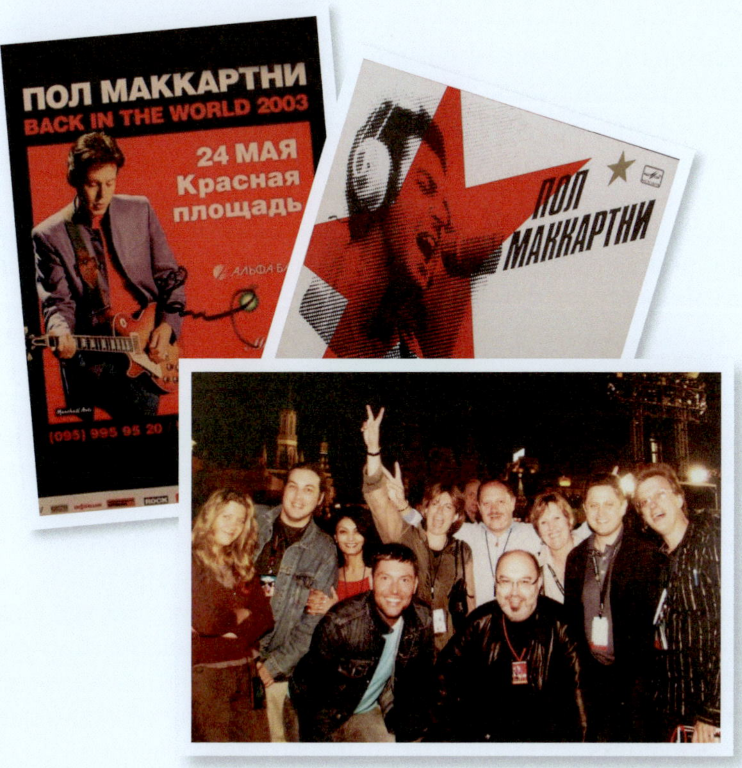

The Beatles

Как-то раз, в Индии, когда мы с «Диалогом» оказались на одной непрезентабельной, можно сказать, «зачуханной» площадке, я поинтересовался у работника сцены, а кто тут вообще последний раз выступал? Рабочий почесал кудрявую шевелюру и сообщил, что последний раз тут играла группа «Битлз».

Не знаю, насколько утверждение рабочего соответствовало действительности, но мне посчастливилось принять участие в организации концертов двух оставшихся в живых музыкантов легендарной группы. Выступлением Пола МакКартни на Красной площади в Москве занималась компания

«SAV Entertainment» во главе с Надей Соловьевой и Женей Болдиным, с которыми я начинал работать в конце 80-х в Театре Пугачёвой. После того, как SAV от Пугачёвой отделилась (потому что Болдин с Аллой развёлся), свою деятельность компания не прекратила, вовсе наоборот, стала одной из самых «крутых» не только в России, но и в Европе. Именно в этот момент и состоялся концерт «битла» в Москве. Я, как мог, помогал коллегам с таким грандиозным проектом. Я как раз находился в столице и видел всё своими глазами. Шёл 2003 год. С Полом приехало 250 человек обслуги и менеджмента, 10 здоровых траков с аппаратом и 8 огромных экранов, которые установили на Красной площади. Ажиотаж перед выступлением царил невероятный. А менеджмент звезды «выносил» организаторам мозги. В первую очередь потребовали провести в гримёрку МакКартни канализацию: холодную-горячую воду и унитаз. Чтобы подвести коммуникации, пришлось всё согласовывать с Управделами Президента и расковыривать потом кусок Красной площади. Так как Пол являлся убеждённым вегетарианцем, ярым защитником животных и не терпел никакой натуральной кожи, в лимузине, на котором он планировал передвигаться, ободрали всю кожаную обшивку и заменили на обыкновенную тряпочную.

По условиям райдера в гримёрке исключались предметы из натуральной кожи – только дерево! В поле зрения МакКартни не должны были попадаться предметы под «зебру», «леопарда» или напоминающие других животных. В процессе работы у меня не раз складывалось впечатление, что все эти чрезвычайные условия райдера – в большей степени показуха многочисленной свиты певца – самому Полу всё это «до лампочки». Надо ведь продемонстрировать перед Артистом свою значимость, вот менеджмент и напрягает всех вокруг. Из «Балчуга-Кемпински» на площадку МакКартни ездил, кстати, на велосипеде, так что обшивку в лимузине сдирали зря.

Во время концерта на Красной площади присутствовало порядка 50 тысяч зрителей. Пол пел три часа, исполнил порядка 40 песен. Что и говорить, выступление «битла» стало большим историческим событием для России.

Второй раз я встретился с МакКартни в Стокгольме в 2011 году; нас с женой пригласили на саунд-чек перед его вечерним концертом. На репетиции Пол отпел весь концерт от начала до конца и даже исполнил несколько песен, которые не играл вечером. Через несколько дней он собирался снова лететь в Москву для выступления в «Олимпийском», и на сцене в Стокгольме, специально, репетировал одну композицию, подыгрывая себе на русской балалайке.

Концерт Ринго Стара (Ringo Starr) проходил в московском «Крокус Сити Холле», музыкант приехал со своей группой матёрых профи – All Starr Band. Ринго к этому времени уже не фотографировался с поклонниками и не раздавал автографы (видимо, сие сильно его достало). Поэтому мы отработали ещё на репетиции его уход с концерта. Перед последним номером программы, а они играли в две барабанные установки, Ринго должен был вылезти из-за барабанов, незаметно в темноте уйти в левую кулису, сесть в машину и уехать, чтобы никто не доставал его с фотографиями или росписями. Секьюрити репетировали тоже – чтобы сопроводить артиста в темноте за сценой.

Спутал всех сам Ринго. Потеряв ориентировку, перед последней песней «экс-битл» пошёл не влево, а вправо. Там, естественно, его никто не ждал, и сопровождающих не было. Поэтому он умудрился заблудиться в кулисах и метался там, во мраке, в течение всей финальной песни. Незаметного исчезновения в итоге не получилось, однако фотографироваться он всё равно отказался.

Ещё с одним великим музыкантом, который имеет отношение к The Beatles я общался совсем недавно, когда организовывал интервью мировых звёзд 80-х для российского документально-художественного кинофильма «Иностранщина». В картине рассказы-валось про падение «железного занавеса» и про то, как западная музыка проникала в СССР. Музыканта звали Алан Парсонс (Alan Parsons). Он начинал свою карьеру как саунд-инженер в студии «Abbey Road» и записывал с The Beatles альбом «Let It Be». Он же, к слову, выступал в роли саунд-продюсера звёздного альбома «The Dark Side Of The Moon» легендарной группы Pink Floyd. Так вот, кроме всякого разного, Алан рассказал в интервью о последнем прощальном живом выступлении «The Beatles» 30 января 1969 года на крыше штаба «Apple Corp», на лондонской улице Savile Row, 3.

Работал он на этом концерте в должности инженера звукозаписи, а погода в тот день отставляла желать лучшего: поднялся сильный холодный ветер, что стало серьёзной проблемой для микрофонов. Алана, как самого молодого, послали в ближайшей магазин за женскими колготками (их натягивали на микрофоны, тем самым заглушая шумы ветра). Когда Парсонс заявил в магазине, что ему требуется несколько пар колготок, причём, размер вовсе не важен, на него посмотрели косо – либо трансвестит, либо потенциальный грабитель банка. Но колготки, всё же, отпустили.

Собственный проект Алана «The Alan Parsons Project», созданный в 70-е годы и построенный на эклектике: сочетании симфонической музыки, джаза, электроники, истории и литературной любви к писателям Айзеку Айзимову (Isaac Asimov) и Эдгару По (Edgar Allan Poe), принёс Парсонсу, без преувеличения, всеобщую славу.

Было записано 30 альбомов, которые разошлись по миру тиражом более 50 млн. копий.

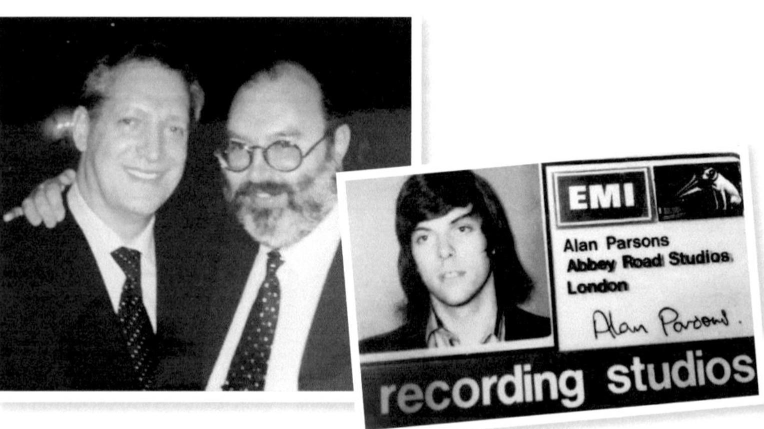

Eddie von Bastenwald-Kobolden

Вся моя жизнь тесно связана с собаками, очень уж я их люблю. В Горьком у нас жила болонка Муза, которую я по молодости и глупости научил пить вино. В Москве был пудель Чарлик и позже французская боксёрка Мэрси, которая хоть чужих детей и не любила, но обожала и всегда оберегала нашего маленького ребёнка, которого мы звали Микусик, героически перенося его измывательства: Мик частенько практиковал на ней верховую езду.

Наташин отец сильно любил нашего Чарлика, и когда он в очередной раз приехал к нам из Калининграда, мы решили сделать ему подарок на день рождения. Поехали на Птичий рынок, и пока я пребывал в творческой рассеянности, жена купила большую собаку неизвестной породы. Смотрел пёс на Наташу грустными глазами, полными надежды, и удержаться она не смогла. Мы назвали собаку Кешей, но у тестя с псом как-то не заладилось. Однажды он застукал большого Кешу за развратными действиями с маленьким Чарликом, обиделся за своего любимчика, и везти нового члена семьи в Калининград решительно отказался. Существовала у Кеши ещё одна проблема – нарушение пищеварения, видимо прежние хозяева у него что-то отбили и пёс страдал недержанием – наваливал в квартире большие кучи, в которые я, иногда, вставая утром с кровати, вступал обеими ногами. Но мы его всё равно любили. Теперь в нашей квартире обитали две собаки: интеллигентный, аристократический Чарлик и простецкий, весёлый Кеша, которые между собой не очень ладили, и, порой, носились по комнатам с сумасшедшей скоростью, громко лая и кусая друг друга. Кормить их приходилось по очереди и в разных комнатах. Потому что при совместном кормлении Чарлик, в силу своего воспитания, подходил к процессу приёма пищи возвышенно и часто задумывался во время трапезы о бренности всего сущего. Не склонный к рефлексиям Кеша моментально сжирал всю еду пуделя, быстро опуская того с небес на землю.

Но, всё же, с двумя собаками нам становилось тяжеловато. Мы пытались пристроить Кешу в хорошие руки, но в таком возрасте никто его брать не хотел. Тогда мы решили подарить собаку Коле Расторгуеву, который ещё раньше говорил, что хочет купить собачку для своего маленького сына. Николай подарку вначале обрадовался и увёз Кешу к себе в Люберцы. Но потом, ровно через три дня, привёз пса обратно, и сказал, что спасибо, конечно, но жена вместе с собакой выгоняет его из дома. Выяснилось, что волнения от переезда сказались на желудке пса в сторону увеличения производительности и размягчения консистенции выходящей продукции. В конце концов, Наташа пристроила собаку к своим калининградским родственникам. Жаль, что ввиду отсутствия видеокамер не удалось запечатлеть для потомков сцену расставания: моя жена, в модной шубе и красивых сапогах на высоком каблуке, тащит на поводке по перрону Белорусского вокзала Кешу, который упирается всеми четырьмя лапами, оставляя за собой след из непрерывно опорожняющегося пищеварительного тракта. Но закончилось всё хорошо: видимо, балтийский воздух у новых хозяев повлиял на собачку благотворно, и проблемы с желудком у него отступили.

В Германии мы обзавелись чихуахуа голубых кровей, имеющей королевскую родословную. По паспорту пёс именовался Eddie von Bastenwald-Kobolden, а для нас, значит, стал просто Эдиком. Родители Эдди являлись официальными чемпионами, и первые пару лет мы возили породистого потомка по собачьим выставкам, где он за свои показатели завоевал кучу призовых кубков. Эдик объездил с нами всю Европу.

Одним из первых его путешествий стал швейцарский Давос. Прибыли мы в отель поздно вечером, распахнули балкон, чтобы насладиться прекрасным горным воздухом и, умиротворённые, легли спать. Чтобы хорошенько выспаться, повесили на дверь табличку «Please do not disturb»[7]. Тем не менее, ранним утром проснулись от нетерпеливого стука в дверь. Не вставая с кровати, кричим: «Please later, we are still sleeping!»[8]. Но через секунду стук возобновляется с новой силой. Я начинаю закипать, вскакиваю с кровати и, предвкушая немедленный разнос местного бесцеремонного персонала, распахиваю дверь. Там стоит испуганный портье и держит на руках нашего Эдуарда! Я оглядываюсь на кровать, на которой по всякому разумению обязан находиться Эдди, но… Оказывается наш пёс, пока мы сладко спали, вышел на балкон подышать воздухом и после недолгих раздумий отправился изучать отель, легко проползая под балконными перегородками. В конце этажа он обнаружил открытую дверь в номер и радостно ворвался в чужие апартаменты. От полноты чувств он сразу же заскочил на кровать и принялся лобызать пожилого господина, мирно дремавшего в постели. Однако вопреки предположениям Эдуарда постоялец вовсе не обрадовался, а, напротив, возопил нечеловеческим голосом, предполагая нападение огромной крысы. Стряхнув Эдика на пол, господин, продолжая кричать, выбежал в коридор и…

Но особенно Эдуарду понравилось в Ницце, в знаменитом отеле «Негреско», который владелица завещала фонду помощи животным. На людей там внимания почти не обращали, а нашего питомца встретили по-королевски. В номере Эдди стояла маленькая будка с разнообразными собачьими угощениями, а ванная и умывальник сияли золотом. Приятно, что к знаменитым постояльцам, которые останавливались в этом отеле: Сальвадор Дали и Эрнест Хемингуэй, Коко Шанель и Элтон Джон, добавился и наш Eddie von Bastenwald-Kobolden.

Сейчас наш Эдуард – почётный немецкий пенсионер и долгожитель. Каждый день он ревностно наблюдает из окна: не ходят ли там какие-нибудь новые неизвестные ему собаки, и если видит неприятеля, начинает злобно лаять, спрыгивает

---

[7] *Пожалуйста, не беспокойте (англ.).*
[8] *Пожалуйста, позже, мы еще спим (англ.).*

вниз и принимается неистово дрючить в хвост и гриву специальную плюшевую игрушку по имени Хрюша, таким образом, напоминая всем, что есть ещё порох в пороховницах.

В отличие от собак, с кошками у меня как-то не очень заладилось. В основном весь опыт общения со своенравными пушистыми животными свёлся у меня к одному случаю. Когда-то давно, мой старый товарищ, Эркин Тузмухамедов (ныне ведущий мировой эксперт по виски и другим крепким напиткам) попросил нас присмотреть за его кошечкой (мы тогда ещё жили в центре Москвы). Ему требовалось срочно уехать на несколько дней, а кошку оставить было не с кем. Пикантность ситуации добавляла кличка животного – кошечка откликалась на имя «Жопа». После того, как Эркин привёз животное к нам и отбыл по делам, у кошки наступил период «хотения», она легко выпрыгнула из форточки и пошла реализовывать свои сексуальные хотелки. Можно только догадываться, какие мысли появлялись в головах наших соседей и случайных прохожих, когда они видели, как мы с женой бегаем по всем окрестным дворам и громко кричим: «Жопа! Жопа! Кискис-кис!», зазывая блудницу обратно.

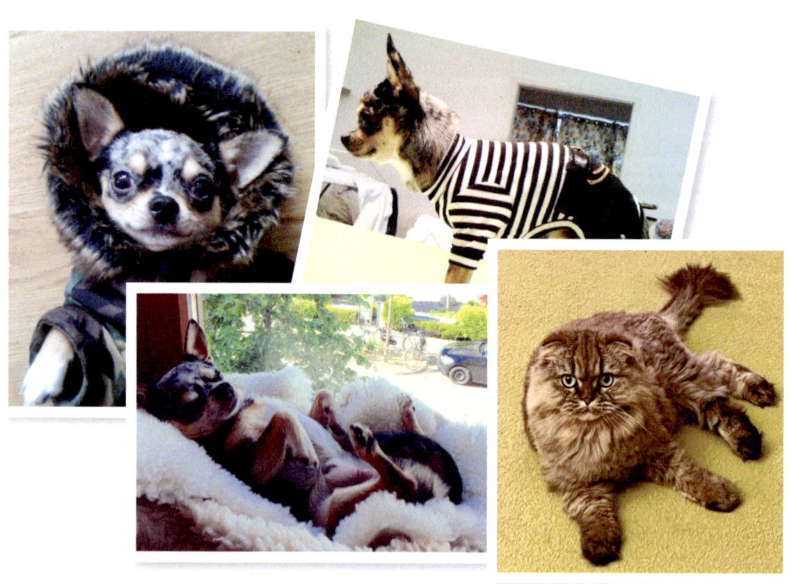

Buona Sera или Как стать звездой

После многообещающего проекта с Ольгой Путиной, который достаточно быстро закончился по указке «сверху», я на какое-то время зарёкся заниматься продюсированием артистов и продвижением их на музыкальный Олимп.

Но в покое меня оставлять не собирались. Раздался звонок одного знакомого из Лондона и мне сообщили, что имеется один беглый украинский олигарх, который спит и видит, чтобы его дочка стала знаменитой. И что, разумеется, он готов в неё некисло инвестировать.

Девочка приехала к нам в Германию, и мы с Анаром с ней пообщались. Английский у неё соответствовал высокому уровню, а вот голосок оказался слабенький. Мы обсудили стратегию, и прикинули разные пути достижения известности и славы. В результате решили зайти на российский рынок со стороны Запада. Для этого проекта мы с Анаром создали и зарегистрировали отдельную продюсерскую компанию с красивым названием «Respectable House».

Первым делом решили подтянуть голос будущей звезды. Я привёз девочку в Москву, где она стала заниматься вокалом по специальной американской системе у одного известного педагога Гнесинского института. Для того, чтобы у неё выработалось правильное дыхание и открылись те самые «жабры», которые у человека отмирают после рождения, педагог заставлял её петь на беговой дорожке, накладывал во время пения на живот кирпичи и подвешивал девушку вниз головой. Результаты не заставили себя ждать: за довольно небольшой срок звукоизвлечение у неё стало намного лучше, и в голосе произошли положительные перемены. Дальше требовалось найти достойный музыкальный материал, с которым можно было стартовать. Параллельно с этим придумать «легенду»:

кто она, откуда, заменить жалостливую фамилию Сиротина, никак не подходящую под концепцию, ярким псевдонимом. После некоторых размышлений, я вспомнил своего старинного приятеля, который для большей значимости взял себе знаменитую фамилию жены – Фостер. По аналогии мы решили назвать девочку – Глостер. А что, Диана Глостер (Diana Gloster) – английская певица с королевскими корнями, обладательница старейшего графского титула Англии. Красиво и «кассово». Кстати, Глостер – один из главных персонажей шекспировской пьесы «Король Лир».

Создали web-сайт на нескольких языках. Музыкальный репертуар подбирали долго и со всего мира. Задействовали наши связи и нам стали присылать огромное количество песен, которые мы даже не успевали прослушивать. Пригласили американского музыканта, композитора и продюсера, мужа дочки легендарного Стиви Вандера (Stevie Wonder) Онри Гилла (Onree Gill). В своё время он работал музыкальным директором Джастина Тимберлейка (Justin Timberlake) и Алиши Киз (Alicia Keys). Онри позанимался с Дианой правильным английским произношением, написал целый альбом песенного материала, помог девушке записать вокал на московской студии моего старого дружка Змея, с которым мы вместе работали ещё в «Диалоге».

Диана подходила к делу крайне профессионально. Очень целеустремлённая девушка, схватывала всё на лету, решительно шла к своей мечте. С такими подопечными работать одно удовольствие. Кроме всего прочего, она оставалась популярным видео-блогером: рассказывала молодёжи про путешествия, про одежду и тенденции мировой моды; набрала более 100 тысяч подписчиков. Это тоже, впоследствии, сыграло роль в её раскрутке.

Пилотную песню, с которой решили начинать, мы раскопали у другого моего старого дружка, бывшего участника группы «Премьер Министр» Славы Бодолика, который жил в испанской Марбелье. Песенка была лёгкая, заводная и вполне тянута на хит. С помощью Онри сделали правильную аранжировку, Диана добавила небольшой речитатив. Записали несколько разных вариантов, добавив ремиксы с известными мировыми ди-джеями. Отсняли красивый клип в Барселоне.

Затем связались с крупными рекламными компаниями и радиостанциями в США, Англии, Испании, Германии и других странах, занимающимися промоушеном песен; заключили с ними контракты.

Через пару месяцев, наша песенка под названием «Buona Sera» стала стремительно подниматься вверх в самых крутых мировых чартах, в том числе, и чарте самого престижного музыкального журнала Billboard. За несколько недель «Buona Sera» вошла в десятку Billboard Chart старейшего национального американского хит-парада США в категории Dance Club Song. Диана Глостер стала девятым артистом с русскоязычными корнями, кто смог прорваться в мировой хит-парад Billboard за всю историю (среди тех, кто там побывал ранее – «Парк Горького», Борис Гребенщиков, t.A.T.u). Параллельно с Америкой песня раскрутилась и в Англии, где засветилась в первой десятке престижного британского хит-парада Music Week.

После такого успеха Диану ангажировали в качестве приглашённой певицы на красную дорожку самой престижной в мире музыкальной премии «Grammy», где она сразила всех своим платьем, расшитым рисунками нотного стана.

Все эти события подробно описывали все музыкальные и околомузыкальные мировые СМИ. Диана блистала на фото и обложках. Всё шло по плану. Мы закинули информацию в Россию и Украину, песенка попала в ротацию многих музыкальных радиостанций.

И тут что-то приключилось с отцом Дианы. Он неожиданно вернулся из Лондона обратно в Киев, сразу же развёлся с женой, окончательно ушёл из семьи, и разругался в пух и прах с самой Дианой. При этом полностью прекратил финансирование нашего проекта, попросил нас больше его дочкой не заниматься (хотя продолжал оставаться должным нам денег, не до конца расплатившись за уже предоставленные услуги).

Жаль, предпосылки для всеобщего успеха были налицо.

Сейчас Диана довольно популярный человек в Украине.

Она официально взяла себе фамилию Глостер, снимается в кино, ведёт шоу-программы на телевидении и в интернете, поёт и записывает песни. Приятно осознавать, что наше скромное участие не пропало даром, и мы помогли воспитать достойную Артистку.

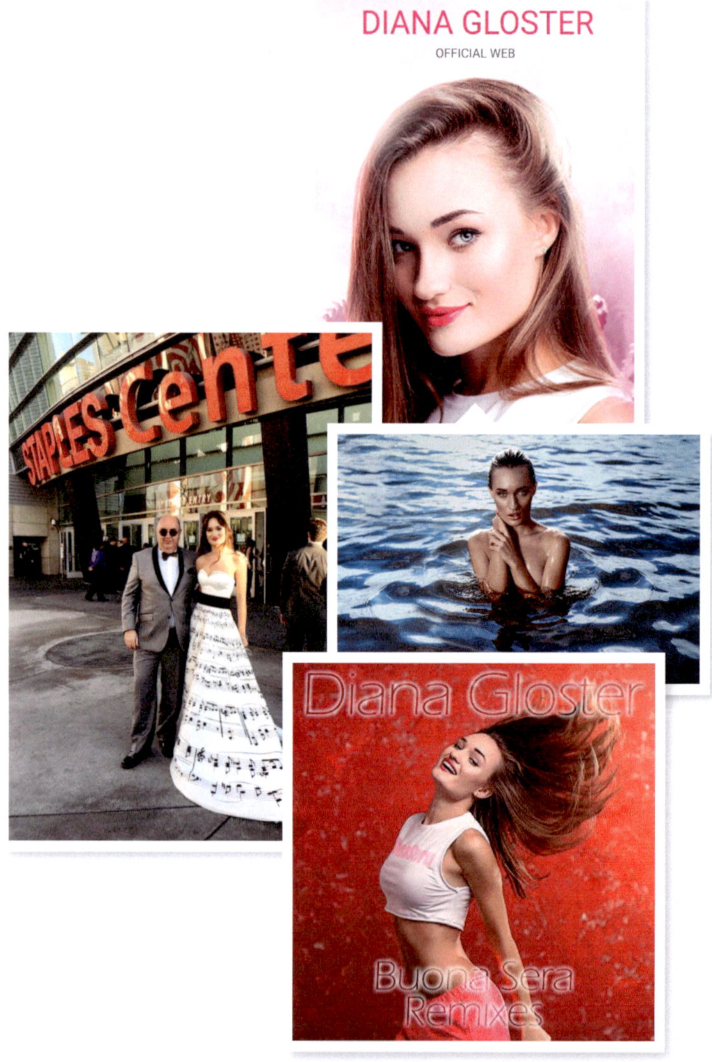

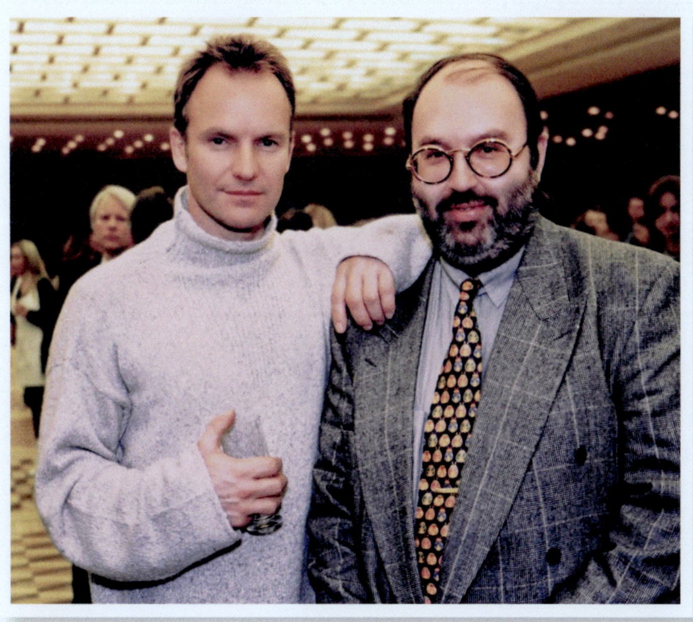

Стинг или Добро наказуемо

Одним из моих самых любимых музыкантов остаётся Стинг (Sting). Первый раз я увидел его на Umbria Jazz Festival в Италии, где он играл на гитаре и пел с американо-канадским оркестром знаменитого пианиста Гила Эванса (Gil Evans). В этом оркестре на трубе играл некто Lew Soloff, выходец из семьи русских эмигрантов из Севастополя, которого в детстве звали Лёва Соловейчик. Для меня значимым оставалось то, что Соловейчик работал в первоначальном составе джаз-рок-группы «Кровь, Пот и Слёзы» (Blood, Sweat & Tears), группы, которую я заслушивал «до дыр», знал наизусть весь репертуар, снимал аранжировки. Позднее в наши композиции мы вставляли целые куски из произведений «Кровь, Пот и Слёзы». А ещё позже я привозил эту величайшую группу на фестиваль в Питер. Тогда вокалистом у них был Дэвид Клейтон-Томас (David Clayton-Thomas), здоровенный краснощёкий мужик, который всё детство провёл в колониях и тюрьмах.

Именно в «местах не столь отдалённых» он и начал сочинять музыку, с которой выступал в тюремных концертах и, на мой взгляд, написал лучшую свою песню «Spinnig Wheel» («Веретено»). У Дэвида красивый блюзовый тембр голоса, а в свободное от музыки время он любит рубить топором деревья в Канаде, где до сих пор проживает.

Ещё, хоть и косвенно, я оказался связан с Blood, Sweat & Tears через Чеслава Немена (Czesław Niemen), одного из самых, на мой взгляд, выдающихся вокалистов всех времён и народов, с которым мы встретились в Германии.

Биография Немена довольно занимательна. Родился певец в СССР, на территории Белоруссии под именем Чеслав Юлиуш Выджицкий. В Польшу эмигрировал, чтобы не идти служить на три года в Советскую Армию; помогли связи отца с Владиславом Гомулкой (Władysław Gomułka), тогда первым секретарём ЦК Польской рабочей партии. Псевдоним Юлиуш взял уже в Гданьске, где начал учиться игре на фаготе и выступать в молодёжных клубах в качестве вокалиста. Дальше – работа в группах «Небеско-чарны», «Акварели», джаз-роковом трио «SBB», и параллельно – выпуск множества альбомов в Европе и США.

А в 1974 его приглашали на прослушивание, как раз, в «Кровь, Пот и Слёзы», но из-за напряжённого графика Чеслав опоздал на паром в Мальмё и многообещающий альянс не сложился. Поэтому Немен продолжил свою музыкальную деятельность в Польше. Несмотря на суровую по тем временам идеологию (которая в Польше чувствовалась хоть и поменьше, чем в СССР, но всё равно чувствовалась), Чеславу удалось стать не только музыкальным кумиром, но и по-настоящему знаковой личностью. В последние годы жизни он отошёл от попсовых форм и стал экспериментировать на ниве электронной музыки. Часть массовой публики такие новшества не приняла, но Немена это не смутило. По большому счету, он опередил своё время (как когда-то мы с не всем понятным «Диалогом»), его творчество объединяло Запад и Восток, а зритель просто «не дозрел» до истинного понимания.

Кроме Blood, Sweat & Tears у меня есть ещё две любимые группы из того времени, которые я с удовольствием слушаю. «Земля, Ветер и Огонь» (Earth, Wind & Fire) и «Чикаго» (Chicago). Они играют в том же направлении – рок и фанк с элементами джаза. Всю свою профессиональную промоутерскую жизнь я мечтал познакомиться с этими артистами и организовать совместный концерт.

Однажды в самолёте, когда я летел из Сан-Франциско во Франкфурт, разговорился с соседом: им оказался один из организаторов и первых участников легендарной группы «Земля, Ветер & Огонь» гитарист Эл МакКей (Al McKay).

Мечта моя осуществилась только в 2010 году. Мы привезли-таки ребят из «Земля, Ветер и Огонь» и «Чикаго» в Москву, в «Крокус-Сити-Холл», но не «с первого раза». Из-за моей ошибки – я связался с «левыми» московскими организаторами – пришлось всё брать в свои руки и самому заниматься решением проблем уже на месте. В итоге выступление перенесли с мая на июль. Я дважды оплачивал аренду зала, но концерт всё же «пробил», хотя ничего на этом и не заработал. Главное – исполнилась мечта. Я увидел кумиров своей юности на сцене организованного мною концерта. Перед выступлением мы с лидер-вокалистом и клавишником «Чикаго» Биллом Champlinым (Bill Champlin) поехали на пресс-конференцию в ИТАР-ТАСС и намертво «встали» в 10-балльной пробке. Пришлось бросать машину, идти до метро, ехать под землёй до «Пушкинской», а потом на пойманном «частнике» до Никитских ворот. Вот это уважение к профессии – поучиться бы такому безголосым русским «звёздам», открывающим рот под фонограмму.

Но вернусь к Стингу. Первый его приезд в Россию состоялся в марте 1996 года. Двумя концертами в Кремле он открывал мировое турне в поддержку своего нового альбома «Mercury Falling». Поселили его в гостиницу «Балчуг-Кемпински». Тарелка чёрной икры в качестве презента и вечерняя прогулка по Красной площади не произвела на артиста никакого впечатления. Мало того, Стинг даже назвал достопримечательность «унылым местом». На следующий день так же оставила его равнодушным и экскурсия в Оружейную палату. После осмотра Стинг сообщил, что за свою жизнь он видел кучу золота, алмазов и бриллиантов, а сама палата значительно меньше его поместья XVI века под Лондоном, где он живёт с семьёй и собаками. Зато, что стало удивительным, он проявил поразительную осведомлённость в экологических проблемах России: задал несколько вопросов о лесах Карелии, интересовался проблемами отходов в Северном море.

После окончания своего выступления в Кремле Стинг назвал местную публику «русским Лас-Вегасом». Имелось в виду следующее: в течение нескольких песен доморощенные нувориши из первых VIP-рядов, одетые в малиновые пиджаки, с хмурыми лицами и массивными золотыми цепями на бычьих шеях – с соответствующими им спутницами – важно и неторопливо рассаживалась на свои места, чтобы потом тупо просидеть весь концерт с каменными лицами, не утруждая себя аплодисментами. Обычно концерты Стинга проходили со стоячим танцующим партером, поэтому посадить богатую публику в первые ряды было большой ошибкой.

После концерта мы со Стингом и его музыкантами отправились в джаз-клуб «B.B.King». Во время основательного и продолжительного застолья в клуб подтянулось несколько российских музыкантов, которые каким-то образом узнали, что там гуляет Стинг и компания. Начали играть джем-сейшн, к которому постепенно подключился и сам знаменитый артист, и его музыканты. Я поиграл на клавишах, Стинг поиграл на гитаре, потом спел пару блюзов вместе с Алёной Свиридовой. Для меня тогда стало неожиданностью услышать, как профессионально и здорово играет на бас-гитаре Аркаша Укупник.

Мы сидели со Стингом за одним столом, и он доверительно рассказал историю, как его недавно развели на несколько миллионов фунтов. После очередных гастролей в Бразилии, где Стинг, как и везде, очень популярен, один бельгиец уговорил артиста полететь на вертолёте в самый центр тропических лесов Амазонки: там, по словам нового знакомого, проживало «законсервированное» индейское племя, жители которого никогда не видели белых людей и нечего не знали о современной жизни. С этим Стинга не обманули – племя действительно существовало, что музыканта сильно впечатлило: с этих пор он решил помогать исчезающим индейским народам и привлечь к этой проблеме мировое внимание. Он ближе познакомился с вождём «законсервированного» племени и попытался его «очеловечить»: принялся возить с собой на свои выступления по всему миру, одновременно озвучивая проблему в СМИ. Потом организовал с тем самым бельгийцем благотворительный фонд защиты тропических лесов и коренного населения индейцев, председателем которого и назначил нового знакомого. Первые деньги в эко-проект инвестировал сам Стинг, а дальше началась рекламная кампания по сбору средств. Вождь племени, которого артист продолжал «опекать», к тому времени уже освоился и стал привыкать к цивилизации (хотя поначалу вёл себя, как дикий – разводил в гостиницах костры, ходил голый с диском в губе, курил трубку с вонючими снадобьями). Мало того, стал требовать у «старшего брата» денег, соглашался только на «люксы» в отелях и вскоре окончательно распоясался и пустился во «все тяжкие».

Стинг же продолжал кампанию. Даже устроил встречу вождя племени с французским президентом Миттераном и Папой Римским.

И тут выяснилось, что у президента фонда – бельгийца – на личном банковском счету образовалась кругленькая сумма в пять миллионов фунтов стерлингов, хотя в начале открытия фонда тот был «гол, как сокол». Состояние же Стинга за период проведения благотворительных акций на сопоставимую сумму уменьшилось. Начались судебные разборки, Стинг подал на председателя фонда в суд, и всё увязло в бесконечных разбирательствах. После этого музыкант все финансовые стороны, связанные с заботой об экологии, курировал уже самостоятельно.

Вечеринка и джем-сейшен в клубе закончилась тогда весело и задорно. По окончании я помог Стингу оттащить в машину двух его музыкантов, духовиков, которые от полноты эмоций пребывали в почти бессознательном состоянии.

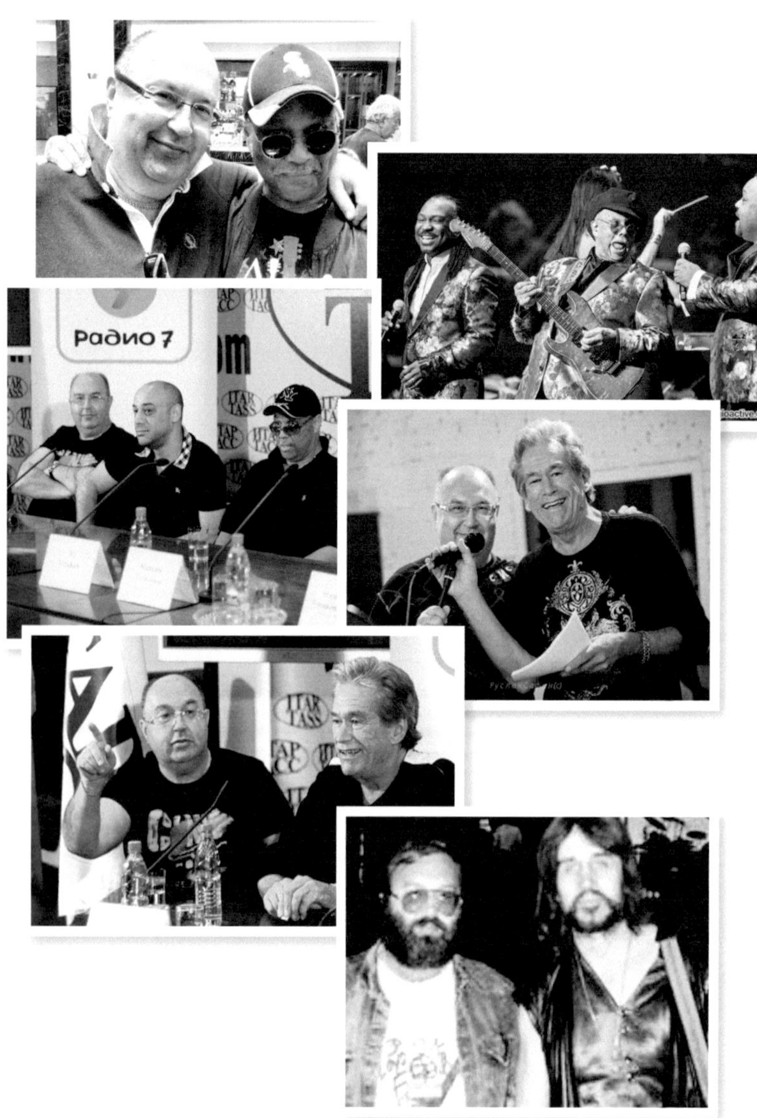

Любой артист за ваши деньги

В начале 90-х некий известный бизнесмен, проживающий в Израиле, обратился ко мне с заказом. Его дочь выходила замуж, и он хотел организовать что-то необычное, такое, чтобы всем гостям свадьба запомнилась надолго. Стали думать, чем можно удивить богатых людей: тех, у которых всё есть и которые всё видели. Всё, кроме Майкла Джексона, подумал я. В те годы популярнее артиста в мире не существовало. Заказчику моя идея и сценарий понравились, он пообещал, что кроме него до свадьбы никто ни о чём не узнает. Незадолго до торжества бизнесмен принялся потихонечку подготавливать гостей, туманно анонсируя «сногсшибательный» сюрприз.

Гостей на свадьбу собралось около 300 человек. Вначале молодожёнов поздравили российские приглашённые артисты, потом несколько песен исполнили «Super Max» и «Gipsy Kings». И вот, повисает интригующая пауза, гаснет свет, по сцене расползается дым… Выходят импозантные секьюрити и встают полукругом. А дальше… Дальше появляется поп-король Майкл Джексон. Собственной персоной! Он поздравляет молодых, исполняет три песни, уходит со сцены, садится в длинный лимузин с полицейской машиной сопровождения и исчезает. Публика в шоке! Сам Майкл Джексон? – не верили некоторые. Ну а почему нет? отвечали им другие. Папа невесты человек богатый, вполне может себе такое позволить. К тому же вы ведь всё видели собственными глазами!

Но на самом деле на сцене выступал двойник. Нашли мы его в Бельгии, да такого, что родная мать бы не отличила. Гонорар «псевдо-Джексона», команда секьюрити и лимузин с сопровождением обошлись заказчику в десять тысяч долларов. Позже бизнесмен, конечно, «раскололся», но требуемый эффект был достигнут. Первые дни после свадьбы о невероятном событии говорил весь Израиль.

Нечто похожее мы с партнёром провернули ещё раз, значительно позже, но трюк стал уже не таким масштабным. На День рождения заказчика мы привезли «левый» дуэт Daft Punk. По исполнению всё вышло гораздо проще – лиц солистов и так никто не видел до этого, ребята работали в шлемах и костюмах роботов. Поэтому все остались довольны – и заказчик, и гости, и музыканты, а больше всех – мы с партнёром.

Но и с настоящим Майклом Джексоном мне пересечься удалось. В 1996 году, после его выступления в Москве на стадионе «Динамо», меня с небольшой группой VIP-гостей завели в его гримёрку. Лицо Короля «попа» закрывал повязанный на лице чёрный платок – оставались видны только глаза. Когда Майкл подал мне руку, она висела как мокрая тряпка. Мой израильский «Джексон» выглядел не в пример лучше!

Но само шоу Короля, несмотря на 3-х часовую задержку, в творческом смысле произвело на меня громадное впечатление. С Майклом в Москву приехало 350 рабочих сцены и 100 человек личного состава: музыканты, балет, гримёры, врачи; плюс к этому на сцене было задействовано 200 человек со стороны фирмы «АРС», которая являлась организатором концерта. А так, как моя трудовая книжка до сих пор лежит в отделе кадров «АРС», я тоже считаю себя со-организатором этого действа.

На следующий день Джексон встретился с мэром Москвы Юрием Лужковым и экс-начальником охраны президента Ельцина, Александром Коржаковым, который подарил ему дорогую саблю. Однако доблестные таможенники в Шереметьево подарочное оружие у поп-короля отобрали и вернули «на место», нечего вывозить за рубеж народное достояние!

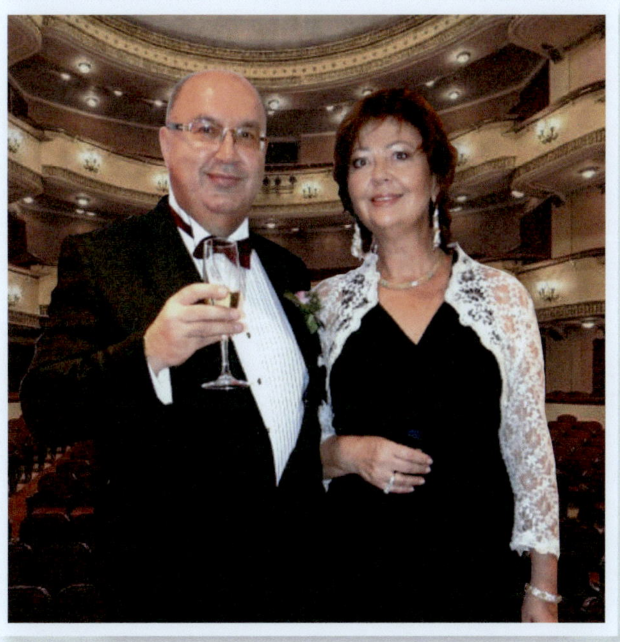

Мой самый любимый рекетир

Профессии родителей моей жены были связаны с морем. Отец моей супруги ещё до войны закончил Питерский политех, и с тех пор занимал должности большого начальника вначале на Камчатке (где и родилась Наташа), а потом в Балтийском пароходстве в Калининграде. Тёща возглавляла Бюро технической информации в ЦКБ.

Наш сын, в совсем маленьком возрасте, всем говорил так: «Мы с мамочкой из Японии, а папочка из Саратова». Для него Камчатка и Япония сливались в одно целое. Однажды на гастролях по Дальнему Востоку, нам с музыкантами устроили экскурсию по Камчатке: она напоминала Луну, как мы её представляли по фотографиям – так же необычно, пустынно и красиво. Мы даже искупались в речке Паратунке, где температура термальных вод круглый год составляет +40 градусов.

Кстати, с гастролей по Камчатке я привёз несколько трёхлитровых банок чёрной икры, которые обменял на рыбоперерабатывающем заводе под Петропавловском-Камчатским на пару бутылок дико дефицитного тогда питьевого спирта «Royal». Ощутив себя сибаритами, мы с супругой пару дней употребляли икру столовыми ложками. Потом угостили соседей. Потом собак. А потом, когда на этот деликатес с родины моей жены не могли уже смотреть, подарили его друзьям. Я тогда объелся так, что не мог есть икру ещё несколько лет.

Когда я познакомился со своей будущей женой, она жила в немецком доме, чудом сохранившемся ещё со времён Кёнигсберга. В плане музыки Наташа была очень продвинутой, в Калининградской области не глушили западные «вражьи станции», как на «большой земле» в СССР, поэтому становилось возможным слушать самую прогрессивную и современную музыку, примитивные самодельные телевизионные антенны свободно ловили Польшу. А чтобы трудящихся не развращал загнивающий Запад, на первом всесоюзном канале ТВ после окончания вещания включали спецпрограмму для калининградцев «Для тех, кто не спит», прозванную в народе «Для тех, кому не с кем спать».

Наташа училась на юридическом факультете Калининградского госуниверситета. Это было время рассвета хиппи; некоторые её однокурсники ходили на занятия со сплющенным ведром, в котором, вместо портфеля, носили учебники. После защиты диплома, Наташа проходила практику, а потом работала следователем в прокуратуре (как-то ей даже пришлось сидеть с пистолетом в засаде). Честно говоря, я был категорически против её небезопасной работы. После переезда в Москву, когда мы с «Диалогом» в 1988 году перешли в только что организованный Театр Пугачёвой, Женя Болдин пригласил Наташу возглавить там юридический отдел.

В этой должности она стала на время официальным «рэкетиром». В Москве в те годы в каждом газетном киоске продавались самопальные открытки с изображением артистов. Фото, плакаты, пакеты с изображением Пугачёвой «разлетались» очень хорошо, но никакой выгоды самой певице не приносили, хотя в Законе об авторском праве была статья о том, что использование изображения артиста допускается только с его согласия. Но эта статья никогда не применялась. Заручившись поддержкой Института советского законодательства и Министерства Юстиции, моя жена ввела в действие эту «мёртвую» норму права. Она объезжала московские киоски, и, увидев, что продаётся продукция с изображением Аллы, интригующе представлялась: «Здравствуйте, я юрист Закон от Пугачёвой!». Продавцы смотрели на неё с испугом. Ответить на вопрос, на каком основании вы продаёте фото артистки, они, как правило, не могли. Тогда предлагался компромисс – либо мы подаём на вас в суд, либо вы платите спонсорские Театру. Все соглашались на второй вариант. Прибыль Театра Пугачёвой росла, а моя жена получала свои 5% от спонсорских.

После переезда в Германию, Наташа была и остаётся моим помощником в бизнесе. Могу совершенно искренне сказать, что всему, чего я добился в жизни, я обязан своей жене! Не раз и не два она спасала меня и поддерживала в тяжёлые периоды, коих было, увы, предостаточно. Когда я иногда «раскудрявливал» какие-то события, немного приукрашивая их для дела (что, в общем-то, является обычным в нашей профессии), ей приходилось молчать, поддакивать и соглашаться, что, очевидно, было не просто. Моя жена продолжает и сейчас оставаться очень юной, позитивной (мне повезло: день рождения у Наташи – 29 февраля, так что мы празднуем его раз в четырёхлетие!). Сорок два года мы вместе, до такого срока в семейной жизни доживают, согласитесь, не многие.

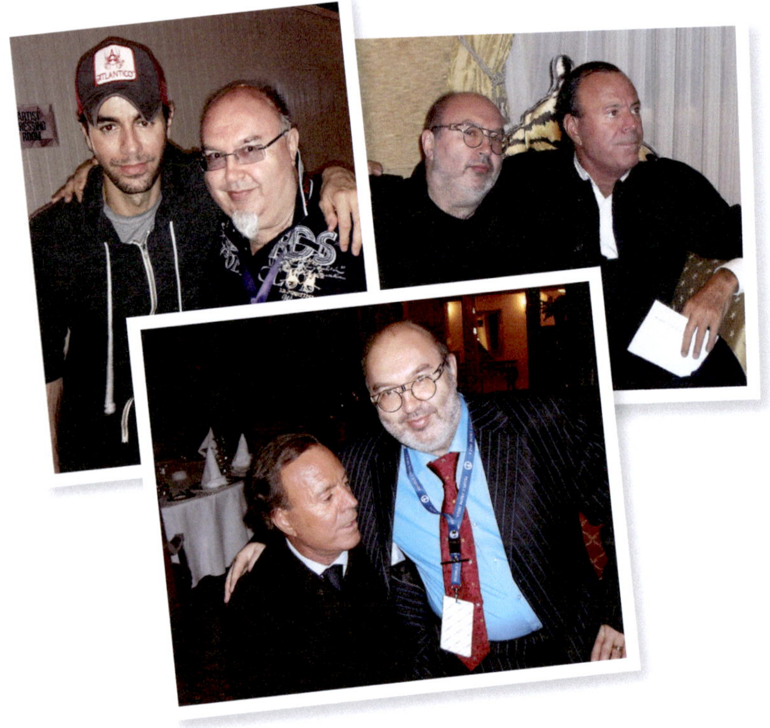

Хулио, ну что же ты?

С Хулио Иглесиасом (Julio Iglesias) я работал несколько раз. Началось наше сотрудничество, когда президент Казахстана Нурсултан Назарбаев попросил привезти на день рождения своей средней дочки несколько мировых звёзд, а как особенный сюрприз для себя – его любимчика Хулио.

Для празднества Назарбаев арендовал остров Sa Ferradura неподалёку от Ибицы. Эта территория считается самым дорогим частным островом в мире. На нём расположено только одно здание – отель, рассчитанный на 7 номеров, которые обслуживают 200 человек. Каждый гостиничный апартамент сделан в своём оригинальном и неповторимом стиле. В целом остров напоминает кусочек рая, поражающего дорогих гостей своей роскошью и великолепием.

Попасть на него можно по морю, либо на вертолёте.

Нам удалось договориться с Иглесиасом: был заключён контракт и переведены деньги. За несколько дней до торжества мы отправились с Анаром к месту празднества, чтобы на месте всё проверить и подготовить. Нас поселили на небольшой вилле на Ибице, с видом на тот самый остров, и предоставили джипик, на котором мы в свободное время объехали все окрестные пляжи, чтобы искупаться в ласковом море.

Гостей на дне рождения присутствовало человек 20, приглашённых артистов оказалось в пять раз больше, численность обслуги (200 душ) оставалась неизменной. Мы с Анаром постоянно, по долгу службы, бегали туда-сюда по сцене между артистами, что делать в смокингах и бабочках (согласно протоколу) было не очень-то и легко. За несколько часов до кульминации нам сообщили, что Назарбаев не прилетит: в Казахстане начались политические волнения, и Президент покинуть страну не может. Поэтому главный сюрприз тоже отменяется.

А Иглесиас в это время находился уже в испанской Малаге, прилетев туда из Майами, и заносил ногу на трап своего частного самолёта, который грел движки, чтобы отправиться на Ибицу.

Казахские заказчики же, нимало не смущаясь – раз мероприятие с любимчиком Президента не состоится, – на голубом глазу требовали «деньги взад». Менеджмент Хулио, естественно, послал нас насчёт возврата немного дальше Антарктиды. Причём, совершенно по делу – в контракте всё было прописано чёрным по белому. Но казахов сиё никак не волновало. И вот, мы сидим между молотом и наковальней и не знаем, что предпринять. Единственный вариант, который пришёл нам в голову – попробовать уговорить Иглесиаса за полученный гонорар отработать позже концерт в Алматы. Поначалу Хулио категорически отказался. Он никогда не был в Казахстане и не видел никакой разницы между ним, Афганистаном и Пакистаном. Чтобы уговорить артиста, нам потребовалось полгода.

Но если возвращаться к событиям на острове, там, ещё до начала разборок по Хулио, мы успели посидеть за общим столом с гостями. Анар, к слову, хорошо разбирается в дорогих коньяках и у него наличествует неплохая коллекция этих напитков. Поэтому он, ради интереса, спросил официанта, есть ли у них коньяк Remy Martin Louis VIII, бутылка которого стоит более 50-и тысяч долларов. На лице представителя персонала не дрогнул ни один мускул.

«Yes sir», ответил он и подтверждающе склонил голову. Вскоре мы с Анарычем (как я зову компаньона уже лет двадцать) «выкушали» всю бутылку элитного коньяка, не пропуская при этом тосты с шампанским (Crystal урожая 1990 года, стоимость – около 20-и тысяч долларов за бутылку) в честь изменницы.

После довольно нервного в целом дня, Анарыч заявил, что ему не так хорошо, как представлялось после Remy Martin и Crystal, и он поплывёт на лодке на нашу виллу, отдыхать. Я же вернулся «домой» много позже, вместе с ребятами из Comedy Club и Димой Маликовым. Однако Анара на вилле не оказалось. Я не на шутку разволновался, объехал весь остров, но напарника найти не смог. И только утром я совершенно случайно обнаружил его в центре нудистского пляжа, лежащим в шезлонге на спине с раскинутыми в разные стороны руками. На Анаре был надет фрак со сбившейся в сторону бабочкой, и он безмятежно храпел. Вокруг него сновали толпы голых людей.

Что же касается Иглесиаса, то через несколько месяцев, к радости наших заказчиков и нас, в том числе, он, всё-таки, прилетел в Казахстан, чтобы спеть свои лучшие хиты. Утром, после саунд-чека, Хулио попросил меня сопроводить его в магазин. Он намеревался купить что-то, чем можно было застелить дорожку в садике дома Майами. В первом же попавшемся магазине его взгляд упал на персидский ковёр. Хулио ткнул в него пальцем, сказал: «отправьте десять таких мне вот по этому адресу» и дал визитку продавцу. Потом расплатился карточкой, не торгуясь и даже не поинтересовавшись, сколько стоит товар. На этом шопинг завершился.

После Казахстана мы ещё несколько раз работали с Иглесиасом в разных странах. Последний раз – в 2018 году, в рамках культурной программы международного экономического форума в Питере. Причём у нас его заказали в самый последний момент, кому-то из первых лиц приспичило посмотреть выступление именно этого артиста. Хулио в тот период жил на своей плантации в Доминиканской республике, неважно себя чувствовал, и желания лететь в Россию совсем не выказывал. Пришлось подключать мою старую подругу из Майами, которая работала с сыном Иглесиаса, и только последнему удалось договориться с отцом. Потом много нервов ушло на то, чтобы решить вопрос с проживанием коллектива и самого Хулио. Все приличные гостиницы Питера оказались давно выкуплены, а коллектив у Иглесиаса насчитывал 25 человек. Плюс пилоты самолёта, для которых требовалось получить ещё и посадочный коридор.

В юности, будучи вратарём знаменитого мадридского футбольного клуба «Реал», Иглесиас попал в жуткую автомобильную аварию, после чего пролежал два года, прикованный к постели. С тех пор левая половина его лица остаётся парализованной; когда он фотографируется, то поворачивается боком, и вовсе запрещает снимать себя телеоператорам во время своего выступления.

Незадолго до начала форума, в российской прессе появились многочисленные публикации, суть которых сводилась к жалобам трудящихся Санкт-Петербурга о том, что на форум каждый год приезжают самые популярные звёзды мировой эстрады, но их выступления становятся предметом любования лишь небольшой кучки привилегированных чиновников, что в корне неправильно. Вняв поднятой волне, оргкомитет объявил, что отныне выступления приглашённых гостей будут транслироваться для всех: по телевидению и на специально установленных больших экранах.

Правда, когда с Иглесиасом подписывался контракт, мы ничего про это не знали. Увидев на репетиции 12 телевизионных камер, Хулио заявил, что пока их не уберут, он вечером на сцену не выйдет. Пришлось камеры прятать, драпировать и маскировать. И опять мы повисли на волоске. Перед самым выходом Иглесиаса, на сцену, вместе с переводчиком для гостей, поднялся директор компании «Роснефть» Игорь Сечин, которого, видимо, забыли предупредить про камеры. Бизнесмен красиво представил артиста, добавив, что его выступление сейчас смогут посмотреть по телевидению и на больших специальных экранах все желающие. Иглесиас, стоявший за кулисами, после услышанных слов, сообщил, что петь не выйдет. Мы немедленно всё свалили на тупого переводчика, каким-то чудом убедив Хулио, что тот просто неправильно перевёл слова Сечина. А потом, чуть ли не силой, выпихнули знаменитого артиста на сцену. Всё, к счастью, прошло хорошо. И лишь уже после концерта, чёрт дёрнул водителя повезти Иглесиаса в гостиницу по дороге через Петропавловскую крепость, где при большом скоплении народа, на огромном экране, с небольшой задержкой, транслировалось его полное выступление.

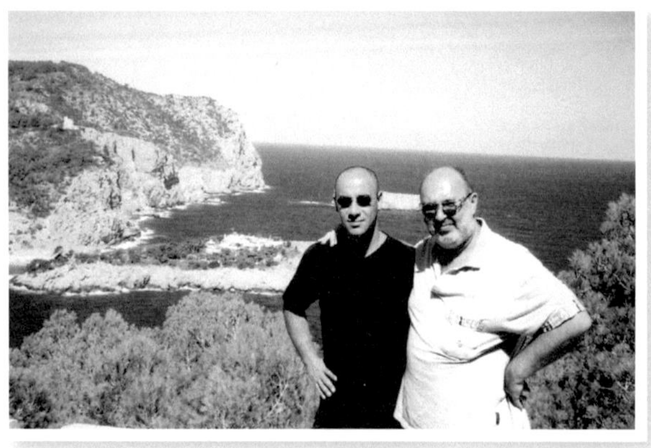

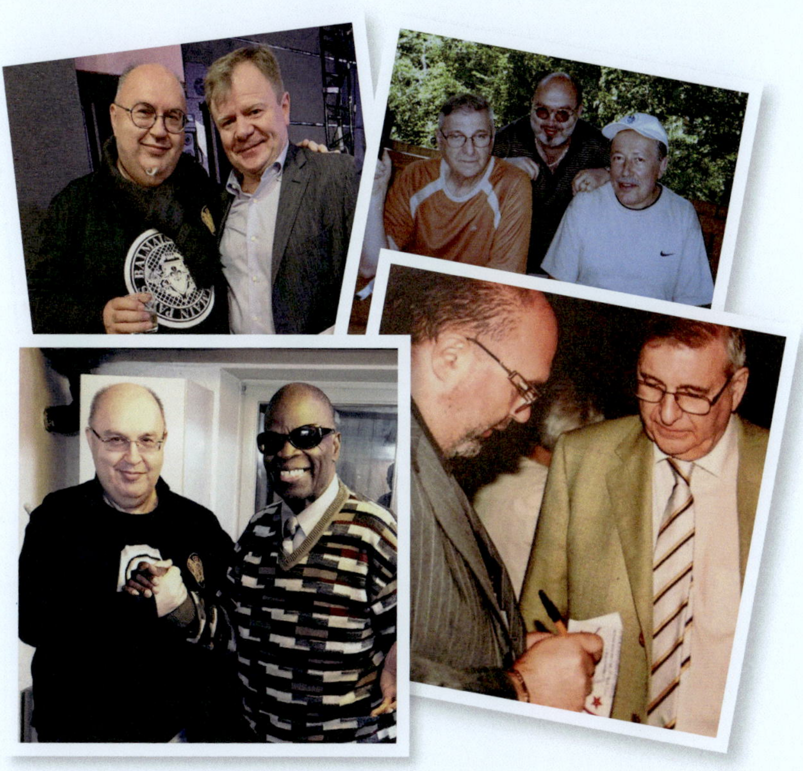

Сегодня саксофон – а завтра ты шпион

Так получилось, что в моей музыкальной жизни мне всегда везло на саксофонистов. Я имел честь поработать со многими выдающимися исполнителями, играющими на этом инструменте. Среди них Вадим Вядро, Виталий Клейнот, Георгий Гаранян, Алексей Козлов, Владимир Пресняков-старший, Масео Паркер (Maceo Parker), Кэнди Далфер (Candy Dulfer). А совсем недавно я познакомился и с большим удовольствием провёл вечер в компании ещё одного музыканта из легендарной когорты – Игоря Бутмана, по совместительству хоккеиста и ещё, к сожалению, активного политика.

Некоторые из перечисленных являются пионерами и основателями советского джаза; их путь к славе был труден и тернист.

С Виталием Клейнотом, о котором я уже рассказывал ранее, мы работали на студии Александра Зацепина и в группе «Шестеро молодых». Характер у него, как и у многих талантливых людей, был, мягко говоря, совсем не простой. Последние годы жизни он провёл в Иерусалиме, где сильно увлёкся историей города. Всегда, когда я был на гастролях в Израиле, заезжал к нему в гости, Виталий, порой, часами увлечённо рассказывал мне про занимательные исторические факты и водил по самым интересным закоулкам Иерусалима.

С Георгием Гараняном я близко познакомился в Новороссийске, где мы в течение нескольких лет заседали в жюри фестиваля «Морской Узел» в прекрасной компании приятных людей. Вместе с нами конкурсную программу судили: музыкальный критик и музыковед Святослав Белза, поэт-песенник Михаил Шабров, кинорежиссёр, создатель детского юмористического журнала «Ералаш», Борис Грачевский, латвийский актёр Ивар Калныньш и нескольких других, очень известных и уважаемых людей. Гаранян много рассказывал о своей работе в ансамбле «Мелодия», где под его руководством играли тогда лучшие советские джазовые музыканты. Георгий не признавал ничего, кроме виски, и на ежедневных банкетах во время фестиваля мне приходилось пить с ним за компанию (хотя этот напиток не относится к разряду любимых). Гаранян слыл экспертом, не хуже профессионального сомелье, поэтому приходилось, из уважения к маэстро, делать вид, что виски превосходен.

В Новороссийске существует аллея на берегу Цемесской бухты, где мы, каждый год сажали деревья, и под каждым из них писали наши имена. Сейчас там, наверное, уже вырос целый лес. Так что я своё обязательство про «построить дом, воспитать сына и посадить дерево», очевидно, перевыполнил (жильём семью обеспечил, двух сыновей вырастил, деревья посадил).

Однажды я летел после концерта в Будапеште в Новороссийск на «Морской Узел» с итальянской группой Ricchi e

Poveri на частом маленьком самолёте. Солистка группы Анжела Брамбати (Angela Brambati) попросила меня научить её нескольким русским приветствиям, а я, зная, что нас в аэропорту будет встречать мой старый знакомый из администрации города, решил немного приколоться. За время полёта я отрепетировал с ней фразу: «Спасибо, козлина! Пошёл ты на хрен со своими цветами!». По приземлению Анжела, после того, как с очаровательной улыбкой приняла букет, радостно произнесла сакраментальный отзыв. У чиновника «отпала челюсть». На некоторое время он потерял дар речи, пока не догадался, чьи это козни. Шутку в итоге он оценил по достоинству.

Следующая личность, о которой я хочу рассказать – Алексей Козлов. Он был руководителем легендарной джаз-рок группы «Арсенал». Во время проведения Олимпиады в Москве мы работали с «Арсеналом» по отделению (у меня даже сохранилась Почётная грамота «за участие в культурной программе XXII летних Олимпийских Игр»). Я не раз бывал у Алексея дома. Он собрал поистине огромную коллекцию альбомов джазовых исполнителей. А как подробно и азартно он рассказывал о противостоянии с Америкой во времена «холодной войны». Саксофон в СССР считался символом буржуазной американской культуры. Фразы советских идеологов «Сегодня ты играешь джаз, а завтра Родину продашь» или «Сегодня саксофон – а завтра ты шпион» воспринимались как руководство к действию. Доходило до того, что не в меру ретивые советские работники от культуры, требовали, на полном серьёзе, разогнуть саксофон, чтобы не уподобляться тлетворному влиянию «загнивающего запада». После концертного исполнения «Арсеналом» рок-оперы «Jesus Christ Superstar» ансамблю категорически запретили выступать, а Алексея, как руководителя, четыре года таскали на допросы в КГБ. Немного «отпустили гайки» власти только перед началом Олимпиады-80, ну а дальнейшая судьба Советского Союза вам известна.

Если обратить свой взор на запад, то Масео Паркер – как раз тот самый символ американской культуры, за который много лет гнобили Козлова, Гараняна и Клейнота. Масео поначалу работал музыкальным директором у Джеймса Брауна (James Brown), но после того, как уволился из коллектива из-за творческих разногласий, «перетянул» к себе и весь ансамбль. Этот эпизод подробно показан в голливудском фильме «Джеймс Браун – путь наверх» (Get on Up), где роль Масео играет Крейг Робинсон (Craig Robinson). Масео один из наших с Анаром любимых музыкантов. Если к этому добавить, что Паркер несколько лет работал с Prince, которого Анарыч просто боготворил, то понятно, почему мы так часто и с удовольствием работали с Масео. Мы даже получили от него эксклюзивные права, как букинг-агенты на всей территории восточной Европы. Но кроме всех его музыкальных способностей, Паркер – потрясающая личность.

А Принца мне, кстати, посчастливилось увидеть и послушать на джаз-фестивале в Монтрё, где он в течение трёх дней с разными музыкантами сыграл три абсолютно разные по жанру программы. Фантастика! Через несколько лет мы на этот же, самый престижный в мире, джаз-фестиваль привезли и самого Масео Паркера, который работал в окружении звёзд мирового джаза: Stevie Wonder, Quincy Jones, Chick Corea.

И в продолжение темы джаза, как не вспомнить, что в начале 2000-х, мы с моим партнёром Анаром работали и общались с известным гитаристом Элом Ди Меола (Al Di Meola), и с его помощью пытались восстановить легендарный проект – группу «Return to Forever» с участием Чика Кориа (Chick Corea), Стэнли Кларка (Stanley Clarke), Ленни Уайта (Lenny White) и самого Эла, которые в то время между собой не общались из-за каких-то разногласий и взаимных обид. Полгода мы провели в сложных переговорах, общались с музыкантами, мирили их, нашли спонсоров, летали в Америку. Ди Меола прилетал к нам в Германию, но, к сожалению, у нас с проектом ничего не получилось. Когда почти всё уже было готово, «одеяло на себя» перетянул менеджер Чик Кориа. Зато мы смогли помирить между собой гениальных музыкантов, которые позже, уже своими силами, провели мировой тур «Return To Forever» (но совсем не так, как мы это задумывали).

К сожалению, совсем недавно не стало Чика Кориа, основателя и лидера этого проекта, великого джазового пианиста, легенды музыки, уникального импровизатора и моего любимого музыканта. Но со своим творческим наследием, он, безусловно, останется примером для многих музыкантов на несколько поколений!

Раньше, когда у России с Польшей были нормальные отношения, в городе Зелена Гура ежегодно проходил фестиваль советско-польской дружбы. Мы с Анаром в качестве почётных гостей возили туда разных мировых знаменитостей. Первый раз, ещё в 80-х, я побывал там с «Диалогом», а в последний – привезли как раз Паркера и Michael Bolton (который до 30 лет носил имя Михаил Болотин). В тот раз ждали визита Владимира Путина, который был тогда Премьер-Министром, и нас попросили, чтобы Масео во время его приветственной речи участникам фестиваля исполнил любимую будущим президентом мелодию «С чего начинается Родина». Путин не приехал, но Паркер песню выучил и с удовольствием исполнил её в своей шикарной джаз-фанковой манере. На этом же, последнем фестивале, мы с Анаром за свой счёт провели afterparty для всех участников, так как у организаторов не хватило средств, видимо, слишком сильно «распилили» бюджет. Лёша Чумаков спел там дуэтом с Майклом Болтоном под аккомпанемент группы Масео Паркера.

Но Масео с Путиным, всё же, «сошёлся» на одной сцене. Как-то, на благотворительном вечере, в присутствии мировых знаменитостей, Паркер аккомпанировал В.В., который спел американскую песенку «Blueberry Hill». После этого Путин подарил Масео длинную саблю с дорогими украшениями. Паркер немного боялся перевозить её через таможню, памятуя об отобранном подарке Майкла Джексона. Я даже предположил, что это некая переходящая сабля Кремля, которую вначале дарят, а потом изымают. Но в тот раз прошло всё гладко.

В таком контексте историю с саблями можно перефразировать из высказывания Никиты Хрущёва «От саксофона до финского ножа – один шаг» в более современное: «От саксофона до сабли Коржакова и Путина – три аккорда».

Атлас – моя любимая книга

По географии я всегда считался первым учеником в классе. Любовью к этому предмету я проникся с самого детства. Одной из моих любимых книг был географический Атлас. Я мог часами рассматривать в нём заманчивые контуры других стран. По всесоюзному радио каждый четверг шла в эфире замечательная передача под названием «Путешествие по любимой Родине», где два выдуманных персонажа – юнга Захар Загадкин и корабельный кок Антон Камбузов – рассказывали о своих путешествиях по всему миру, не называя при этом географических объектов. От слушателей требовалось догадаться и найти названия этих мест на карте. В конце передачи зачитывали диктант, состоящий из географических терминов, которые не совпадали с границами слов. Задача оставалась прежней: правильно расчленить слова на названия, и отыскать их на глобусе. Варианты ответов можно было отправлять по почте. В ответ приходило письмо с заработанными баллами за каждый тур. Я участвовал в конкурсе всегда. Пару лет подряд признавался лидером текущей географической гонки и получил несколько дипломов. Моё имя не раз произносили в эфире на всю страну, чем я тогда очень гордился. Может, как раз, из-за любви к географии я выбрал себе такую профессию, предполагающую поездки по всему миру. Сложно найти город в СССР, где бы ни ступала моя нога. Да и на всём глобусе не так уж много стран, которые мне не удалось посетить. В основном к моим личным «белым пятнам» относится Африка и какие-то уж совсем экзотические государства.

Конечно, за эти почти пятьдесят лет непрерывных гастролей со мной случалось всякое. О самых замечательных моментах я пытался рассказать вам выше, вспомнил ещё вот такие.

Однажды в Архангельской области, чтобы добраться до места проведения концерта, следовало форсировать реку – попасть туда можно было только «вплавь». Ничтоже сумняшеся, нас посадили на плот, на котором мы уверенно сели на мель на средине реки Северная Двина. Шёл лесосплав, а мы уныло торчали посреди русла, с тоской глядя на проплывающие мимо брёвна. Или вот Магадан, рыболовецкое судно в открытом море, а мне приходится брать управление кораблём в свои руки: капитан и его помощники лежат без сознания, пьяные в стельку. Наконец, концерт при температуре воздуха –50 по Цельсию в одной из исправительной колонии на Колымской трассе.

Много вспоминается встреч с выдающимися людьми, с руководителями разных стран и их приближёнными. С теми, от кого, порой, зависели судьбы отдельных людей, если не народов. Вспоминаю, как на правительственной резиденции в Форосе, я стал свидетелем, как один большой начальник, видимо возомнив себя пупом земли, выстроил шеренгой своих подчинённых и заставил всех выпить по стакану водки. Как-то, за один вечер, мне удалось пообщаться с восьмью президентами разных стран мира. В Астане тогда проходил саммит Шанхайской организации сотрудничества (ШОС), где мы организовывали культурную программу с участием нескольких групп зарубежных артистов. Все участники концертов сидели в бункере, под охраной, и ждали своего выхода на сцену, без шансов даже куда-то позвонить – все телефоны были изъяты при въезде в резиденцию. После окончания всех официальных переговоров в уютном зале, расположенном в бункере, за большим круглым столом, собрались восемь президентов. Для них и проходила культурная программа. Мы с Анаром и ещё одним местным организатором сидели за соседним столиком, и администратор по реакции Назарбаева и настроению сильных мира сего говорил нам, кого конкретно выпускать на сцену. Из-за этого некоторые исполнители спели по одной песенке, а кое-кто просидел в бункере до самого конца, так и не выйдя на сцену. Больше всех рабочего трафика досталось Boney M. и Африку Симону (Afric Simone).

Президентам, чтобы посетить туалет, нужно было пройти мимо нас, и по пути обратно они часто присаживались к нашему столику, чтобы разнообразить себе компанию, и мы разговаривали на всякие отвлечённые темы. Видимо, в своём привычном кругу им было скучновато. Так я побывал на своеобразном личном саммите G-8.

Посреди ночи кому-то из президентов или гостей саммита вдруг срочно понадобилось дальнейшее продолжение банкета с участием артистов. Нас попросили привезти того же Африка Симона и Ингрид (In-Grid). Первого пришлось очень долго будить, а потом и успокаивать – Африк сильно испугался и никак не мог взять в толк, куда его тащат посреди ночи.

Самое большое количество зрителей на организованном нами концерте я наблюдал в Питере. В рамках экономического форума мы привезли на Дворцовую площадь Scorpions и Bee-Gees с Робином Гиббом (Robin Gibb) и большим симфоническим оркестром Мариинского театра под управлением Валерия Гергиева. На площади собралось более 200 тысяч зрителей. Концерт с минимальным участием публики прошёл при выступлении Томаса Андерса из группы Modern Talking. Певец в окружении усиленной вооружённой охраны полтора часа пел перед закрытым занавесом, а в зале, судя по силуэтам, находились всего лишь четыре человека (два из них очень известные люди), которые выпивали, закусывали и танцевали. Большое число западных артистов мы «доставляли» на корпоративы и торжественные мероприятия, дни рождения или свадьбы к русским и нерусским олигархам. Надо сказать, что звёзды откликались на такие предложения вполне охотно, деньги, как говорится, «не пахли», а гонорары на такие мероприятия заказчики не жалели.

Директор Шарля Азнавура, кроме запроса на заоблачный гонорар, для подобного корпоратива, прислал свой бытовой райдер. В нём перечислялись марки вин, стоимость каждой бутылки которых начиналась от 2-х тысяч евро. Причём перед выступлением требовалось складировать вино в его отдельной комнате. Справедливости ради, когда сам Шарль узнал о запросах своего директора, тот был незамедлительно уволен.

Юра Антонов тоже, кстати, на все свои выступления, согласно бытового райдера, требует коньяк Henessy Paradis 0,7. С той только разницей, что он его не пьёт, а увозит с собой (хотя, что делал с дорогим вином директор Азнавура неизвестно). У Антонова в доме среди кошек, собак, павлинов, гусей и больших кроликов, в гараже находится целая стена, выложенная из бутылок этого коньяка. Для чего она ему нужна, я так и не понял.

Ещё вспоминаю, как на очередном дне рождения какого-то крутого олигарха в парижском Булонском лесу, на которое съехалось большое число его таких же дружков, мы играли и пели (с «Лейся, песня international») до самого утра. Хозяева жизни вначале мерялись своими самолётами, на которых сюда прилетели, у кого длиннее, а потом устроили аукцион, кто даст нам больше денег за каждую песню, которую они закажут. К восходу солнца жизнь каждого музыканта нашей группы стала потихоньку налаживаться.

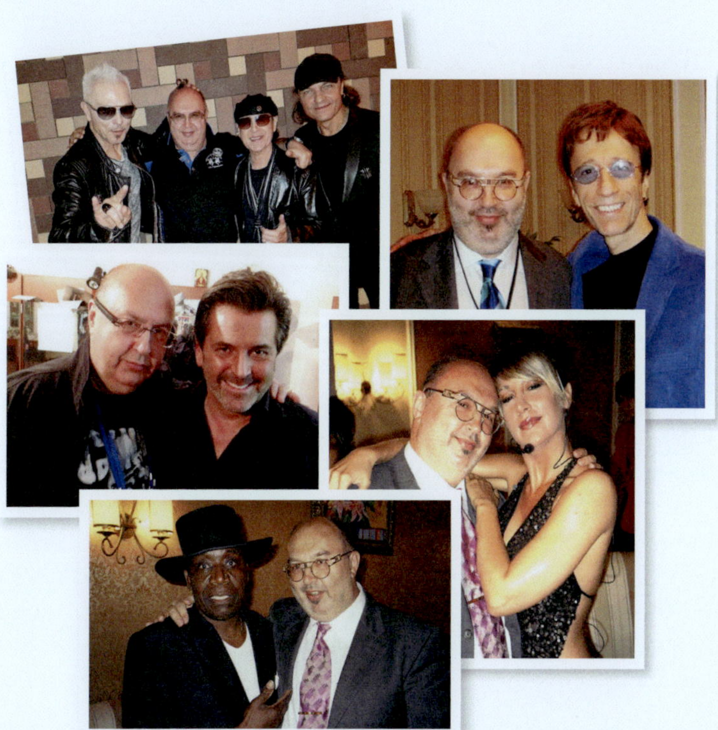

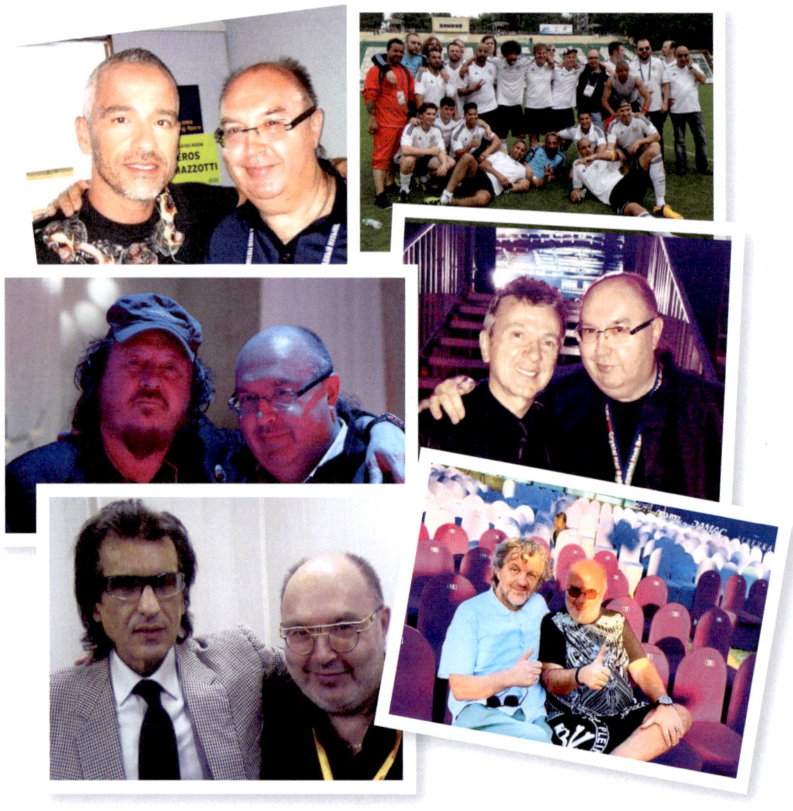

Футбол и «Лет Ми Спик Фром Май Хард»

Когда мы выступали в середине 80-х в Италии с «Диалогом», местный сопровождающий с восторгом рассказывал, что у них есть футбольная команда, составленная из звёзд итальянской эстрады. И после матчей артисты-футболисты поют для зрителей, пришедших на стадион.

Я запомнил эту историю и поделился ею с друзьями в Москве. Тогда в компании с нами находились Слава Малежик и Юра Давыдов (руководитель группы «Зодчие», где пели Юра Лоза и Валера Сюткин). Я помогал ребятам с прохождением «минкультовского» прослушивания. Давыдов был заядлый футболист, и ему эта тема очень понравилась. Он тут же собрал команду из популярных российских музыкантов, в неё вошли: Кузьмин, Барыкин, Пресняковы, Кельми, Глызин, Беликов и многие другие. Команду назвали «Старко», а первый матч её состоялся в 1991 году. А в 1992-ом итальянцы с Джанни Моранди (Gianni Morandi), Рикардо Фольи (Riccardo Fogli), Дзукерро (Zucchero), Эросом Рамазотти (Eros Ramazzotti) и Пупо (Pupo) сыграли в «Лужниках» со «Старко» матч-концерт.

Юра ещё много лет продвигал этот проект, организовывая матчи сборной команде артистов в России и Европе. Пару раз они приезжали и ко мне в Германию, где российские звёзды эстрады играли в футбол с немецкими командами дипломатов, пожарных и представителями других профессиональных сообществ.

В 2007 году Давыдову удалось пролоббировать в российском правительстве, витавшую в воздухе, идею об организации Чемпионата мира по футболу среди артистов. Первый Чемпионат состоялся в Сочи. В финале 16 сборных со всего мира разыграли мировое первенство. Розыгрыш прошёл по схеме, схожей с регламентом проведения чемпионатов FIFA. В финале сборная Бразилии победила сборную Камеруна со счётом 3:1. За время чемпионата мы организовали и провели 19 концертов в сочинском зале «Фестивальный» и на других площадках города. Заключительный концерт с участием Томаса Андерса у сочинского Зимнего театра собрал более 20 тысяч человек.

Я являлся одним из со-организаторов чемпионата, а по совместительству руководил сборной Германии, которую мы собрали под флагом нашего телеканала «iMusic TV». Из футболистов у нас играли музыканты из коллектива Томаса Андерса, группы «Fools Garden» (известной по песенке «Lemon Tree»), ансамбля «King's Tonic», а также известные немецкие ди-джеи. В тренеры мы ангажировали бывшего футболиста бундеслиги из гамбургской команды «Санкт-Паули» Мишеля Мазингу-Динзи (Michél Mazingu-Dinzey). Одним из помощников телеоператора был наш знаменитый бомж Энрико, который впервые вылетел за пределы Германии.

Идея с чемпионатом мира среди артистов удалась и получила хорошую поддержку. Я ещё несколько лет принимал участие в этом проекте. В качестве футболистов и почётных гостей мы привозили туда Gipsy Kings, Nazareth, Emir Kusturica, Uriah Heep, Chris Norman, Toto Cutugno и, конечно же, Boney M. Как-то я даже был официальным спонсором чемпионата.

В последние годы я – заядлый болельщик нашей франкфуртской команды «Айнтрахт». Мы с сыном не пропускаем ни одной домашней игры. Определённую роль в нашем «болении» сыграл и тот факт, что два футболиста «Айнтрахта» являлись нашими соседями. Но, что любопытно, в составе команды почти нет этнических немцев.

В 2018 году «Айнтрахт» завоевал Кубок Германии, в финале обыграв мюнхенскую «Баварию»; в городе царил настоящий праздник. А что у нас творилось совсем недавно, после победы «Айнтрахта», не потерпевшего ни одного поражения в розыгрыше Кубка Европы, после побед, в том числе, над «Barcelona», «West Ham» и в финале над «Glasgow Rangers», не передать словами.

А однажды мне позвонил старый товарищ, вращающийся в очень представительных кругах, и обратился с очень неожиданной просьбой. Он попросил съездить в Австрию от имени Российского Футбольного Союза и Росспорта с целью проверки качества футбольных полей, на которых предстояло играть сборной России в финальной части Чемпионата Европы 2008 года. Матчи должны были состояться в Вене и Зальцбурге. А заодно выбрать гостиницу для команды и помещения «Русского дома», где, по традиции, проводилась культурная программа, пресс-конференции и встречи с болельщиками. Почему товарищ попросил сделать это именно меня, до сих пор остаётся загадкой. Может быть, именно так «аукнулся» мой опыт в организации футбольных турниров среди артистов.

Мы сели с Анаром в самолёт и полетели в Вену. Не знаю, что уж там наговорили из Москвы, но встречала нас группа солидных людей, выказывающая максимальное уважение, не хватало только роты почётного караула и тирольцев с хлебом и солью. Нам предоставили номер в роскошном отеле «Sacher», вкусно накормили лучшими венскими блюдами, на десерт подали штрудель с австрийским рислингом. Только потом мы отправились на инспекцию. Понятие о покрытии у нас с Анаром основывалось исключительно на бытовом житейском опыте (как-то я укладывал специальными рулонами из натуральной травы свой садовый участок и намучился с газоном изрядно). Поэтому нам пришлось с умным и серьёзным видом осматривать разные участки травяного покрытия поля, тыкать руками в землю, измерять линейкой высоту травы и задавать «каверзные» вопросы о системе подогрева, полива и стрижки. С гостиницами и площадками оказалось не в пример проще, в этих делах мы были профессионалами. Похожая ситуация повторилась и в Зальцбурге. На прощанье нам устроили шикарный банкет в футуристическом стеклянном Ангаре-7 «Red Bull», где выставлены исторические экспонаты: самолёты, вертолёты, раритетные автомобили и болиды Формулы-1. Там же мы познакомились с самым богатым человеком Австрии, создателем Red Bull, Дитрихом Матешицем (Dietrich Mateschitz). Сильно нас впечатлил и мишленовский ресторан с кулинарными шедеврами, а также стеклянный бар с прозрачным полом на потолке Ангара. В завершение поездки нам вручили сувениры, и мы улетели домой. На следующий день я отправил подробный отчёт о нашей инспекторской поездке. Честно говоря, быть спортивным функционером мне очень понравилось. Кто знает, кем бы я стал, если бы в юности не бросил фехтование. Может и дорос бы до большого спортивного чиновника типа Мутко «Лет ми спик фром май харт».

Кстати, если вы помните, то сборная России по футболу добилась тогда на Евро самого большого успеха, завоевав бронзу; а на групповой стадии обыграла Грецию как раз на зальцбургском поле! Так что в спортивном достижении россиян есть и моя маленькая заслуга. Напрасно меня не послали проверять поля в Санкт-Петербурге и Копенгагене в 2021 году, быть может, тогда у сборной команды России не случилось бы такого позора?

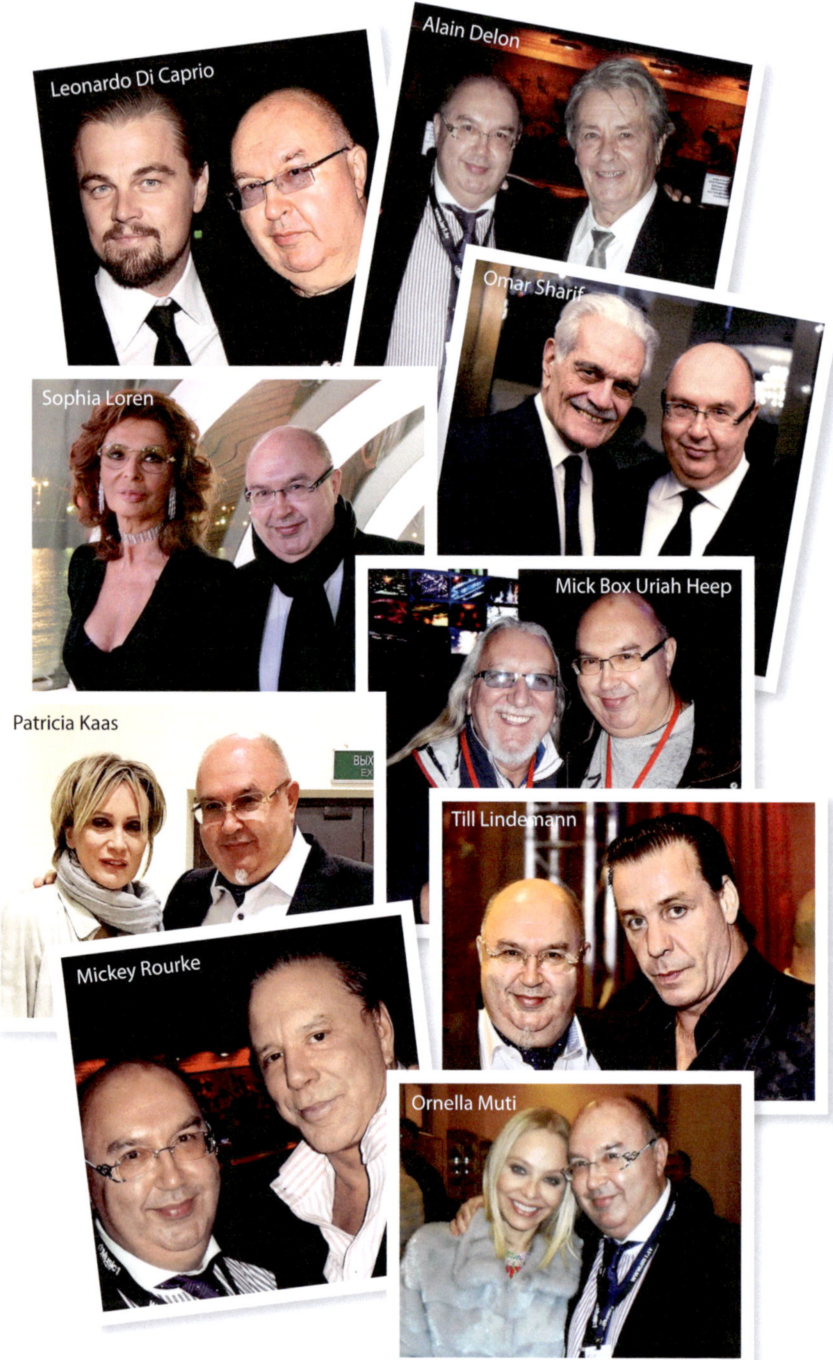
Leonardo Di Caprio
Alain Delon
Omar Sharif
Sophia Loren
Mick Box Uriah Heep
Patricia Kaas
Till Lindemann
Mickey Rourke
Ornella Muti

Обвалился потолок

За свою длинную гастрольную жизнь, кроме музыкантов, я поработал со многими знаменитыми актёрами кино и театра.

Из французов можно вспомнить красавчиков Ален Делона (Alain Delon) и Венсана Касселя (Vincent Cassel), почётного «удмурта» Жерара Депардьё (Gérard Depardieu).

Из итальянок – ослепительную красавицу с русским паспортом Орнеллу Мути (Ornella Muti). Её приговорили к тюремному сроку после того, как мы привезли её на один частный вечер, а она, чтобы выступить там, предоставила в театр, где служила, липовую справку о болезни. Великолепную Софи Лорен (Sophia Loren), которая и в свои, без малого, 90 лет выглядит значительно лучше многих молодых.

И многих, многих других, с кем мне довелось сотрудничать.

Например, лучшего египетского актёра Омара Шарифа (Omar Sharif), который останется в памяти россиян, в первую очередь, за роль в фильме «Доктор Живаго».

Голливудских ребят: Кевина Костнера (Kevin Costner), который поёт и играет в группе «Modern West»; моего любимчика с русскими корнями Леонардо Ди Каприо (Leonardo Wilhelm DiCaprio); Джона Корбета (John Corbett) из сериала «Sex and The City» (мы снимали с ним в Португалии сериал «Мата Хари»); брутальных Джейсона Стейтема (Jason Statham), Мики Рурка (Mickey Rourke) и Дольфа Лунгрена (Dolph Lundgren); классную Голди Хоун (Goldie Hawn) со своим мужем Куртом Расселом (Kurt Russell); сексапильных Кармен Электру (Carmen Electra) и Бриджит Нильссон (Brigitte Nielsen); Микеле Плачидо (Michele Placido), сыгравшим доблестного комиссара Каттани, борца с итальянской мафией, в сериале «Спрут» (La piovra); поляка Чеслава Немана, которого я считаю самым лучшим вокалистом всех времён и народов, который, кстати, родился в СССР и разговаривал на русском.

Кинорежиссёров: Эмира Кустурицу (Emir Kusturica), играющего на бас-гитаре в своём раздолбайском «No Smoking Orchestra»; Вуди Аллена (Woody Allen), который кроме всего прочего, неплохо играет на кларнете, но в паузах, иногда, любит задремать на сцене.

Отдельно хочется упомянуть о нашем любимом «Стёпе» – Стивене Сигале (Steven Seagal), с которым дружим с незапамятных времён, несмотря на наши противоположные политические взгляды. У актёра есть чёрные пояса по всем существующим боевым искусствам (по айкидо он вообще академик). Помимо этого Стивен профессионально играет кантри-блюз на гитаре. Мы порой собираем для него музыкантов и организуем концерты в разных странах мира для любителей такой специфической музыки. Анар даже является официальным представителем Сигала.

Но, кстати, я и сам снимался в нескольких культовых советских фильмах. В детстве, чтобы прогулять уроки в школе, с мешком на спине, в массовке, изображал сына батрака в фильме о Ленине «Верность матери». На службе в армии мы с несколькими солдатами играли красноармейцев в фильме «Офицеры». С группой «Диалог» мы снялись в первом советском фильме-катастрофе «Поезд вне расписания». С моим одесским другом, Юрой Володарским, продюсером комик-группы «Маски», хотели привлечь к съёмкам эксцентрической комедии «Семь дней с русской красавицей», которую он тогда снимал, группу «Boney M.» (я их в очередной раз привёз на гастроли в Советский Союз). Уговоры, проходившие в гостинице «Ленинградская», заняли у нас довольно длительное время и затянулись до поздней ночи. Для того, чтобы «Боинки» согласились отсняться в двух эпизодах фильма бесплатно, нам пришлось совместно распить несколько бутылок французского коньяка Hennessy, закусывая его чёрной икрой. И когда мы всё-таки уговорили Лиз и её ребят это сделать, а Юра позвонил на площадку, выяснилось, что съёмочная группа, безрезультатно прождав несколько часов, уже разбежалась, решив, что ничего у нас с Boney M. не выгорит. А рано утром «Боники» улетали в следующий город. Кстати, этот фильм Володарского, представляющий собой остроумную политическую сатиру, пародию на беззаконие, терроризм, оргпреступность, убийства, сексуальные домогательства, в общем, на всё то, что ежедневно происходит в России и до сих пор, пролежал «на полке» изрядное количество лет, и вышел на экраны только в 1996 году.

Ещё из встреч со знаменитостями запомнилось общение с прославленными спортсменами. В детстве с немногословным хоккейным вратарём сборной СССР Виктором Коноваленко, что жил в Горьком и играл в местном «Торпедо». С Львом Яшиным и Михаилом Якушиным на шефском концерте на базе команды «Динамо» (это был год, когда динамовцы проиграли одноклубникам из Минска 0:7). С фехтовальщиком Германом Свешниковым, у которого занимался в секции. Позже с Владиславом Третьяком, Александром Овечкиным, теннисистами Борисом Беккером (Boris Franz Becker) и Анри Леконтом (Henri Leconte), португальским футболистом Луишем Фигу (Luís Figo) и немецким голкипером Оливером Каном (Oliver Rolf Kahn), с американским баскетболистом Дэнисом Родманом (Dennis Keith Rodman). С последним связан один эпизод, когда мы, с трудом уговорив спортсмена, повезли его из Москвы к «чёрту на кулички» для встречи с поклонниками. В месте назначения нам преградили дорогу странные люди подозрительного вида. Они заявили, что Родмана дальше не пустят, потому что он носит платья, красит губы, наращивает волосы, дружит с Ким Чен Ыном и вообще «пиндос». Мы в дискуссию вступать не решились, и, сказав Родману, первое, что пришло в голову, мол, в зале, куда его везли, обвалился потолок, от греха подальше, поехали обратно.

Бал у Воланда

Известно, что секреты некоторых трюков великого Гудини не раскрыты до сих пор. Напоследок, я хочу рассказать вам похожую историю. Нет, не про Гудини, а про Ивана Акимовича Денисенко, «обычного» зубного врача, работавшего в стоматологическом кабинете санатория «Заполярье», относящемуся к Норильскому комбинату и расположенному в Сочи.

Познакомил меня с этим неординарным человеком в середине 80-х мой тогдашний приятель Толик Владыка, который занимался на черноморском побережье программами варьете. Ну как познакомил. Он пригласил нас с супругой на шашлыки к своему другу, которым и оказался Денисенко. Народу на пикник собралось тогда порядком, человек двадцать пять, не меньше. В основном это была актёрская, правда разношёрстная, компания. Большинство гостей друг друга даже не знали.

Хозяин накрыл очень большой стол, затопил баньку. Мы выпили, закусили. Обстановка, что называется, располагала. В разгар веселья кто-то попросил Денисенко показать пару фокусов. Хозяин некоторое время отнекивался, но уступив настойчивым уговорам, в конце концов, согласился.

И тут началось невероятное. Разумеется, я не раз и не два бывал на выступлениях иллюзионистов. И относился к их трюкам хоть и уважительно, но без особых восхищений. Но в этот вечер я стал свидетелем чего-то поистине необычайного. В какой-то момент я ощутил себя гостем самого Воланда, словно бы скользнув на страницы незабвенных «Мастера и Маргариты».

Но обо всём по порядку. Иван Акимыч начал с «простого». Он попросил одного из присутствующих зажать в кулаке железный рубль. А мою жену Наташу, которая сидела за противоположным концом стола – сделать то же с обручальным кольцом. «Попробую объединить эти два предмета!» заявил Денисенко. «У кого вы хотите, чтобы они оказались?». Большинство публики указало на мою супругу. Иван Акимович, не сходя с места, сделал лёгкий пасс рукой и попросил Наташу раскрыть ладонь. Там лежал и рубль и кольцо! Второй участник представления с удивлением осматривал свой пустой кулак.

Далее Денисенко взял у супруги кольцо и неуловимым движением «надел» его на столовый нож. Причём в тот момент, когда я держал предмет за ручку, а ещё один доброволец – за лезвие. Я потом растерянно вертел нож в руках: кольцо невозможно было сдвинуть ни туда ни сюда, его диаметр явно уступал размеру лезвия. Чудеса, да и только!

После Иван Акимыч высыпал на скатерть мелочь и приказал денежкам «танцевать». И монеты принялись плясать! Они встали на рёбра, начали вращаться и подпрыгивать, выписывая необыкновенные па. Денисенко предложил кому-то подставить к столу руку, и когда человек это сделал, денежки поползли, подпрыгивая, по рукаву его пиджака к плечу!

Потом началось нечто, просто не укладывающееся в сознании.

Воланд, тьфу, в смысле Иван Акимович встал в трёх метрах от стены и, потихоньку помахивая рукой, добился того, что она стала у него удлиняться и «росла» до тех пор, пока не коснулась стены. Присутствующие буквально потеряли дар речи.

Но вакханалия продолжалась. Игральные карты, что Денисенко достал веером и бросил в воздух, принялись летать! При этом они выстраивались в стройные ряды и выполняли чуть ли не фигуры высшего пилотажа. Мою жену Иван Акимович заставил «рожать». Наташа называла любую карту из колоды и та тут же падала у неё из юбки между ног. С этими картами творилось невероятное. Одному из присутствующих фокусник отдавал полную колоду – 52 карты, и гость с удивлением рассматривал 52 короля. Потом возвращал её иллюзионисту. «Какие ты карты хочешь?» спрашивал Денисенко. «Пусть будут тузы!». Иван Акимович передавал ту же колоду ещё раз. Гость раскрывал – одни тузы! Потом колода по заявкам превращалась в «восьмёрки», «десятки» и так далее. Но, чёрт возьми! Не мог же хозяин иметь в карманах 52 колоды! Творилось форменное сумасшествие!

Сказать, что мы с Наташей были ошеломлены, значит не сказать ничего. Похожее состояние испытывали почти все присутствующие. Конечно, я потом пытался найти ответы происходящему, но ничего кроме массового гипноза придумать не мог. Хотя сам я крайне невосприимчив к таким вещам, кто только меня не пытался загипнотизировать, даже сам Кашпировский – бесполезно! Расскажи кто-то посторонний мне о таких чудесах, что происходили у Денисенко, я бы ни за что не поверил. Если бы не видел собственными глазами!

Позже, одна из горничных в «Жемчужине», где мы остановились, рассказал нам, что однажды ходила к Денисенко на приём. У неё разболелся зуб. Иван Акимыч попросил её раскрыть рот, потом посмотрел издалека, даже не подходя к ней. «Ну так что будем делать, доктор?» поинтересовалась женщина. «Ничего не будем», ответил Денисенко и показал ей уже удалённый зуб в своей руке.

Другую байку рассказал мой старый приятель Марк Авербах. Он даже описал её в своей автобиографической книге. Во время проведения фестиваля советской музыки в Сочи, в два часа ночи Марка разбудил звонок композитора Фрадкина, который сообщил, что его жена Раиса просто «умирает» от зубной боли, и надо что-то срочно предпринимать. Авербах «поднял» Денисенко, они на РАФике заехали за больной и повезли её в кабинет санатория.

«Какой зуб-то болит?» спросил Иван Акимыч с первого сидения, пока они ехали. Раиса что-то промычала, показывая пальцем – они с мужем расположились на последнем, третьем ряду сидений в машине. Тогда Денисенко обернулся и через Авербаха, который сидел на втором ряду, «тыкнул» рукой в направлении Раисы: «Этот?». «Умгу», отозвалась та. «Ясно», сказал доктор и отвернулся.

Потом они приехали в санаторий, зашли в стоматологический кабинет и, пока пациентка устраивалась на кресле, Иван Акимович достал откуда-то огромнейшие ржавые щипцы-кусачки. С ними наперевес он и направился к Раисе. И Фрадкин и Авербах похолодели от ужаса, а больная чуть не лишилась чувств. «Так какой говорите зуб?» переспросил Денисенко, устрашающе клацая щипцами. «В-в-вот эт-т-тот», тихо пробормотала Раиса, не сводя безумных глаз с огромного инструмента, и полезла пальцем в рот.

«Ой, а где он?» через секунду недоумённо спросила она.

Так Иван Акимыч их разыграл, а больной зуб, неведомым образом, не дотрагиваясь до пациентки, он удалил ещё в РАФике.

Удивительно, но Денисенко никогда не был профессиональным иллюзионистом. Я, заинтересовавшись, навёл некоторые справки, но узнал только то, что он часто показывал свои фокусы (которые никогда не повторялись!) на разных тематических семинарах, что в те времена организовывались по всей стране. И даже среди профи его чудеса неизменно вызывали изумление. Такое же, которое испытали мы с Наташей, будучи у него в гостях в Сочи.

Чёрная кошка

Случались в моей жизни и моменты, в которых надо мной отчётливо проносилась коса той самой старухи. На одном из хоккейных матчей – единственном посещённым мною в этом виде спорта – моему соседу по креслу в лоб попала пущенная со страшной силой шайба. В Горьком огромная сосулька упала на голову идущей впереди меня женщины. В связи с этим, часто вспоминаю «чёрный» анекдот: дежурный в морге задумался над графой о причине смерти от сорвавшейся сосульки и, улыбнувшись, написал: «Весна пришла...».

В Сочи, в 70-х, я на пару минут опоздал на автобус, который по дороге свалился с высокого обрыва. У кукурузника «АН-2», в котором мы летели с родителями, прямо над Кавказскими горами отвалился хвост, хорошо, что самолёты такого типа тогда умели планировать. На гастролях «Шестеро молодых» у самолёта при заходе на посадку в аэропорт Казани заклинило шасси, и мы пару часов нарезали круги в воздухе, вырабатывая топливо, и в итоге сели «на брюхо» на военном аэродроме. Так что, чаще всего, теперь даже чёрная кошка обходит меня стороной, не без оснований считая, что с меня, пожалуй, хватит. Так что, «Весна» ко мне ещё не пришла...

Вместо послесловия

Итак, на этом всё. Нельзя сказать, что моя память окончательно исчерпана, и на бумагу легли все запечатлённые в ней истории. Нет, конечно, нет. Наверное, я бы мог вспоминать ещё очень долго, но, будучи человеком разумным, понимаю, что не все события, произошедшие со мной и моими знакомыми, будут настолько же (смею надеяться) интересными и занимательными. Поэтому всегда следует вовремя остановиться.

Кроме того, я ведь не ставил перед собой задачу просто пересказать музыкальные байки. Я хотел (не знаю, насколько у меня получилось) передать через героев своего времени тот самый дух эпохи. Эпохи, которая, рано или поздно должна была закончиться. Это касается и СССР, и смутных времён перестройки, и лихих 90-х и новой личной эры после переезда в Германию. Каждый этап моей жизни знаменовали какие-то эпохальные события и то, что творилось вокруг, я попытался донести до вас посредством написанных историй.

Так как все рассказы изложены на основе (как сейчас непременно указывают) реальных событий, на всякий случай, приношу извинения перед героями, чьи действия я мог слегка приукрасить для создания более яркого художественного эффекта.

Кстати, в немецком алфавите, буква Z читается как русская Ц, а сочетание двух букв CH произносится, как русская Х. Поэтому в Германии, моя фамилия звучит как Цакон. А вот наши близкие питерские друзья Черняк и Зелкин, соответственно стали Херняк и Целкин. Хорошо, что сюда не переехал мой знакомый по фамилии Чуев, а то стал бы как один болгарин со странной фамилией из известного анекдота.

Я не живу старыми воспоминаниями. В работе несколько запущенных интересных проектов. Осталось много мест в моём любимом географическом Атласе, где я ещё не успел побывать. Но самое главное – жизнь не заканчивается. Она продолжается. И кто знает, сколько ещё событий, о которых захочется рассказать, с нами случится?!

Поэтому, не будем зарекаться.

А закончить свои воспоминания мне хочется той же мыслью, которой я их и начал.

Наш мир непредсказуем, а после произошедших февральских событий 2022 года любые предположения о возможном будущем по меньшей мере наивны. Самое главное, чтобы это самое будущее просто состоялось. Загадывать что-то наперёд – очевидно, бессмысленно.

Пусть наше завтра просто будет. Вместе со мной, вместе с вами, вместе с нашими родными и близкими. Вместе с теми достойными людьми, которых мы любим, ценим и уважаем.

Просто будет.

И этого будет достаточно.

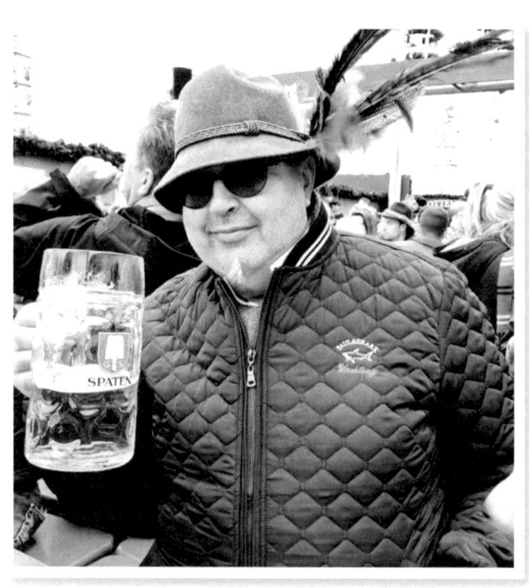

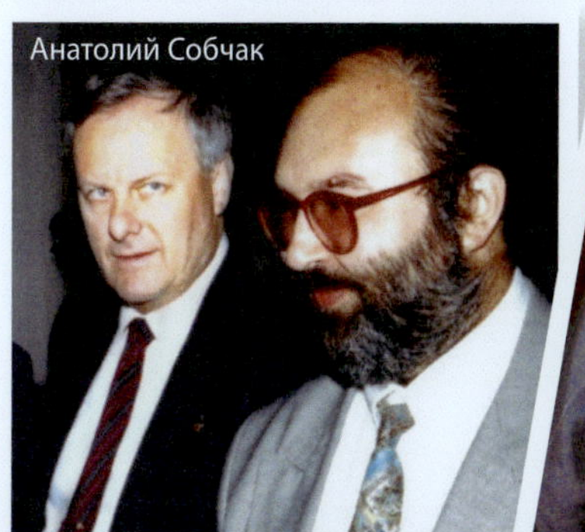
Анатолий Собчак

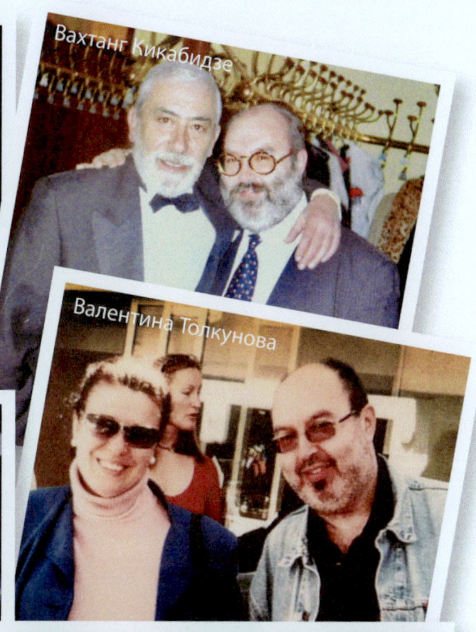
Вахтанг Кикабидзе
Валентина Толкунова

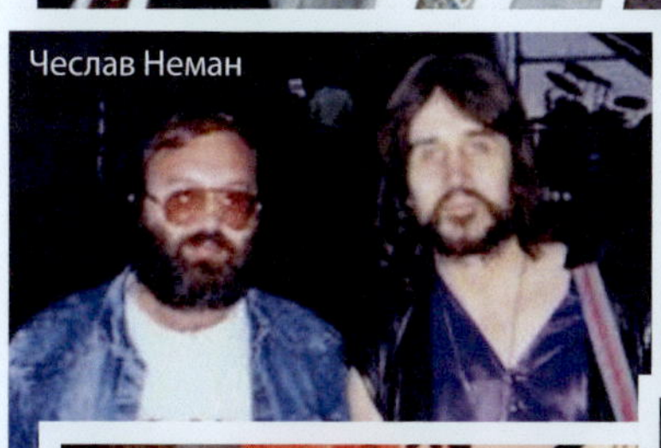
Чеслав Неман

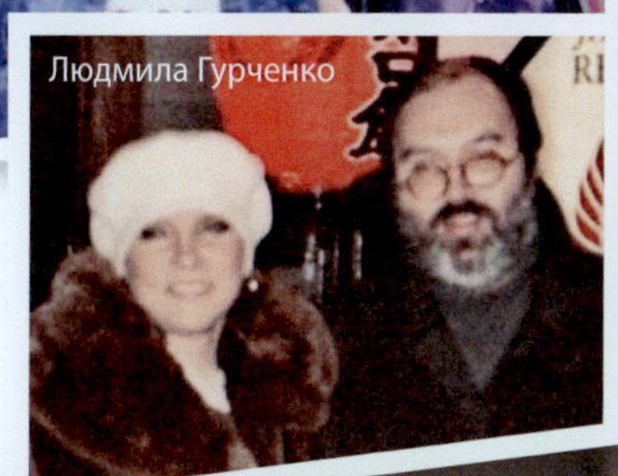
Людмила Гурченко

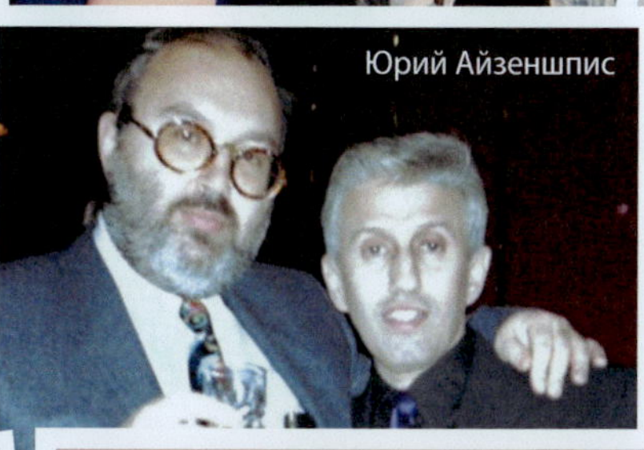
Юрий Айзеншпис

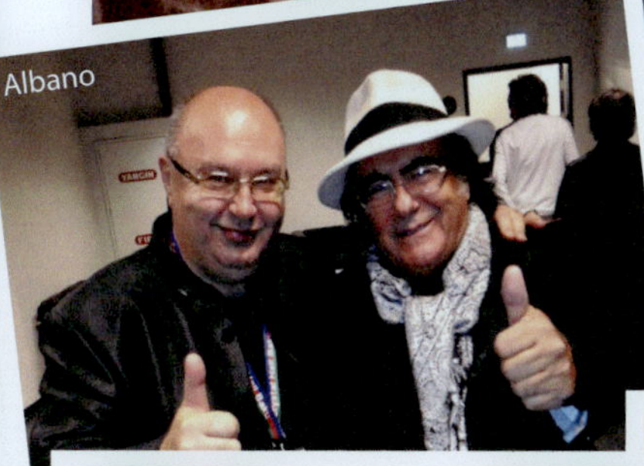
Albano

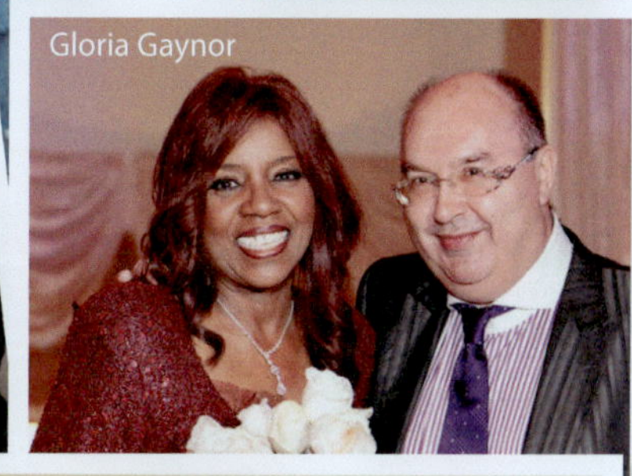
Gloria Gaynor

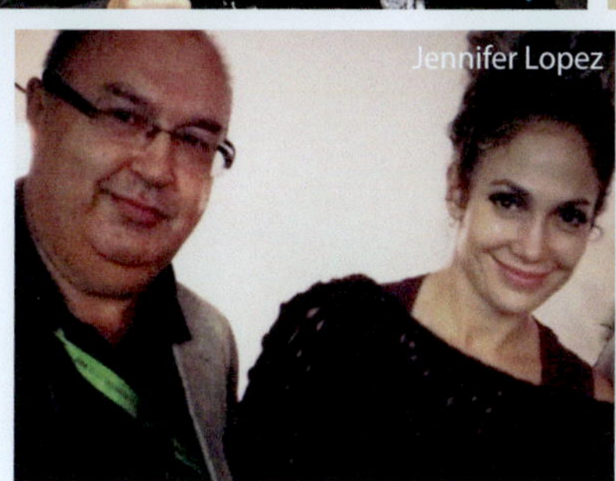
Jennifer Lopez

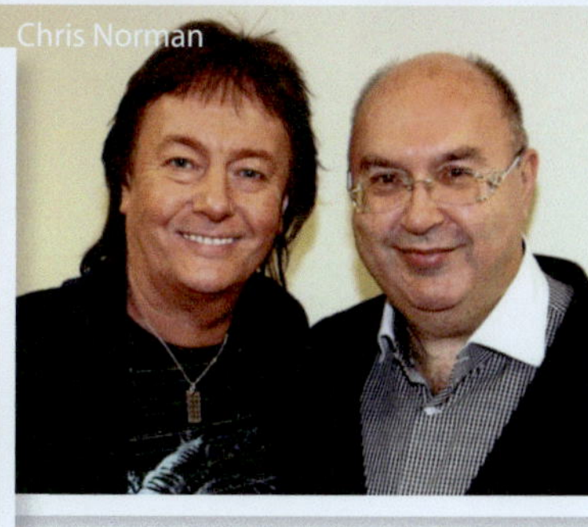
Chris Norman

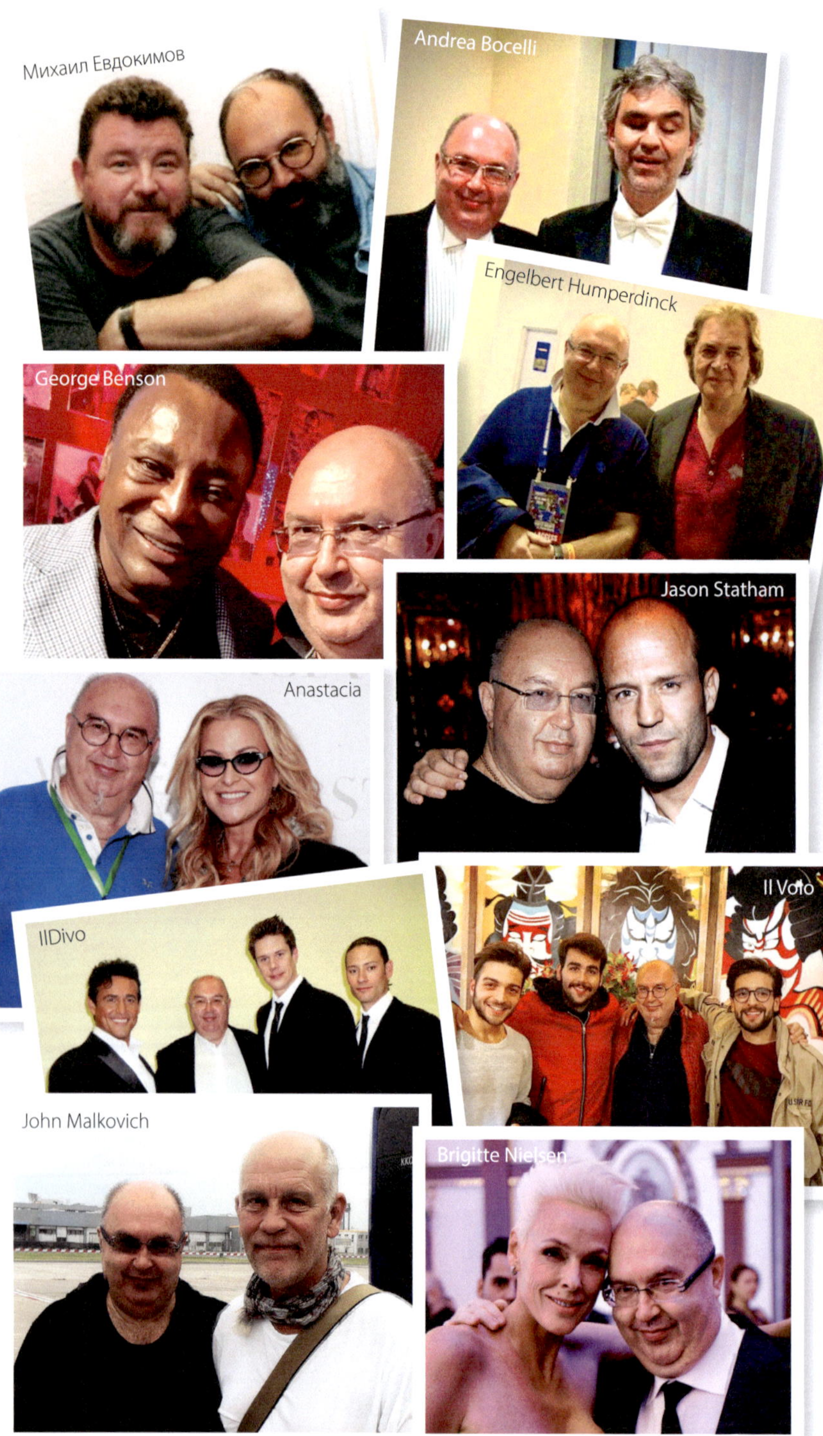
Михаил Евдокимов
Andrea Bocelli
Engelbert Humperdinck
George Benson
Jason Statham
Anastacia
Il Volo
IIDivo
John Malkovich
Brigitte Nielsen

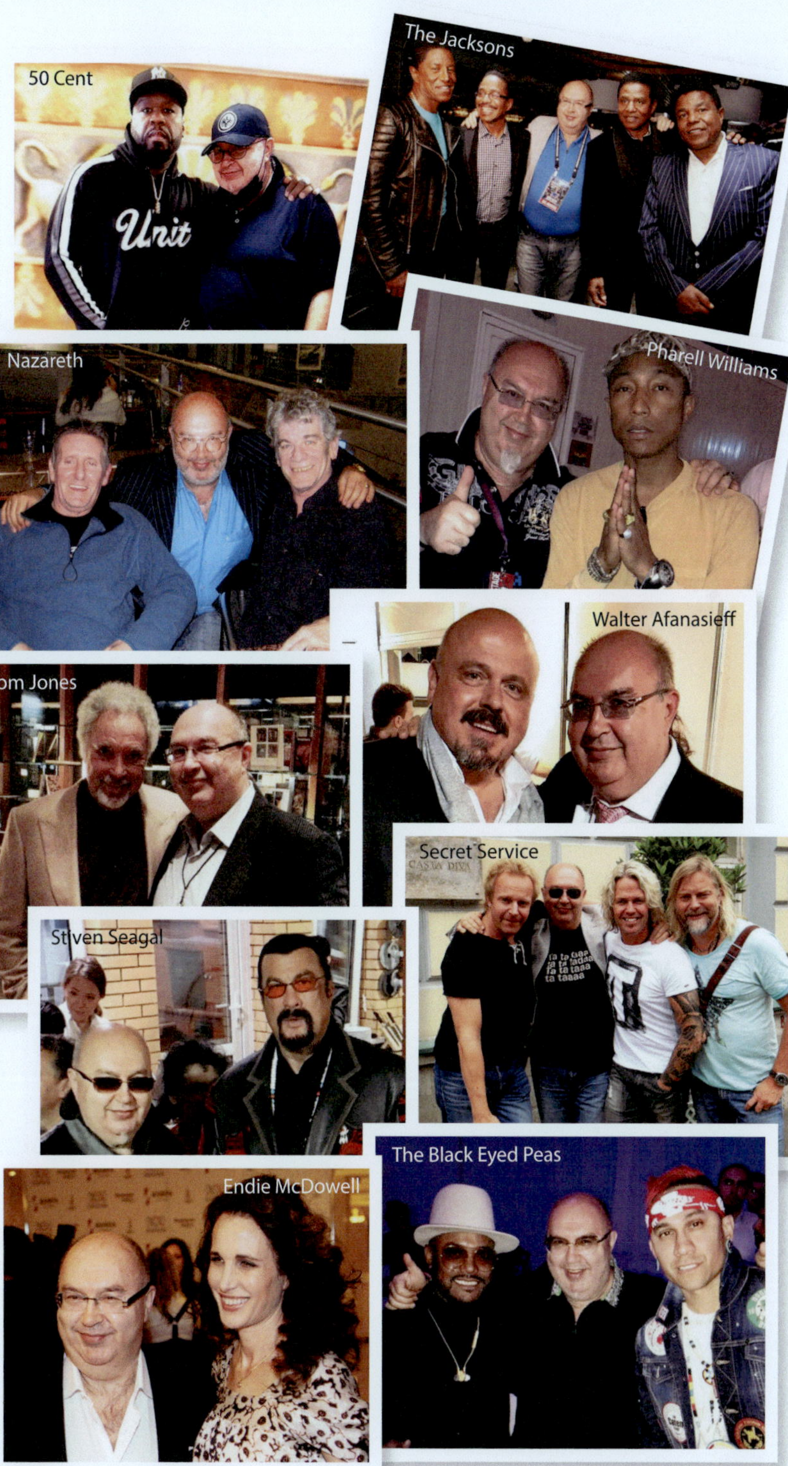
50 Cent
The Jacksons
Nazareth
Pharell Williams
Walter Afanasieff
Tom Jones
Secret Service
Stiven Seagal
Endie McDowell
The Black Eyed Peas

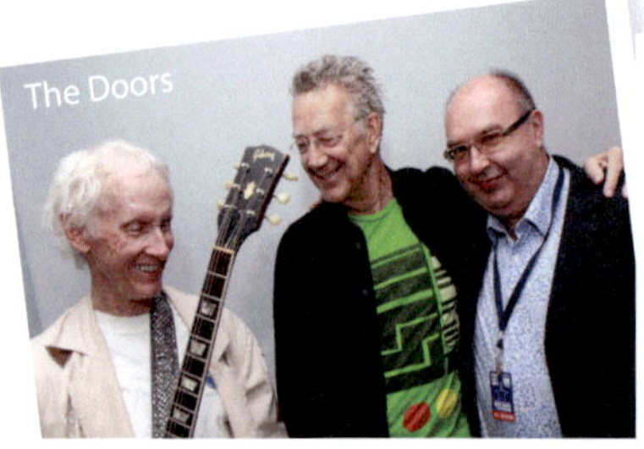
The Doors

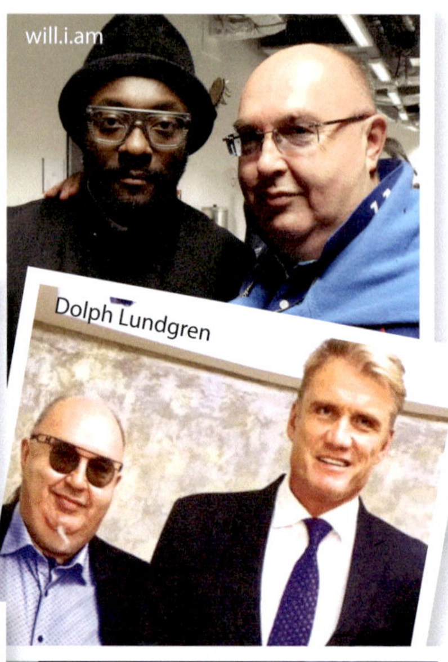
will.i.am

Dolph Lundgren

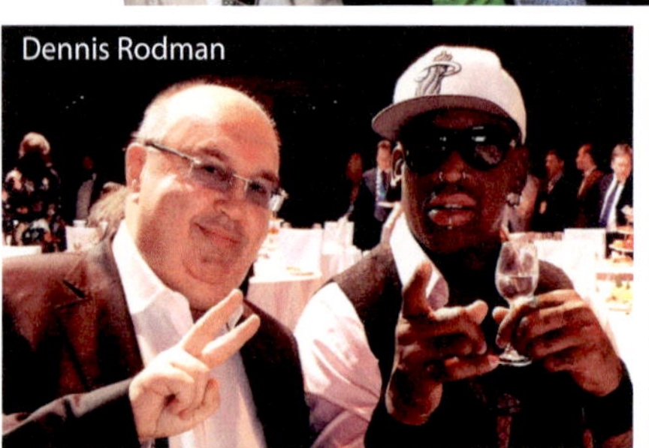
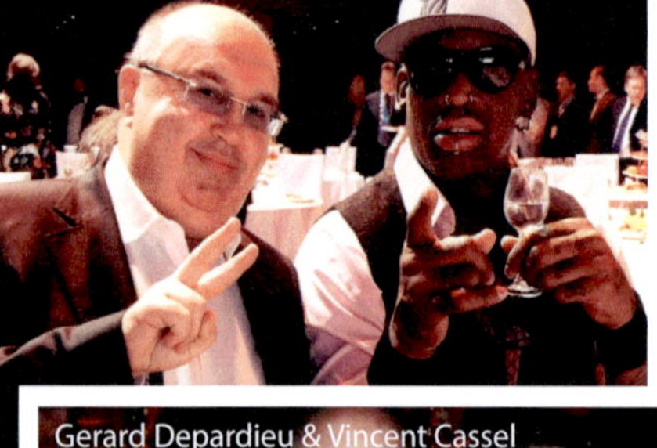
Dennis Rodman

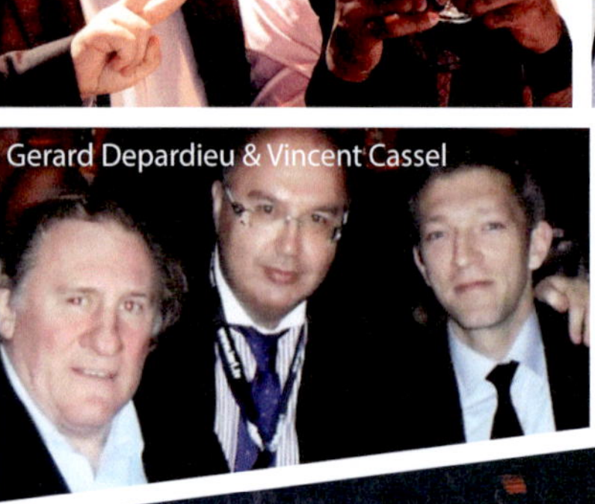
Gerard Depardieu & Vincent Cassel

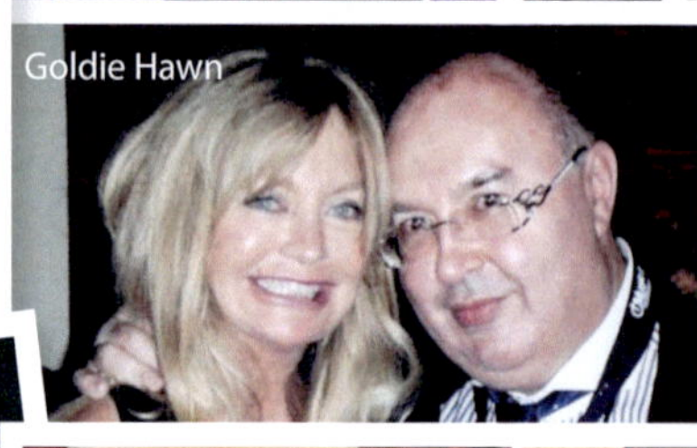
Goldie Hawn

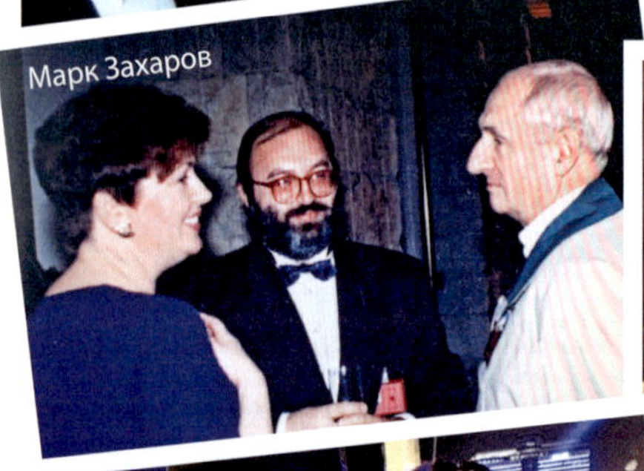
Марк Захаров

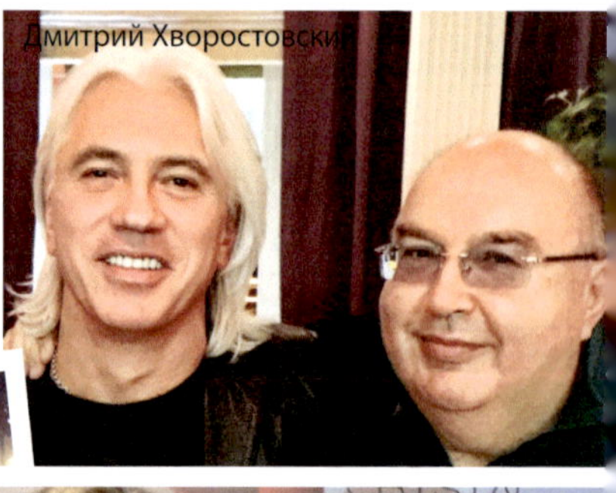
Дмитрий Хворостовски

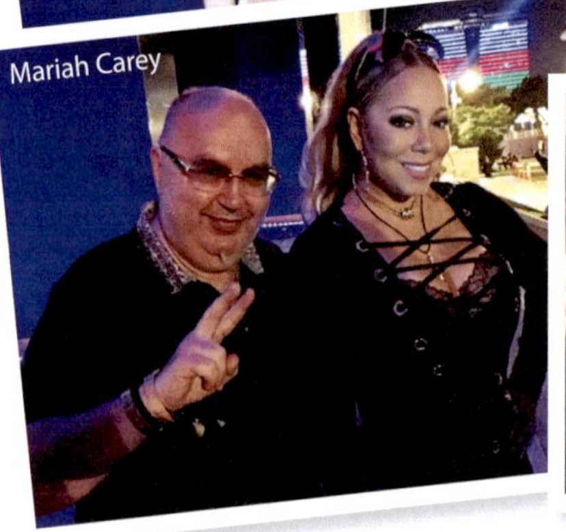
Mariah Carey

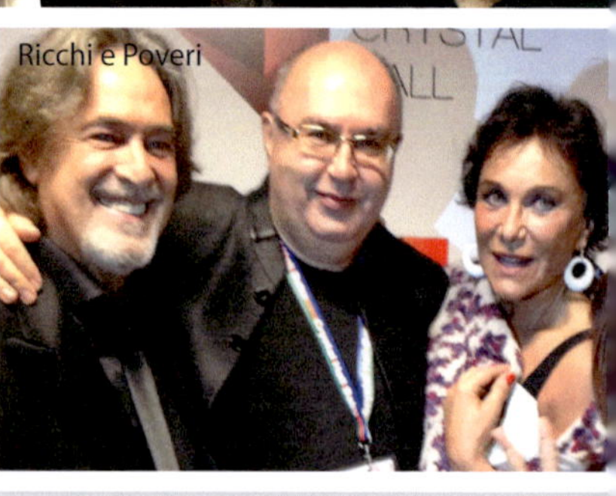
Ricchi e Poveri

СОДЕРЖАНИЕ

Любое использование материала данной книги, полностью или частично, без разрешения правообладателя запрещается.

В оформлении книги использованы фотографии из личного архива автора.

Шрифт ©CSTM Xprmntl 01/type.today

© Дмитрий Закон 2023
© ISIA Media Verlag, 2023